U0520049

Institutional Foundation of Modern Social Order

现代社会秩序的制度基础

刘守英 著

商务印书馆
The Commercial Press

目 录

上篇 制度与现代秩序

产权、行为与经济绩效 ……………………………… 3
产权安排与保护:现代秩序的基础 ………………… 22
分析土地问题的角度 ………………………………… 49
如何衡量"好政府" …………………………………… 71
从"有限政府"到"国家能力" ………………………… 80
国家基础性权力不是政府强权 ……………………… 88
福山的现代国家三要素 ……………………………… 96
政治衰败的根源 ……………………………………… 104
腐败之癌 ……………………………………………… 113
从前现代增长到现代增长:政治发展与持续增长的
　　制度基础 ………………………………………… 122

下篇 制度与绩效

一家子教我的"改革" ………………………………… 153
中国农地制度的合约结构与产权残缺 ……………… 166
中国农民的城市权利 ………………………………… 183

中国奇迹的政治经济逻辑 ………………………… 209
哈佛大学何以一流 ………………………………… 252
鼻烟壶的诱惑 ……………………………………… 276
美国制宪会议上的反腐议题 ……………………… 284
Yazoo 土地案留下的问号 ………………………… 293
铁路腐败案遗产 …………………………………… 302
给贿赂定罪 ………………………………………… 311
"镀金时代"的腐败 ………………………………… 320
罗斯福的"反腐战争" ……………………………… 329
水门事件与美国反腐框架重构 …………………… 338

上篇

制度与现代秩序

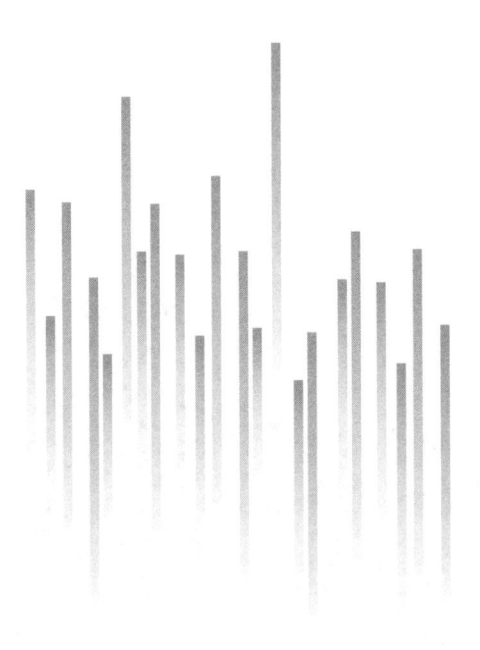

产权、行为与经济绩效[①]

本文要探讨的主题是产权与人的行为以及经济增长绩效的关系。这一研究的意义在于,无论是历史上还是当今,不同国家在生产率和收入增长方面所存在的差异,都在经验上表明产权制度与一个国家的经济增长有着极为紧密的关联。近些年,产权的作用已引起了广泛关注,在一些社会主义国家改革方案的设计与实施中尤其如此。但是迄今为止,经济理论对此所做的分析还远不能令人满意。经济分析在这方面的滞后,对经济政策的制定实施已产生了不良影响。基于此,本文将围绕这一主题,在以下几方面展开初步分析:一、产权的功能;二、产权的界定与实施;三、一个社会存在不同的产权安排的原因;四、产权与经济绩效。

一、产权的功能

要探讨产权在一个社会的经济中所起的作用,就必须从它到底是怎样诱导人的行为的这一基本点入手。因为任何

[①] 此文最早发表于《经济社会体制比较》1992年第2期,收入本书时略做修改。

一类经济所取得的增长实绩如何,最终都取决于这一社会所存在与设定的各种制约对个人行为所具有的激励特征。在这些制约中,已有的经济理论对资源的稀缺性、竞争的充分性给予了极大关注。事实上,一个社会所制定的各种规则也具有不可忽视的影响。不同资源的稀缺程度决定了人们从事生产的要素价格,从而诱导人们在生产中不断利用稀缺程度(即相对价格)较低的资源来替代稀缺程度较高的资源;而一个社会所制定的各种规则规定了人们进行竞争-合作的条件与方式,它向人们提供了可以做什么、不可以做什么,以及从事哪一类的生产与交易是合算的选择的基本框架。

沿着这一思考逻辑,经济学的选择理论方法就是一个揭示这一内涵的有用的方法。在分析中,我们接受经济学近些年在理性选择假定方面的如下发展,即经济学所关注的个人追求的不再仅仅是现金财富的最大化,而是效用函数的最大化。一个人的效用函数中所包含的变量,不仅仅是收入,还有声望、地位、健康、快乐、友爱、良好的人际关系等等。一个人在面对各种可能的选择时,将选择他认为较好的一个,而不是较差的一个。面对各种制约(包括稀缺性、竞争条件、制度规则),他将会在这些选择次序中进行替换。例如,在一个获取现金财富的机会受到权力严重制约的社会,人们将大量资源用于获取权力就是一种理性选择的结果;一个受国家管制的企业管理者之所以不为企业的利润最大化而努力，是由于所有者并没有向他提供这样做的激励；等等。我们尤其要强调的是，一个理性的人所面对的仍是一个十分复杂的、不确定的世界，他对这一世界的认知与了解不可能是全知全能的。不仅如此，他在做决策时，还会受到他自身的天赋、对信息的处理与对环境的适应能力，以及所能获取的有关决策信息量的制约。因此，在不同国家和制度下所表现出的人的行为上的差异，事实上是由于他们所面对的制约不同。经济政策的核心应该是不断减少那些约束人们追求效用最大化时的各种制约，而不是人为施加一些约束来限制人们的选择机会。

有了这一更接近于现实的人的行为假定后，下面我们要揭示的是产权是怎样影响人的选择行为的。众所周知，一个人不可能生活于一个鲁滨逊式的世界，人为了生产和生活，就必须与他人发生相互关系，如进行物品或服务的交换，在一个组织结构下从事有分工的生产，等等。不仅如此，无论在什么样的经济体制下，人们在经济生产与生活中也很少遇到传统经济理论所描绘的均衡状态。他们经常会遭受失业、排队、所需物品的短缺或剩余、非价格的定量配给等等。这些现象之所以存在，是因为迄今为止，还没有一种机制能准确无误地、无代价地协调人们的行动。计划机制在高强度地动员资源时表现出极强的能力，但是，它配置资源的效率却不尽如人意,其原因是,计划机制要有效地起到配置资源的作用,必须:(1)计划的制订者是一个全知全能者,他不仅有关于经济活动的不同特性、社会的未来需求等方面的完全知识,而且有关于每个社会成员期望的知识;(2)计划实施的成本为零,即计划规定的目标与每个人的目标一致,因而每个受计划约束的人都能按计划的规定行事,而且计划的制订者能对执行者进行完全的监督与检查。但是,这两个条件在一些曾经利用这一机制的国家都被证明是很难达到的。与计划机制相对照,曾被奉为神灵的市场机制在运作中也不是没有费用的。一项交易要在市场上达成,交易双方都得对可能的买者或卖者进行"搜寻",交流各方关于物品特征的信息,还要签订合约及保证合约条件的实施,等等。正如科斯所正确认识到的,正是市场交易费用的存在,才促使了一些能节约这些费用的制度得以创新。一个社会在技术上越复杂,专业分工越发达,其经济活动的组织就越是不可能仅通过单一的方式来实现。那种经济增长绩效较佳的社会,是一种社会中的人们能根据不同组织的可能收益和成本进行自由选择的社会。

正是由于人的有限理性,以及交易费用永远不为零,人们所从事的所有交易就不可能实现使交易各方都更为满意的境况,即斯密(Adam Smith)最早描绘的个人追求利益最大化的结果使整个社会的利益最大化的理想事实上很难实现。

(当然,我们并不排除某些在市场或计划机制作用比较完好的场合,这两者大致相一致的情形。)因此经济学在面对经济现实时,必须正视,在某些交易形式下,一些人更为满意境况的实现,会使另一些人的满意程度降低。如早期福利经济学家所正视的外部性问题,近来经济学家如博弈论学者在解释人的行为时所提出的"囚徒困境"(prisoners' dilemma),公共选择理论所揭示的团队行动中的"搭便车"(free-riders)问题,以及奥尔森(Mancur Lloyd Olson)在分析集体行动时所得出的由使个人效用最大化的个人所组成的团体并不一定使团体利益最大化的结论。

笔者要提出的是,在考虑经济交易中个人利益与社会利益不一致的情形时,权利变量同稀缺性、竞争变量一样,也是人们从事经济交易时所面对的基本制约。按照阿尔奇安(Armen Alchian)的定义,产权是"一个社会所实施的选择一种经济品的使用的权利",它包括人们对一种资源的使用权、收益权与转让权。交易行为实质上是一种买者与其他能从卖者那里获得类似权利的人之间的竞争方式。一项交易的达成,实际上是当事人之间关于双方进行资源重组和转让条件的合约谈判,而交易费用的存在,则使得交易当事人之间会采取不同的合约安排形式。因此,支配交易的真正基础是物品或资源所有者对它所拥有的权利,价格只是对附着于这一物品上的权利的衡量,它只有在向交易当事人表达正确的激励信息时,才能有效地引导资源的配置。由此,资源中所包含的各种产权的价值就会像稀缺性、竞争等一样,进入决策者的效用函数,界定产权的规则及产权安排的变迁,从而影响人们的行为方式。

由于任何一种资源都内含着具体的权利束,而每个现实中的人都必须为了生产和生活的需要,同其他人发生相互关系,产权的界定与实施规则对于这种相互关系的进行就十分重要。它确定了人们在这种相互关系中如何受益、如何受损,以及它们之间如何进行补偿的原则。要明确指出的是,产权在影响人们相互关系时,作为产权外在表现的物质实体并不重要,真正具有决定意义的是由内含于物质实体的产权束(使用权、收益权和转让权)的界定与实施规则所确立的人与人之间的相互关系。人们通过社会所确立的这些规则来形成他与其他人发生相互关系时的合理预期。具体地讲,产权的界定与实施程度如何,将决定一项交易所导致的外部性程度如何。当外部性存在时,资源的使用者没有将有些成本和收益考虑进去,每个企图利用资源来使自己效用最大化的人都会有将由此所致的成本强加给他人的倾向。如果没有产权的界定,这种外部性就会很普遍,而对一种资源产权进行更明确的界定,则会激励人们将一种受益效应或受损效应内部化,即使得受益者承担由此所带来的成本。

二、产权的界定与实施

明确了产权的功能后,我们再来看看一个社会是怎样界定与实施产权的。

产权结构的选择和关于具体权利安排的规定,由国家对所有制的偏好和一个社会的可接受程度而定。国家在界定产权中的重要性还比较好理解。因为一方面,产权是用于约束人们从事经济交易的规则,它需要由一个在交易当事人之外的仲裁机构来保证双方议定合约的实施,这一机构只有为双方所认可和信任,在仲裁中才具有权威性。当然,当交易的范围十分有限,且是熟识人之间的重复交易时,那些在狭小地理范围(如一个社区)内具有较高威信的人可以充当仲裁者。但是,在经济交易的范围扩大,且突破传统社区熟识人之间的重复交易时,传统的仲裁方式就会变得无效,为此必须寻求权威性更高的仲裁机构。在历史上和当今世界上,国家就是应这类问题而产生与兴起的。国家是一种被社会认可的、对合法使用强制性手段具有垄断权的制度安排。它之所以不可或缺,是因为人们需要它来维护公正、秩序和稳定,提供一个社会中的人们之间发生相互关系时的基本规则。由于它具有强制性的比较优势,由它来向人们提供相互作用时的基本规则就更为经济,而且由于产权的排他性特征,国家在界定与实施产权时就处于垄断地位。至于社会的可接受性,它主要通过一个社会传统遗留下来的习俗、伦理与惯例来影响人们在生产与交易时的态度和方式,再通过这些来内生地影响国家对产权制度的选择与规定。因此,它一方面可能在产权确立之前,通过制定者对一个民族的这些非正式规则的了解来影响产权选择,另一方面可能通过产权的实施绩效反馈给产权的制定者,从而影响产权安排的修正。

对一种资源产权界定的完整程度,是以对它的权利的排他性来衡量的。排他性权利包括对资源使用的排他性,以及所拥有权利的转让性。排他性使用的含义是指,资源所有者在被许可的范围内对该资源具有不受限制的选择权利,他能够以任何方式使用他的物品,并排斥了其他人使用他的资源的选择权利,如果这些所选使用中的某些方面包含着对其他资源所有者的使用,这一使用就否定了其他人对他的物品使用权利的支配。这意味着,如果资源所有者选择了对物品的使用,这一使用必须不影响他人物品的物质属性。不过,这并不意味着,资源所有者对物品的使用就对其他行动团体的物品不产生任何影响。如果我将我使用的物品与其他人相交换,就会对他人的物品的交换价值产生影响,从而影响他的"效用"。这里要强调的是,排他性使用的被许可范围是相对于社会的可接受性和法律的许可而言的,一种物品在某些方面的使用如果不为社会所接受,或违背了一个社会的法律许可,对这种使用所采取的制止措施就不算侵权。当然,一个戒律过多和法律不健全的社会,可能会由于这些人为形成的规则造成对人的机会的过多限制,此处不展开讨论。

对资源或物品的排他性使用,并不意味着"谁占有谁使用"的安排就是最有效的。事实上,所有者所拥有的排他性资源只有在能被自由转让时,才能被投入最有价值的使用。这是因为:(1)人们在一定时期对一种资源或物品是否保持所有权,是以他当时的认识水平以及他对它的使用与收益预期来进行判断的,随着他的认识能力的变化,他对这种资源或物品的期望就会发生变化。因此,在可自由转让权利的情况下,他就可以将所拥有的资源权利转让给其他对该资源具有较大期望的人。(2)由于人们在能力、知识等方面存在差异,因此他们在面对物品或资源时,在技能上会有所不同。且由于他们在承担价值变化的风险,决定投资多少、如何生产等方面不可能具有相等的能力,这就很自然地使他们遵循比较优势原理,每个人在产权权能上就会专门化。因此,如果产权可以自由转让,人们就会将他们的所有制集中于他们认为具有比较优势的方面,从而促进了产权的专门化。人们在产权权能上专门化的结果是使社会的财富增加。这就如同产业与行业的专业化会提高劳动生产率,从而使财富增加一样。

一种物品或资源的权利价值,是在它与他人所拥有的物品或资源进行交换或组合时体现出来的。资源所有者之间所进行的这种权利的交换或组合,是通过相互认可的合约来进行的。因此在排他性权利的前提下,自由的转让权实质上意味着一定要包含自由选择合约形式的权利。资源所有者可以按自愿的合约进行权利的分割,如出租、继承、租佃等;也可以按自愿的合约进行资源使用权利的组合,如企业结构等。因此,合约是经交易双方共同同意而达成的关于所转让的资源权利的形式和条件的规定。不同合约形式对资源配置的影响,取决于所有者对资源的排他性权能及合约的具体规定。如果合约双方在转让资源时,并不存在当事人以外的力量的强制规定,且合约也是经由双方同意后达成的,那么资源配置效率就不会受影响。但是,无论是产权的界定,还是产权的实施,都要支付成本。产权界定的费用包括:用于界定产权的组织的建立与维持,产权的制定者对各种可选产权安排的了解和比较权衡,对将受产权规则影响的人们的可能反应的了解。这些费用是建立一个有效的产权所必须支付的。这些方面的信息供给程度如何,将决定所选产权安排的有效性如何。至于一个产权的建立者到底选择怎样的安排,则取决于产权安排的收益预期与这些成本的比较,这一点留待后文分析。

　　实施费用的存在则是由于交易费用是普遍存在的。参与合约的任何一方都不可能完全了解对方的信息,如对方过去的绩效、专业化能力、可信任度等等。不仅如此,在进行权利组合的合约中,由于由此所致的总产出不是各投入所有者的分产出之和(否则他们就不可能进行合作),因而对各合作成员投入和产出的衡量与计量是很困难的。每个参与合约的人为了使个人利益最大化,会将由此所致的部分成本强加给其他成员,导致生产者激励的降低,从而影响合作的绩效。为了缓解衡量和计量问题所致的合作收益降低,参与合作的成员会同意选择专家性的监督来监察与衡量各投入的绩效,如典型的企业结构中的经理、土地租约中的保人等等。但是由于合约的实施是由代理人来完成的,代理人的效用函数与合约议定者的效用函数的偏差,又会导致难以克服的代理问题。这些费用的大小,将对合约的形式和绩效产生极大的影响。在资源所有者具有排他性使用和可自由转让的权利的情况下,资源所有者将根据产权的实施所要支付的费用来选择合约,而且合约各方将寻求使权利分割和重组的收益最多而实施费用最少的合约安排。

(一) 不同产权安排存在的原因

有了上面的分析基础,我们就可以揭示一个社会的产权安排为什么不是单一排他性的了。

影响一个社会产权结构与安排选择的因素很多,但下面两个因素的影响是最基本的：一个是对一种资源采取排他性安排的预期收益和预期费用；另一个是一个社会对所有制的偏好。

在社会对所有制偏好给定的情况下，当一种产权的界定与实施的预期收益大于由此所致的预期费用时，这种产权安排就有可能被选中。因此，一方面，只有在一种资源或物品是有价时，人们才有对它的排他性需求，随着一种资源相对经济价值的提高，产权安排就可能从一种模糊的形态演进为更为明晰的形态。另一方面，从成本考虑，在一定时期，即便是一种体现出经济收益的资源，也可能因界定与实施产权的成本过高而不得不采取非排他性形态。导致产权界定与实施成本过高的因素可能包括：(1) 资源或物品的特性，如对农地资产的界定就比对山地和水资源产权的界定更加容易；(2) 界定与实施产权的技术还没有被创新出来；(3) 由于法律或政府的强制性规定，或由于一些非正式规则的制约，因而违反规定的成本太高。从演进的观点来看，前两点所导致的产权界定与实施的困难，可能会随着这种资源经济价值的提高，致使界定与实施的收益大于成本，社会中的某些团体就可能被诱致创新出一些用于解决这些困难的技术。而对于第三种因素，它是与一个社会对所有制选择的偏好相联系的，我们下面的讨论将主要集中于这一方面。

在不存在界定与实施产权困难的情况下，一个社会也会采取非排他性的产权安排。这由我们前面提到的社会的可接受程度和国家对所有制选择的偏好所决定。社会的可接受程度是指一种产权规则所引起的人们之间的行为关系是否与一个社会或共同体已有的道德、习俗和伦理准则相符。如果这两者的吻合程度较高，它被接受的程度就较高，因而实施的成本就较低；如果两者的冲突较大，它被接受的程度就较低，实施的成本也可能较高。至于国家对所有制选择的偏好，已有的事实表明，它对一个社会所有制的选择具有决定性的影响，而且这种选择在很大程度上是一国经济快速增长与衰退的根源。

国家为什么会选择非排他性的产权安排？在前面，我们已揭示了国家作为一种界定产权的制度安排所具有的比较优势。为了回答这里的问题，我们就必须了解国家被赋予的这些功能是如何实施的。由于关于安全、公正以及游戏规则的制定是由执政者进行的，不仅如此，他所制定的这些规则还得由他所选择的代理人来实施，这样，国家选择与界定产权的可能结果，主要可以通过执政者的行为决策来反映。它与一个企业家、一个消费者在行为决策上的差异，只是他们在效用函数中包含的变量不同而已。他们关心自己的生存、威望、权力，以及社会对他们的目前评价和历史评价等等。因此，国家在实现它的功能时的绩效如何，就取决于统治者及其代理人的行为决定。

按道格拉斯·诺斯（Douglass C. North）的分析，国家功能的实施具有以下三方面的本质特征：第一，国家是用一批服务如保护公正来换取收益的。由于它在提供这些服务时存在规模经济，由它对这些服务的组织专门化的结果，就使社会的总收益高于那些由每个人自己保护自己财产的社会的总收益。第二，国家企图像一个歧视性的垄断者一样行事，它会将每组社会成员分离开来，并设计每个人的产权，以使国家收益最大化。第三，由于常常存在潜在的竞争者来提供同样的服务，国家就受到不同社会成员的机会成本的制约，因此，国家垄断权力的程度是不同团体替代密切程度的函数。

国家采取非排他性的产权安排的原因，很大程度上可以从以上三个特征中去寻找。

从第一个特征来看，国家在提供基本的服务即游戏规则的同时，也需要使统治者所获得的租金收入最大化。为了使这一个目标得以实现，统治者一方面会确定一些制度以降低交易费用，使国家所获得的总税收增加。这意味着他将提供一些服务以降低确定、谈判和实施合约的成本。但是只有在提供这些服务的结果与统治者的租金收益增加相一致时，他才会这样做。当这两者不一致时，统治者宁愿保后者，从而会导致有利于收税但不一定有利于产权更明确界定的规则的制定。而且由于非排他性产权和排他性产权相比，后者对统治者来讲,需要更仔细的监督和计量,他所需支付的交易费用也将更高。因此,如果选择非排他性产权时,统治者并没受到威胁,他将更倾向于采取非排他性产权安排。

从第二个特征来看,由于经济由具有不同生产函数的经济活动所组成,统治者为了使他的垄断租金最大化,他将努力对各种经济活动进行监督和计量,并确立不同经济活动的产权安排。但是,由于不同的经济活动具有不同的特性,因而界定与实施产权的难易程度也不同,另外,各类经济活动给统治者所带来的租金也是不同的。因此,只有在产权的排他性界定与实施既能使统治者的收益增加,又不妨碍这一租金的获取,而且成本又不高的情况下,统治者才会对该经济活动采取排他性产权安排。否则,他也宁愿选择非排他性的产权安排。

对于第三个特征,统治者由于有竞争者,他也将采取措施以确保其地位的稳固。在对统治者的威胁中,不同社会成员的机会成本是不同的,由于每个团体在界定产权中的谈判力量不同,以及它们所承受的税收负担不同,统治者向它们提供的服务的配置就可能不同。一般而言,统治者为了自己的利益,可能向那些谈判力量强的团体提供更多的服务,这样就导致统治者在界定产权时,使产权规则更有利于这些团体,而不管它对效率的影响。

国家导致无效产权的因素除了上面讨论的以外,还有两个因素也是至关重要的。一个是统治者的有限理性,也就是说,即便统治者的愿望是国民财富与人民福利的增加,但是,他在做出如何使这一目标实现的决策时,也会受到他的知识局限性、对制度绩效的认识能力,以及他的个性特征的影响,因而可能做出非排他性的产权选择。另一个是国家的功能在实施中所产生的代理问题。因为国家的功能是由统治者所选择的代理人来实施的,由于代理人的效用函数与统治者的效用函数不可能完全一致,统治者所确立的规则在由代理人实施时也可能会改变,尽管统治者会确立一些规则来约束代理人的行为,但由于过高的监察和实施成本,最终的实施结果也有可能偏离有效产权的规则。从这一点来讲,如果一个国家规模越大,经济活动的种类越复杂,产权实施的成本越高,那么实行集权时的代理问题就越严重,产权实施的结果就有可能与界定产权的初衷偏差越大。

(二) 产权安排与经济绩效的关系

至此为止,我们已初步给出了从经济学角度所理解的产权内涵,最后,我们将以前面的分析作为基础,来探讨产权制度与经济绩效的关系。

经济绩效的好坏,主要反映在人均所得水平的高低上,它已使世界上的不同国家明显地区分为富国和穷国。一个国家要谋求经济发展,可能也没有什么比提高本国国民的人均所得水平更为重要的了。遗憾的是,当一些落后国家在为此而努力时,经济学家所建构的经济模型对此帮助很小,而且这些模型所衍生出的政策建议在某些国家的政策形成与实施中已产生了有害的影响,原因就在于,这些模型都是以发达国家的制度(经济的和政治的)与发展水平为背景的,因而在这些模型中,制度被视为外生给定的,所有的经济活动经一个纯工程性的生产函数,只要将资本(物质资本和人力资本)、技术置入一个投入产出的箱子,产出就能如人们所需要的出来。因而,经济学家给落后国家开出的致富药方就是,落后国家只要通过高积累和高投资,就能加速经济增长。但事实证明并非如此。无论是在一些引进了欧美制度的国家,还是在一些实行集权的国家,采取这种增长方式都没有取得成功,在提高人均所得上尤其不理想,原因就在于这种增长所依赖的基本前提在一些落后国家很少存在,人们在从事经济活动时,时常面临高昂的交易费用的困扰。因而,同样一类经济活动,在一些发达国家可以用较低的成本进行,但在这些落后国家有时会因为交易费用极高而无法实现。

因此,一个社会的经济增长绩效如何,其关键点不在于这个国家在政治上是否取了一个时髦的名称,而在于这个社会所设定的一些具体规则是否能降低人们从事经济活动的交易费用,是否能形成人们在与他人发生相互关系时的稳定预期,因为只有这些规则才是实实在在地影响人们行为决策的因素。从这一角度来看,我们可以说,一个经济增长绩效较佳的社会,一定是所制定的制度规则能将人们更多地引向生产性活动的社会;反之,在有些社会,之所以经济增长绩效不佳,不在于这些社会的资源不丰裕,人天性懒惰、缺乏创新精神,而在于这些社会的制度规则更多地将人们引向非生产性活动。这些社会所创新的制度往往在促进再分配方面极其发达,管制、垄断、许可证、配额等等制度极其普遍;相反,提供产权保障及降低交易费用的制度却极其缺乏。这样不仅产生了社会不公平,而且使大多数人失去了创造经济收入的机会,其结果是整个社会的经济增长绩效不佳。因此,一些落后国家在谋求经济发展时,这些国家的政府所要做的不是去强行限制人们能干什么、不能干什么,而是通过制定一些具体的制度规则来降低人们从事经济交易的成本。

(三) 简单的结论

作为本文的结尾,我们要附带指出的是,我们对产权变量引入经济学的分析框架的意义,以及对它在现实经济活动中的重要性加以强调,不等于说其他影响人们行为的变量就不重要。比如,只要有交易关系的发生,价格作为一种向人们传递什么合算、什么不合算的信息的机制就总比其他机制灵敏。我们的意图不过是想表达:(1) 当人们在考虑一个社会怎样才能更有效率时,产权的功能是十分重要的。由于人们的交易关系中不可能没有摩擦,在解决这类冲突时,通过权利的更明确界定比其他任何方式都要更公正、合理。
(2)产权不是一个空洞的口号或政治术语,而是一个很实在的东西。一方面,它是通过确立人们在发生相互关系时如何受益、如何受损及他们之间如何补偿的规则,使他们形成做出行为决定的合理预期。当这些规则裁定明确、合理时,就能向人们提供更好地利用资源与努力劳动的激励;反之,就会出现人们之间的侵权、外部性以及努力的低激励。另一方面,产权的界定与实施也是有成本的。这些费用的高低,会影响合约的具体形式与产权的具体安排,因此,只要当界定与实施产权的收益大于由此所致的成本时,人们才会寻求对产权的排他性安排,否则,共有产权仍可能是一种可选安排。
(3)非排他性产权安排的存在有技术上的因素,但更多的是由国家行为所致。由国家强制所致的产权残缺,导致了极大的外部性,如人们所付出的努力与报酬不一致。更为严重的是,这些管制的规则使人们将精力和资源用于获取垄断权,而不是去促进经济增长,其结果是造成严重的社会不公。
(4)落后国家在谋求经济发展时,重要的不在于一种制度名称的改变,或一种简单的模仿,而在于它们所设定的规则是否降低了人们从事经济交易的费用,是否有利于人们稳定的预期的形成。因此,对于这些国家来讲,只要改变一些制约人们机会的约束制度,就一定能取得令人瞩目的经济绩效。

产权安排与保护:现代秩序的基础[①]

本文尝试构建一个产权与社会秩序的框架,通过建立产权安排-产权保护-社会秩序之间的联系,帮助我们理解发展中国家绩效不佳的根源。已有理论强调产权安排对经济绩效的影响,本文将这一研究延伸到产权的保护与实施,分析国家与其他主体互动中产权保护与实施的复杂性。沿着诺斯等在权利开放与社会秩序演进方面的努力,本文进一步建立起产权理论与社会秩序研究的关联,分析产权安排及保护与社会秩序演进的关系。从产权与社会秩序的角度来看,发展中国家的落后主要体现为产权保护上的人格化以及从权利限制秩序向权利开放秩序转型的障碍。只有建立权利开放秩序,让所有公民享有同样的权利,将产权保护的范围扩大到全体公民,法律和政策对不同群体一视同仁,放开经济组织的准入与竞争,才能保持社会的长期、平稳、可持续发展。

一、引言

无论一个社会选择什么样的政治制度,产权制度都是一

[①] 此文最早发表于《学术月刊》2017年第5期,路乾为共同作者,收入本书时略做修改。

项基础性制度安排。受政治或意识形态的支配,产权安排的选择与变迁常常被所有制优劣论或非公即私的取向所掩盖。事实上,就连产权学派创始人阿尔奇安也提醒,对产权的界定、配置与保护是一个社会必须解决的最复杂且最困难的问题之一。①

幸运的是,科斯(Ronald H. Coase)"交易费用"概念的提出,为理解各种制度的形式及其变迁提供了基础。沿袭他开辟的研究方法,经济学、法学、历史学、管理学等领域对真实世界中产权的认识大幅提升。② 经过科斯、阿尔奇安、德姆塞茨(Harold Demsetz)、诺斯、张五常、巴泽尔(Yoram Barzel)等人的努力,制度经济方法对产权安排的特征以及产权对人的行为、资源配置、经济绩效的重要性给予了深入分析,也注意到国家在产权保护与实施中的作用。然而,基于产权有效性的假设,以及国家作为一种拥有合法暴力的组织就应该实施有效产权保护的假定,传统产权理论忽略了真实世界中影响国家行为的多个群体的互动及其形成的权利规则,因而无法解释一个国家不同时期以及当今发展中国家与发达国家差别很大的产权保护状况和结果。

---

① See Armen Alchian, "Property Rights", in John Eatwell, Murray Milgate, and Peter Newman eds., *New Palgrave Dictionary of Economics*, London: Macmillan Press Limited, 1987.

② See Ronald H. Coase, "The Nature of the Firm", *Economica*, 1937, p. 4; Ronald H. Coase, "The Problem of Social Cost", *The Journal of Law and Economics*, Vol. 3, 1960, pp. 1 – 13.

近年来,诺斯等将社会及制度变迁理论进一步拓展到对社会秩序的研究,长尺度地探究了人类社会有记载以来上万年的秩序演变,以权利限制社会与权利开放社会作为视角,分析国富国穷的原因。① 现代社会的重要特征是具有权利开放的社会秩序(open access social order),在其中,社会游戏规则对待全体公民是一视同仁的,任何公民都可以组建法人组织,面对同样的法律政策。然而,诺斯等人的理论主要基于一视同仁规则(impersonal rules)的形成来讨论社会秩序的演进,缺乏与产权这一至关重要制度的衔接。

本文将在讨论所有权与产权、产权的功能及特征的基础上,延伸到产权的保护与实施,分析国家与其他主体互动中产权保护与实施的复杂性,同时,打通产权理论与社会秩序的讨论,分析产权制度与社会秩序演进的关系。我们得出结论:一方面,产权保护的范围扩大到全体公民,法律和政策对不同群体一视同仁,是建立权利开放的现代经济与政治秩序的基础;另一方面,只有在权利开放的秩序中,所有公民才能享受同样的权利,产权平等保护的制度才可以持续,公平的市场竞争才得以维持。这两方面的努力,不仅拓展了传统产权理论及社会秩序理论,而且有助于我们分析发展中国家和

---

① See Douglas C. North, John Joseph Wallis, and Barry R. Weingast, *Violence and Social Orders: A Conceptual Framework for Interpreting Recorded Human History*, New York: Cambridge University Press, 2009.

转型经济中复杂的产权保护与社会秩序演进状况。

二、所有权与产权

讨论产权时面临的最主要困难是研究的进路。一个长期的传统是，将所有权等同于所有制。但事实上，两者并不能画等号。所有制是人们在生产过程中围绕生产资料形成的关系，是渗透于社会生产、分配、交换和消费领域并起决定作用的经济基础，反映人与人之间由生产资料占有所形成的经济关系，是社会生产关系的总和。① 所有权是一种财产权利。作为法律权利，所有权是所有制的一种实现方式，但不是唯一的实现方式。国家可以通过宪法对所有制予以宣示，但所有权由民法来安排。

（一）财产权是权利而非物的归属

在中国的产权问题的讨论中，有一种长期的倾向是重"物"不重"权"。比如讨论土地问题时，人们更关注的是土地属于谁，而忽略了土地持有者所享有的权利。盎格鲁-撒克逊法律传统则明确宣示：一个人所拥有的不是资源，而是该资源的权利，这些权利就是财产。当代财产法学者门泽尔

---

① 参见《马克思恩格斯全集》第1卷，人民出版社，1995年，第191页。

(Stephen R. Munzer)指出,产权不是土地持有者与土地之间的关系,而是土地持有者对土地的权利关系,以及土地权利持有者与所有其他人之间的关系。①

(二) 所有权是对物的所有可能权利

中国法律和政策重视所有权的传统,与改革后的法律建构以借鉴大陆法体系为主有关。在西方法律体系中,大陆法传统是从物的"完整所有权"开始的。所有权不是对该物的具体权利的有限列举,而是所有可能的权利。拥有完整所有权的人也被赋予了分离具体权利的权能,分离出的权利可由其他人实施,但这些其他人并不拥有这些权利,仅仅是得到了所有者让他们实施这些权利的授权。

罗马法用 dominium 来描述一物的所有可能权利由一个(法律上的)人拥有,意即所有者能够使用某物,享用它并处置它。所有权的完整形式包括:(1) 使用权(usus);(2) 收获权(fructus);(3) 占有权(abusus)。该法还明确规定,所有者可以分离出去前两种权利,但仍然保持对占有权的控制。《拿破仑法典》采用了这一法律思想,并在拿破仑占领期间被引入许多国家,成为大陆法的基本传统。《拿破仑法典》和德国法传统都使用完全所有权的概念。

---

① See Stephen R. Munzer, "A Theory of Property", *American Political Science Review*, Vol. 2, 1990, pp. 648–649.

在成熟法律体制下,完整所有权是"对一物的最大可能利益"①。只要所有者愿意,他就可以阻止其他人使用或出借给其他人,保留他所拥有的权利,而且也没有其他人可以从使用该物中获益。奥诺雷(A. Honoré)对产权的权利束进行了列举,将其加总后构成"完整所有权"的内涵。这11项权利分别为:(1)占有权,即对所拥有物的排他性物质控制权。占有权可以被理解为排除其他人使用或排除其他人从物中获益的权利。(2)使用权,即由个人享有和使用该物的权利。(3)管理权,即决定如何使用该物,以及谁应该使用该物的权利。(4)收入权,即由物的个人使用及允许他人使用时派生的收益的权利。(5)资本得益权,即让渡一物等的权利。(6)稳定权,即免于被征收的权利。(7)可遗传权,即无限期遗赠某物的权利。(8)有期限的权利,即所有权的期限不确定。(9)禁止损害性使用,即有责任克制自己使用物时伤害他人。(10)履行债务,即可以将物拿去还债。(11)剩余权特性,即一些对失效的所有权进行修改的规则。

布莱克斯通(William Blackstone)是英格兰法律的评注者,也对美国产权思想产生过重大影响。他也使用了所有权(dominium)概念,指"对财产的权利是唯一的、独占的所有

---

① A. Honoré, "Ownership", in *Oxford Essays in Jurisprudence*, Oxford: Clarendon Press, 1961, p. 108.

权"①。在习惯法传统中,各种权利的加总就是所有权。

(三) 从所有权向权利束的转变

有意思的是,中国长期存在的"重所有权、轻具体权利"的分析传统,在西方也同样存在。正如布罗姆利(Daniel Bromley)所批评的:"关于产权的讨论常常局限于许多可能权利中的一种,即所有权。这一简化常常造成讨论土地产权实际应用时的简化。"②在许多社会里,可以发现存在很多种类的权利(部分反映了很多种类的"土地利益",尽管并不是所有的利益都能被认为是权利)。

与大陆法传统相比,盎格鲁-撒克逊法律传统更加重视"权利束"的经济意义。该法律传统认为,一份财产就是一种可以由法律界定与保护的土地利益。只有君主是最终的、绝对的财产所有者,没有其他人可以拥有土地,但是他们可以持有土地的利益。这一传统使英国法律更重视土地权利分割的合约规则以及由此产生的利益规则。美国沿袭了英国看待土地权利的方式,尽管绝对的财产所有者不再是君主,而是土地的永久持有者。雅各布斯(Harvey M. Jacobs)描述

---

① William Blackstone, *Commentaries on the Laws of England*, 1766, Chicago: University of Chicago Press, 2016, p.105.
② Daniel Bromley, "Property Rights: Locke, Kant, Peirce, and the Logic of Volitional Pragmatism", in Harvey M. Jacobs ed., *Property Rights in the 21st Century*, Cheltenham, UK: Elgar, 2004, pp.19-30.

了美国的情形:"一项法院记录表明,我是一块土地的记录的所有者。当拥有土地时,我出售矿权给一家跨国矿业公司,将长成林的林木卖给一家纸业公司,将开发权赠送给地方土地保护组织,我是该记录的所有者。……我拥有土壤使用权,保护围栏,支付税收,但其他人拥有其中的一些关键权利,它们甚至比我保留的权利束中的部分更有价值。"①

从重所有权转向重权利束,为分析权利合约及法律规定提供了便利。例如,我与业主签订了一份关于一幢建筑的租约,租约就是财产。这份租约表明我拥有了按合约使用它的权利,我甚至可以卖掉这份租约。对土地分项权利的规定与实施会影响土地的使用方式与效果。比如,租赁权在英国是可以交易的,但在荷兰不行。其结果是,英国的商业使用者一般采取长租方式,因为即便他们不需要使用这一空间了,也可以将租约转给其他需要者。相比之下,荷兰的商业使用者要么采取短租方式,以免因为长租的不灵活导致他们无法将空间租给其他人,从而造成损失;要么为了寻求使用的稳定性以及获得资本增殖,将作为办公空间的不动产买下来。其结果是,在荷兰比在英国有更多的商业空间是以不动产形式持有的,从而形成了较小的建筑以及缺乏作为整体管理的商业园区的格局。

---

① Harvey M. Jacobs ed., *Who Owns America?: Social Conflict over Property Rights*, Madison: University of Wisconsin Press, 1998, pp. 245-246.

(四) 不同产权安排选择受交易费用影响

在人类历史上,出现过不同的产权安排,如国有、共有、敞开进入(open access)、私有等多种形式。在不受强力干预时,产权演化朝着交易费用最小化的方向发展。德姆塞茨指出:"所有社会的产权安排,都会回应于技术、需求以及其他经济条件的变化而有效率地演进。"[1]埃里克森(Robert C. Ellickson)在对土地所有权安排的经验研究中得出:"一个交织紧密的群体倾向于通过习惯或法律创造一个成本最小化并且足以应对风险、技术、需求以及其他一些经济条件变化的土地制度。"[2]由于产权制度演化受交易费用影响,一个社会的产权制度并非唯一的安排即有效。土地的私人所有能够降低集体决策费用和监督费用,土地的集体管理则可以利用规模经济及分散风险。但是,仅当利益相同并且(或者)存在一个明确的控制权威时,土地的集体所有才是长期有效的。

---

[1] H. Demsetz, "Toward a Theory of Property Rights", *American Economic Review*, Vol. 57, No. 3, 1967, pp. 347–359.
[2] 罗伯特·埃里克森:《土地所有权》,载唐纳德·威特曼编,苏力等译:《法律经济学文献精选》,法律出版社,2006年,第436页。

三、产权的功能

产权起作用的方式非常实在。作为一种制度装置,它具有预期和激励的功能。[①] 产权安排如果造成经济主体预期不稳,它所产生的激励就是负向的;产权安排如果是生产性的,就会将人们的行为引向有利于社会财富增长的努力;产权安排如果是分配性的,就会将人们的行为引向非生产性努力。[②]

(一) 产权保护是经济制度的基本要件

产权是社会强制实施的对商品的多种用途进行选择的权利。[③] 产权以其强度、深度和广度对人的行为和资源配置产生影响。谁拥有使用资源的权利、权利有多大以及权利受保障的程度有多大,都会极大地影响相关市场主体的行为,会使资源使用的效果产生极大差异。在一个知识分散的社会,人们只有对生产资源拥有可靠的、可以让渡的产权,并在可信赖的合约谈判中,在一个共同商议的价格和较低的交易

[①] See H. Demsetz, "Toward a Theory of Property Rights", *American Economic Review*, Vol. 57, No. 3, 1967, pp. 347–359.

[②] See Douglas C. North, *Structure and Change in Economic History*, New York: W. W. Norton & Company, 1981.

[③] See Armen Alchian, "Property Rights", in John Eatwell, Murray Milgate, and Peter Newman eds., *New Palgrave Dictionary of Economics*, London: Macmillan Press Limited, 1987.

成本下交换产品,才能提高对那些更有价值物品的可得性,并降低生产成本。更一般地,产权界定是市场交易的先决条件,如果产权没有得到清楚的界定和保护,市场参与者将面临高昂的缔约成本等交易费用,难以通过交换实现资源的有效配置。①

(二) 产权保护的有效程度决定市场交易范围与分工深度

当一种交易在市场中议定时,就发生了两束权利的交换。权利束常常附着在一种有形的物品或服务上。正是权利的价值决定了所交换的物品的价值。② 产权保护强弱决定了市场发展与分工深化的程度。没有完善的产权保护,违约与侵权行为会增加交易的不确定性,抬升交易费用,缩小市场范围;市场范围的缩小会降低分工的深度,进一步遏制竞争和增长的持续性。在制度研究的早期阶段,有效产权对经济增长的作用受到重视。③ 诺斯的早期研究提出,西方国家的现代化最先在荷兰和英国发生,而不是在法国和西班牙发

---

① See Ronald H. Coase, "The Problem of Social Cost", *The Journal of Law and Economics*, Vol. 56, No. 3, 1960, pp. 1–13.

② See H. Demsetz, "Toward a Theory of Property Rights", *American Economic Review*, Vol. 57, No. 3, 1967, pp. 347–359.

③ See Douglas C. North, *The Rise of the Western World*, Cambridge, MA: Cambridge University Press, 1973; Daron Acemoglu, Simon Johnson, and James Robinson, "The Colonial Origins of Comparative Development: An Empirical Investigation", *American Economic Review*, Vol. 102, No. 6, 2001, pp. 3059–3076.

生,其关键是荷兰和英国采取了有利于产权保护的制度,促进了交易与分工,带来了经济的增长与繁荣。①

(三) 产权明晰是降低合约成本、减少外部性的有效方式

产权安排影响人们对资源的控制与竞争方式。一方面,在产权明晰且交易费用较低时,价格机制是配置资源的主要方式,产权重新界定的成本也较低,产权安排对权利配置的影响不大。当交易费用变高时,用价格机制配置产权的成本就会上升,采取什么样的权利安排形式会影响缔约成本。另一方面,完善的产权保护有助于减少资源使用的外部性以及由此引发的争议。② 由于资源的使用往往具有外部性,人们在使用资源为自己谋利时,可能会损害他人的利益,这种损害往往是没有补偿的。在技术进步、要素价格变化时,这种外部性会格外显著。解决外部性的方式有两种,一是相关各方达成资源使用与侵权补偿的协议;二是通过产权转让整合分散的产权主体。这两种解决办法的前提是产权清晰且有保障。

---

① See Douglas C. North, *The Rise of the Western World*, Cambridge, MA: Cambridge University Press, 1973.
② See Ronald H. Coase, "The Problem of Social Cost", *The Journal of Law and Economics*, Vol. 56, No. 3, 1960, pp. 1 – 13.

（四）有效的产权保护会激励投资者支持创新活动

世界经济的快速发展，始于以投资创新活动为特征的工业革命。但是，由于创新往往具有正外部性，社会收益往往高于投资者和创新者的个人收益，从而抑制投资者去支持创新性尝试。科技创新的突破究竟在多早发生，取决于有没有产权安排来保证投资者和创新者能从其投资和创新活动中获得预期收入。为包括新思想、发明和技术革新在内的知识产权提供法律保障，可以为投资者和创新者提供常规性的激励。没有这种产权保障，便没有人会拿私人财产为社会利益冒险。[①]

（五）稳定有保障的产权有助于培养企业家精神

企业是一个社会创造财富的主体。企业家是否有创造财富的动力取决于其财富是否有安全的保障。如果缺乏完善的产权保护制度，企业家的财产被他人甚至政府掠夺，企业家的投资无法回收，他们就没有动力增加投资、积累财富、延续企业。保护企业的产权就是要降低企业家的财富被他人或政府掠夺的风险，为企业家的投资提供安全保障，提振企业家的投资回报预期，鼓励企业家为实现长期利益最大化

---

① See Douglas C. North, *The Rise of the Western World*, Cambridge, MA: Cambridge University Press, 1973.

而谋划企业经营策略,增加长期投资,将更多资源分配到研发与创新领域。

四、产权的特征

对经济主体而言,产权对它的影响不是通过"高高在上"的所有制,而是取决于产权界定与赋权强度。一般意义的产权制度要求在赋予人与其物的关系时,应该具有明晰性(clarity)、确定性(certainty)和稳定性(stability)。资源有效配置的前提是资源使用、收益与转让权利的清晰界定和有效实施,经济绩效的差异也由此而生。

(一)产权的清楚界定是资源有效配置的基础

没有清晰的产权界定,就无法进行顺畅的市场交易,也就无法有效地配置资源。产权包括实际上的产权与法律上的产权。在法律层面予以登记和颁证,不同于产权在实质上被界定与实施。没有充分而清晰的赋权,仅仅依赖登记和颁证,产权得不到有效保障。产权界定也不能停留在所有权层面。没有产权各项权能的明确与清晰界定,而界定权能综合的所有权,权利是无法实施的。作为基础性安排,产权界定也受收益和成本制约。一方面,如果一个资源的经济价值较低,界定产权的需求就较低,占有者界定产权的动力就较小;

另一方面，产权界定是有成本的，如果界定成本过高或实施者的经费得不到保障，产权界定的效果会较差。

（二）排他性与可让渡性是产权最重要的权能

在产权对行为的影响中，排他性和可让渡性是最重要的两项权利安排。排他性决定谁有权使用一种稀缺资源及其权利不受干扰与侵犯；可让渡性决定在合约议定下资源向效率最高的使用者配置的安排。① 排他性有两层含义：一是选择资源使用的排他性，即决定谁在特定的方式下有使用稀缺资源的权利。对公寓拥有完整产权的主体有权决定如何使用公寓，是自己住还是出租，是根据价格来出租还是根据关系来出租。二是对资源收益权的排他性。如果所有者选择将公寓出租，他就有权从财产的服务中获得所有租金收入。②

可让渡性是以相互同意的条款交换资源的权利。③ 所有者有权决定按任意价格通过交换将资源出租、出售，甚至授权给其他人使用。转让权是市场合约的一个先决条件。资产的使用权与收益权不一定包含资产的转让权，但资产的转

---

① See H. Demsetz, "Toward a Theory of Property Rights", *American Economic Review*, Vol. 57, No. 3, 1967, pp. 347–359.

② See Armen Alchian, "Property Rights", in John Eatwell, Murray Milgate, and Peter Newman eds., *New Palgrave Dictionary of Economics*, London: Macmillan Press Limited, 1987.

③ See Armen Alchian, "Property Rights", in John Eatwell, Murray Milgate, and Peter Newman eds., *New Palgrave Dictionary of Economics*, London: Macmillan Press Limited, 1987.

让权一定包含资产的使用权与收益权。仅有资产的使用权和收益权,没有转让权,资产就无法流动到对其使用效率最高的一方手中。但是,资产在转让过程中,因实现了更高的价格,难免会出现攫取资产的现象。因此,产权保护的重点是对资产转让权的保护,也即在资产转让过程中的产权保护。

(三) 产权残缺扭曲竞争机制

在真实世界中,产权往往变得残缺。产权残缺是指删除了用来确定"完整"产权的权利束中的某些重要权利。[1] 产权残缺有两种:一种是无法占有全部权利导致的残缺;另一种是管制、政治等原因导致的残缺。对产权的限制会降低物品和服务基于货币交换的竞争,增加基于个人特征的竞争。[2] 例如,房屋租金管制会加剧人们为生存空间而展开的竞争,致使人们在更大程度上依据肤色、信仰、家庭规模等其他人格化特征来分配房屋。产权残缺扭曲了竞争机制,致使资源无法从资源所有者手中转让到对其使用效率高但缺乏资源的人手中,进而加剧了财富不平等。

---

[1] See H. Demsetz, "Toward a Theory of Property Rights", *American Economic Review*, Vol. 57, No. 3, 1967, pp. 347–359.

[2] See Armen Alchian, "Property Rights", in John Eatwell, Murray Milgate, and Peter Newman eds., *New Palgrave Dictionary of Economics*, London: Macmillan Press Limited, 1987.

五、产权保护与实施

产权制度不会自动生效。产权功能的实现取决于产权保护的有效实施。阿尔奇安和德姆塞茨提醒:"土地权利不是自然赋予的,而是由社会创造的,如果没有对权利的保护,权利就不存在。"① 布罗姆利更明确表示:"某物受保护使得其有这一权利,而不是某物受保护因为它有这一权利。"② 产权保护的效果既有赖于在产权形成与演化中缔约的效率与实施情况,也有赖于国家在产权保护中发挥作用,同样不能忽略的是产权制度建构中国家与利益相关者之间的互动。

(一) 产权保护受利益相关者共同接受的缔约规则的影响

在公众的观念中,产权的保护应由国家来排他性地提供,法律是保护产权的主要方式。但是,从古至今,政府并不是产权保护的唯一提供者。事实上,在大多数国家,尤其是发展中国家,产权保护的提供者是多元的。家族、宗教、武术

---

① A. Alchian and H. Demsetz, "The Property Right Paradigm", *The Journal of Economic History*, Vol. 31, No. 1, 1973, pp. 16–27.
② Dan Bromley, "Property Regimes in Economic Development: Lessons and Policy Implications", in Ernst Lutz ed., *Agriculture and the Environment, Perspectives on Sustainable Rural Development*, Washington, DC: The World Bank, 1998, pp. 83–91.

门派、帮会、行会等,都在一定程度上提供产权保护。从经验观察来看,无论是财产形成过程,还是日常经济活动,大量的权利安排与保护是由非正式规则约束的,产权保护由利益相关者认可的规则达成,国家提供的法律保护只是最后一道防线。尽管经历长时段的历史变迁,中国乡村的产权保护仍然主要受非正式权利规则制约。在历史上,"皇权不下乡",村庄权利规则既尊重每个村民的私权,又遵守村规民约对公共部分的制约。改革开放之初,农民认可的农地产权规则是"交足国家的,留够集体的,剩余是自己的"这一合约规则,政府的认可则滞后3年,国家法律的承认更是晚至2002年。直到今天,除了行政仲裁,大量有关农民土地权利的纠纷案例仍然通过非正式规则解决,法院则很少介入。因此,要理解产权保护的有效性,就必须充分理解民间自发的产权形成、权利关系与配置方式。

(二) 基于第三方实施的产权保护是国家能力的主要体现

尽管在维系人类秩序的制度中,非正式规则对产权的保护普遍存在,但一个基本的共识是,政府通过提供法律的第三方实施来保护产权,对于维护现代社会秩序至关重要。政府提供产权保护的理由有:(1)认为产权保护是必需的公共产品,是一个社会不可或缺的制度性基础设施;(2)认为随着权利配置范围的扩大,交易从熟人社会拓展到陌生人社会,非正式规则提供的产权保护效果递减,需要由政府作为第三方促进非人格交易的有效实施;(3)产权保护具有巨大的规模效应,国家建立司法体系来保护产权,是成本较低的选择。

近年来,国家能力在经济发展中的作用受到关注,经济学家展开了国家能力与经济绩效和治理秩序之间的关联性的实证研究。[①] 但是,国家能力不等于强政府。国家能力是国家受托于人民获得财政资源、依法行政、保护国家主权独立和人民生命财产安全、维护社会公正和秩序的能力。[②] 国家能力的强弱主要体现为能否有效公正地为全社会提供产权保护等公共服务。国家提供产权保护的功能由政府来实施,但政府行为必须反映国家意志,当政府行为不能反映国家意志时,政府的强制力就失去了合法的依据。

(三)政府保护产权的效果取决于对非正式权利合约规则的尊重

国家对产权的保护必须建立在对自发形成的产权充分尊重的基础上。一个国家的结构转型与经济成长的过程,也是各类经济主体的产权形成与演变的过程。某些产权是在

[①] See Timothy Besley and Torsten Persson, "The Origins of State Capacity: Property Rights, Taxation, and Politics", *American Economic Review*, Vol. 99, No. 4, 2007, pp. 1218 – 1244.
[②] 参见周其仁:《国家能力再定义》,《新世纪周刊》2014年第3期。

现有法律架构下涌现出来的,但大多数是企业家利用现有制度的空隙在法外创造的新兴产权。正是各类新兴经济主体广泛参与新产权制度的形成,促进了经济增长。中外历史表明,新兴产权创造者的集体行动,提高了国家守护旧产权的成本和保护新产权的收益。成功转型国家的经验是,在强化政治控制的边际效益递减的情况下,国家不得不放松对财产剩余权的独占程度,政府及其代理人通过沟通、讨价还价、利益权衡,重新建立新的产权结构。① 国家在产权确认与保护中对自发权利规则的呼应是国家合法化能力的重要体现,力量博弈是达成共识的必经之路。政府提供的正式产权安排如果不能与那些自发的产权安排相契合,会增加政府确认与保护产权的成本。如果政府任性地依靠韦伯式的合法暴力来维护既有的、无效的产权结构,会损害经济成长,妨碍现代社会秩序的形成与演进。

六、权利开放与现代秩序的形成

在很多人看来,产权的重要性不言而喻,国家对产权的保护天经地义。但是,无论是人类历史进程还是当今发展遭遇的困境,都表明产权安排并非天然有效,产权保护更非一

---

① 参见周其仁:《中国农村改革:国家和所有权关系的变化——一个经济制度变迁史的回顾》(上、下),《管理世界》1995年第3、4期。

视同仁。国家之间在产权保护上的区别,反映了不同国家在更深层次的社会秩序上的差异。诺斯等人用以规则为基础的社会秩序理论来解释不同国家的制度差异。① 但是,产权与规则之间的关系是什么?不同社会秩序中的产权保护规则有怎样的差异?只有建立起产权制度与社会秩序之间的关联,才能理解不同国家产权保护制度与经济绩效的差异。

(一) 从"诺斯悖论"到权利秩序

受韦伯"国家是唯一能合法使用暴力的组织"的观点影响,已有理论将维系人类秩序的"重任"排他性地交给了国家。但是,诺斯在考察不同国家不同时期经济绩效差异的原因时发现:国家对于经济增长必不可少,但国家又往往是经济衰退的根源。② 虽然国家比私人团体在保护和确立产权方面的成本更低,但是出于财政动机,在竞争与交易费用的约束下,政府也可能采用无效率的所有权结构,建立不利于经济增长的产权制度,即所谓"诺斯悖论"。③ 只有当有效的产权安排与国家统治者的利益一致时,国家统治者才会鼓励和

---

① See Douglas C. North, John Joseph Wallis, and Barry R. Weingast, *Violence and Social Orders: A Conceptual Framework for Interpreting Recorded Human History*, New York: Cambridge University Press, 2009.
② See Douglas C. North, *Institutions, Institutional Change, and Economic Performance*, New York: Cambridge University Press, 1990.
③ 参见周其仁:《中国农村改革:国家和所有权关系的变化——一个经济制度变迁史的回顾》(上、下),《管理世界》1995 年第 3、4 期。

界定有效的产权制度。如果一个国家的政府部门或精英团体形成牢固的利益集团,通过垄断经济利益获得租金,从而巩固其政治权力,这些团体会设置一系列禁止市场准入、侵犯私人产权的制度与政策,以及阻碍民间意愿的公开表达。如果这些阶层与民间无法建立利益共享机制,制度将发生扭曲,进而抑制生产效率的提升。

诺斯等人挑战了韦伯的国家理论,指出精英团体之间的动态关系会影响国家与大众之间的互动方式。[1] 传统的国家理论笼统地将国家看作组织,忽略了权利秩序中精英团体之间的利益平衡、妥协与权利开放的可能性。事实上,国家对产权制度的选择与产权保护方式的权衡,不仅受精英利益的牵制,也受产权实施成本的影响。通过长尺度地探究人类社会有记载以来的秩序演变,诺斯等人发现,国富国穷的分野,就在于是否成功实现从权利限制秩序向权利开放秩序的转型。

(二) 从权利限制秩序到权利开放秩序是国家转型的标志

在人类历史的多数时期和当今绝大多数发展中国家,权

---

[1] See Douglas C. North, John Joseph Wallis, and Barry R. Weingast, *Violence and Social Orders*, *A Conceptual Framework for Interpreting Recorded Human History*, New York: Cambridge University Press, 2009.

利限制秩序是维持社会稳定的主要秩序。在权利限制秩序中，只有少数精英群体具有在某些领域通过成立法人组织开展生产、经营、政治、信仰、文化等活动的权利。少数政治精英通过垄断政治与经济权利攫取经济租金，以维护由其主导的政治联盟的稳定。然而，因为精英内部新势力的兴起，政治精英联盟始终处于不稳定状态，国家为维持精英集团之间的权力平衡付出了不菲的政治与经济代价。普通公民在这些领域中的自发组织得不到法律的承认和保护。行政和司法机构在解决纠纷时会根据当事人的身份承认和保护不同程度的权利。普通公民虽然可以通过司法机关解决其与普通公民之间的纠纷，但在与某些精英群体发生纠纷时，要么其案件不予受理，要么在判决时难以享受平等的对待。在权利限制秩序中，某些群体构成的机构组织获得了比其他群体更多的权利。

在权利开放秩序中，经济与政治权利的主体范围从少数具有身份与等级的精英群体扩大到全体公民，政治与经济组织自由进入与退出，法律政策对不同群体一视同仁，公民无论身份皆具有平等的权利，从而形成了充满创新活力的经济秩序和权利平等而稳定的政治秩序。对长时段经济史的研究表明，发达国家在过去几百年能实现稳定持续的经济发展，其关键是社会秩序从权利限制秩序演化到权利开放秩序。发展中国家的经济波动和不稳定，其根源在于没有建立权利开放秩序的制度基础。①

(三) 建立权利开放秩序是市场开放竞争的基础

在权利限制秩序中,政治权力或行政利益带来了经济领域的垄断,致使企业不能自由进入和退出,法律政策偏袒少数精英群体,企业间缺乏竞争,市场难以有效地发展。在权利开放秩序中,任何公民及其组织,不论其身份关系,皆可以在任何领域自由兴办企业。法律政策对所有群体一视同仁,任何经济领域的企业,无论身份,皆可以公平竞争。权利开放秩序促进了市场的开放竞争,降低了任一组织机构长期垄断经济的可能性。

(四) 建立权利开放秩序是现代国家的应有之义

费孝通将社会分为熟人社会与陌生人社会。在熟人社会中,社会秩序依赖的是基于身份的人际关系,多数交易在熟人间展开,法律等现代制度难以落地。② 诺斯认为,经济发展的关键,是交易范围从基于身份与阶层的群体扩大到所有人,从而建立一套不依赖个体身份的、非人格化的交易机

---

① See Douglas C. North, John Joseph Wallis, and Barry R. Weingast, *Violence and Social Orders: A Conceptual Framework for Interpreting Recorded Human History*, New York: Cambridge University Press, 2009.
② 参见费孝通:《乡土中国》,上海人民出版社,2006 年。

制。① 交易范围的扩大将极大地促进资源的有效配置及分工的深化,从而促进经济增长。权利开放秩序赋予人人平等的权利,使每个人都可以享受同等的产权保护,使交易与法治不依赖于身份与关系,为熟人社会向陌生人社会的转变提供了一套新的社会秩序。在新秩序中,经济得以持续快速地发展,政治关系得以和谐稳定。现代化进程是熟人社会瓦解、新的社会治理结构确立、产权保护范围扩大的过程,也是建立新的权利开放社会秩序的进程。

(五) 扩大产权保护范围是建立权利开放秩序的内在要求

在权利限制型秩序下,人际关系特别是权势者之间的关系,主导着组织与个人的行动。人与人之间的关系规则基于身份形成,特权和社会等级起着支配作用。产权保护主要依赖于身份高低及与当权者关系的亲疏,法律的实施在人与人之间并非生而平等。

建立权利开放秩序,是将少数精英拥有的权利,尤其是享受产权保护的权利,扩大到社会全体公民;②产权保护制度

---

① See Douglas C. North, *Institutions, Institutional Change, and Economic Performance*, New York: Cambridge University Press, 1990.
② See Douglas C. North, John Joseph Wallis, and Barry R. Weingast, *Violence and Social Orders: A Conceptual Framework for Interpreting Recorded Human History*, New York: Cambridge University Press, 2009.

从为少数特权机构提供产权服务,扩大到承认和保护全体公民的产权和自发组建的机构组织的权利。在权利开放秩序中,全体公民可享受产权保护与组建合法组织的权利,社会秩序的维持不依靠创造租金,而是依赖于政治与经济的开放竞争。权利开放社会的建立,必须为公民和组织提供普遍而平等的产权保护,使其组织能够平等地参与经济与政治竞争。如果不能为公民个人和组织提供一视同仁的产权保护,不能让他们享有建立组织的权利,就无法通过大量公民和组织公平公开的竞争,降低、削弱少数精英的垄断租金,就不能形成一个稳定的社会秩序。经济秩序难以实现自由开放,政治秩序也难以实现和谐稳定。

七、结语

本文尝试构建一个框架,建立起产权安排-产权保护-社会秩序之间的联系,以帮助我们理解发展中国家经济绩效不佳的根源。对于当今的发展问题,简单的制度植入不仅无助于问题的解决,还使一些国家陷入更加混乱的泥沼。发展中国家的落后主要源于产权保护上的人格化以及从权利限制秩序向权利开放秩序转型过程中存在的障碍。身份的、人格化的产权保护导致产权的不稳定性和社会更高的不确定性,以及财富占有和分配不公,成为发展中国家持续发展的障碍。固守权利限制型秩序，让人际关系特别是有权有势者之间的关系主宰着组织与个人的行动，特权和社会等级起支配作用，造成社会不公平，导致阶层分化，阻碍国家治理现代化实现。只有建立权利开放秩序，让全体公民享受同样的权利，产权保护的范围扩大到全体公民，法律和政策对不同群体一视同仁，通过大量经济组织的准入与竞争，造就熊彼特（Joseph Alois Schumpeter）所称的"创造性毁灭"型企业家，才能促进经济长期、平稳、可持续地增长。

分析土地问题的角度[1]

本文旨在用产权经济方法提供一个研究中国土地问题的视角。针对该领域长期以来重所有制轻产权、重物的归属轻权利安排、重所有权形式轻权利内涵、重制度有效性轻制度费用的传统,对土地问题的几个主要方面展开论述,分析了土地产权与一般物的产权的关系,提出土地所有权是所有者对土地的所有可能权利,土地产权重在"权"而非"物",以及权利分割是土地制度的基本安排,强调土地产权强度内含对责任和义务的履行,土地制度变迁是政治选择与制度费用的结果。

近年来名副其实地掀起了一股中国土地问题热!所讨论的土地问题不仅涉及农村,更主要涉及城市;不仅土地专业的人参与讨论,更多的是经济学、社会学、政治学、历史学以及转型与改革学者介入;不仅在学术圈争论得面红耳赤,更主要是在媒体、公众和投资界炒得白热化;不仅在国内火,在国际上也热得将其他问题淹没。土地问题的热是因为它

---

[1] 此文最早发表于《学海》2017年第3期,收入本书时略做修改。

不仅与国民经济高度关联,而且与每个人利益攸关。

在中国,讨论产权问题时面对的主要困难是,长期的传统是将所有权等同于所有制,以及对产权作用的忽视和意识形态化。实际上所有制与所有权并不画等号,前者是社会生产关系的总和,①后者是一种财产权利,产权则是对物的使用所采取的权利安排。与一般意义的产权讨论相比,由于土地制度在政治、经济与社会中的特殊性和基础性,土地所有制问题更是掺杂许多复杂的因素,土地产权经常被视为土地问题的末端。

检索土地相关文献时,已有研究呈现出一个明显的特征,那就是国内与国际的语境和关注点差异很大,前者沿袭强烈的所有制优劣论色彩,后者主要探究"什么样的产权是正当的,并且着力于对现存的关键性财产制度进行评估"②。这种差异不可简单化为阶段不同或初始制度的差异性,深层的原因在于认识土地问题的角度及分析方法不同。

在中国,土地问题研究的固有传统,已妨碍到我们对活生生的产权问题的客观分析,影响到对实际发生的产权问题的解决。本文将从产权制度角度对土地制度进行分析,并就几个主要的土地问题展开讨论。

---

① 参见《马克思恩格斯全集》第 1 卷,人民出版社,1995 年,第 191 页。
② Stephen R. Munzer, "A Theory of Property", *American Political Science Review*, Vol. 2, 1990, pp. 648 – 649.

一、一般物的产权与土地产权

近期的土地言论中,一种倾向是对土地产权重要性的有意忽视。一些与土地利益不直接相关的人认为,产权问题没有那么重要,是人为造出来的,农民并不关心他有多大产权。对待这类言论,笔者只想提出两点:其一,农民心里怎么想的,实际上不需要谁去代言,让农民自己说出来就是了。研究者能做的,不过是把农民怎么说的和他们在制度下的行为反应原封不动地记录下来,能耐再大一点的,也就是分析一下农民为什么如此说、如此想、如此行为而已。其二,对于主观性议题的调查,怎么问也很关键,何况一些人本身就是带着观点去做"学问"的。比如,明明知道所有制是锁定的,一些问卷还在对农民明知故问:"你是希望土地国有、集体所有,还是私有?"你期待农民能回答出什么惊世答案?!还有的问农民:"要不要调地?""要不要长久不变?"增加人口的家庭当然回答"要调整!",怎么能期待这些农民高风亮节地回答"要长久不变!"?

事实上,无论在什么政治制度下,稳定的产权制度都是一个社会最基本的制度之一。道理无须赘言。产权制度不解决好,一个社会就难以构建有序的政治秩序,难以形成稳定的行为预期,难以营造有规则的社会环境。① 因此,阿尔奇

---

① 参见刘守英、路乾:《产权的安排与保护:现代秩序的基础》,《学术月刊》2017年第5期。

安指出:"财产权的界定、配置和保护是任何社会都必须解决的最复杂和最困难的问题之一,必须以某种方式解决它。"① 产权起作用的方式非常实在。作为一种制度装置,它具有预期和激励的功能。② 一旦产权安排造成经济主体预期不稳,它所产生的激励就是负向的。产权安排如果是生产性的,就会将人们的行为引向有利于社会财富增长的努力;产权安排如果是分配性的,就会将人们的行为引向非生产性努力。③ 作为一个社会最基础的制度,土地产权安排的影响至关重要。

在讨论土地产权时,有一种说法是,土地产权不同于一般物的产权,一般物的产权的原则不适用于土地产权。就像每一种物都有其自己的特性一样,土地也是如此。但是,如果以此提出土地产权不遵循一般物的权利规则,则是一种误解,甚至谬误。

从法律安排来看,欧洲大陆一些国家规制土地的法律是从规制一般物的权利的法律派生出来的。它们有关于财产的一般法律,土地的法律是其中的一部分。在一些英语国家,土地权利在习惯法中考虑,必要的时候由法院实施。英

---

① A. Alchian,"Some Economics of Property Rights", *Il Politico*, 1965, pp. 816 - 829.
② See H. Demsetz,"Toward a Theory of Property Rights", *American Economic Review*, Vol. 57, No. 3, 1967, pp. 347 - 359.
③ See Douglass C. North, *Structure and Change in Economic History*, New York: W. W. Norton & Company, 1981.

格兰有关于土地财产的专门法律;独立后的美国也曾将土地与其他类型的财产采取分别对待的方式,后来许多州制定了民法典,关于产权保护的宪法规则适用于所有物,土地当然在其列。中国的法律安排中也有主要针对土地的,如规制农村土地的《农村土地承包法》以及规制耕地保护和土地转用的《土地管理法》,但这些法律亦得与一般性的《物权法》相一致。

从定义上讲,产权是社会强制实施的、对经济物品的多种用途进行选择的权利。① 产权以其强度、深度和广度对人的行为和资源配置产生影响。土地产权无非是将"某物"具体到了一块土地,是一个社会所强制实施的关于如何使用土地的权利安排。②

一般意义的产权制度要求在赋予人与其物的关系时,应该具有明晰性、确定性和稳定性。土地产权制度安排也不例外,必须要有关于土地如何使用、收益与转让等的明确的、可实施的规则,从而给予使用它的人以明晰性、确定性和稳定性,否则,土地使用与配置造成的后果无论对利益相关者还是社会的影响都很大。

---

① 参见科斯等:《财产权利与制度变迁》,刘守英等译,上海三联书店,1990年。
② See B. Needham and L. Erik, "Institutional Economics and Policies for Changing Land Markets: The Case of Industrial Estates in the Netherlands", *Journal of Property Research*, Vol. 23, No. 1, 2006, pp. 75–90.

土地权利的稳定性包括三层含义。一是不仅让使用者具有关于土地如何使用的稳定性,而且要有关于土地价值如何实现的稳定性。只有土地权利受到保护、可以交易,土地才会成为财富的来源。二是不仅给予土地使用者以稳定性,还要给予其他相关者以稳定性。其他人未拥有该块土地,但土地所有者如何使用会对他们产生影响。三是为社会秩序提供稳定的、可持续的规范。当土地财产的权利是稳定的时,社会关于土地利益的关系就是有规则可循的,土地的使用才是可持续性的。如果说土地制度安排有何特殊性的话,那就是,关于土地权利的决定不仅会影响我们的今天,也会影响我们孩子的明天,甚至我们孩子的孩子的未来。

二、土地所有权是所有者对土地的所有可能权利

中国法律和政策有重所有制和所有权的传统,这既与政治制度和意识形态的特殊性有关,也与改革后的法律建构以借鉴大陆法系为主有关。农村包产到户,实行土地所有权与使用权的两权分离改革,在保留集体所有权的同时,不断做实做强使用权。但是,在法律规定和政策实施中,对于所有权的主体、权利内容以及所有权与使用权之间的关系等重大问题并没有予以清晰说明。这一缺陷不仅造成现实中两种

权利主体并存的尴尬,而且影响到改革的深化与走向。

西方的大陆法传统是从物的"完整所有权"开始的。所有权不是对该物的具体权利的有限列举,而是所有可能的权利。拥有完整所有权的人也被赋予了分离具体权利的权能,分离出的这些权利可以由其他人实施,但这些其他人并不拥有这些权利,仅仅是得到了所有者让他们实施这些权利的授权。

罗马法用"所有权"(dominium)来描述一物的所有可能权利由一个(法律上的)人拥有,意即所有者能够使用某物,享用它并处置它。所有权的完整形式包括:(1)使用权(usus);(2)收获权(fructus);(3)占有权(abusus)。所有者可以分离出前两种权利,但仍然保持对占有权的控制。《拿破仑法典》和德国法传统都是使用完整所有权的概念。

奥诺雷提出,完整所有权是"对一物的最大可能利益"。他对产权的权利束进行了列举,将其加总后构成"完整所有权",分别为:(1)占有权,即对所拥有物的排他性物质控制权。占有权可以被理解为排除其他人使用或排除其他人从物中获益的权利。(2)使用权,即由个人享有和使用该物的权利。(3)管理权,即决定如何使用该物,以及谁应该使用该物的权利。(4)收入权,即由物的个人使用及允许他人使用时派生的收益的权利。(5)资本得益权,即让渡一物等的权利。(6)稳定权,即免于被征收的权利。(7)可遗传性权,即无限期遗赠某物的权利。(8)有期限的权利,即所有权的期限不确定。(9)禁止损害性使用,即有责任克制自己使用物时伤害他人。(10)履行债务,即可以将物拿去还债。(11)剩余权特性,即一些对失效的所有权进行修改的规则。①

对英国和美国产权思想产生重大影响的布莱克斯通也使用了"所有权"概念:"对财产的权利是唯一的、独占的所有权。"②在习惯法传统中,"各种权利的加总就是所有权"③。英格兰法律中称为业主永久持有权,或对土地利益的绝对占有权,尽管这一权利从未绝对过,因为英国的土地由女王最终所有。美国法律中使用的词跟英国一样——业主持有的权利是绝对的。

在私权体制下,无论是大陆法还是英美法传统,以上关于所有权的定义及权利内涵都不会造成困扰,因为所有者就是土地所有权利的持有者和处置者。中国土地权利结构的实际状况是所有权与使用权分离,法律在保持集体所有权前提下,赋予使用权具有实际经济含义的权利,即将农地使用权、收益权、转让权赋予了农户。对于这套制度安排,一直存在一种指责,认为它导致集体权利弱化甚至虚置,影响集体

---

① See A. Honoré, "Ownership", in *Oxford Essays in Jurisprudence*, Oxford: Clarendon Press, 1961.
② William Blackstone, *Commentaries on the Laws of England*, 1766, Chicago: University of Chicago Press, 1979, p. 105.
③ P. Sparkes, *A New Land Law*, Oxford: Hart Publishing, 2003.

经济做强做大，其背后的理论基础是将集体所有权等同于集体组织支配集体土地和资产的权利。事实上，我国集体所有权的来源是农民私产的组合和农民合作以后形成的资产，是一个集体内农民土地等财产的集合，集体组织只是集体内的农民集合委托使用、管理与经营集体资产的代理人。20世纪80年代的农村改革实质上是将集体所有土地回归集体成员，确立以成员权为基础的农民集体所有制度。这一制度安排得到了《农村土地承包法》的法律承认，《农村土地承包法》分别在第2条和第12条明确表述，农民集体所有土地按归属分别由村集体经济组织或者村民委员会、村民小组发包，农村集体经济组织成员有权依法承包由本集体经济组织发包的农村土地。《物权法》对农民集体所有的内涵表述得更为明确，"农民集体所有的不动产和动产，属于本集体成员集体所有"，并且规定，土地承包方案以及将土地发包给本集体以外的单位或者个人承包，个别土地承包经营权人之间承包地的调整，土地补偿费等费用的使用、分配办法等，须经本集体成员决定。

之后出台的三权分置《意见》，秉承集体所有土地农户承包的传统和法律规定，坚持集体土地所有权为农村土地农民集体所有，农民集体是土地集体所有权的权利主体，农户享有承包经营权是集体所有的具体实现形式，土地集体所有权人对集体土地依法享有占有、使用、收益和处分的权利。在继续重申《农村土地承包法》中农民集体对承包地发包、调整、监督、收回、征收补偿等各项法定权利的同时,进一步明确承包农户的土地承包权转让要经农民集体同意,且只能在本集体经济组织内进行;经营权的流转须向农民集体书面备案;为了防止少数人侵害农民权利,确保农民集体有效行使集体土地所有权,要求以集体经济组织民主议事机制保障集体成员的知情权、决策权、监督权。因此,中国农地的集体所有权实质为,农民集体的集合是集体所有权的主体,农民集体享有集体土地及土地上的资产的全部权利,包括使用权、收益权、转让权;权利的赋权、持有和实施重心在农民集体,而非集体组织。农民集体作为所有者对集体土地所产生的所有利益有主张权。农村土地制度深化改革的一个重要内容是,必须在法律上进一步明确农民集体所有权的主体、内涵、委托代理关系,建立"农民集体完整所有权"概念。

三、土地产权重在"权"而非"物"

在中国土地问题的讨论中,有一种长期的倾向是重"物"不重"权",也就是关心土地属于谁,进步一点后也就重在农民对土地的持有,但忽略了农民持有土地的权利。具体体现为:一方面不断强调不能让农民失地,另一方面地方政府却强制低价征走大片农民土地;一方面高调宣示要帮农民看住他们的地,另一方面在地权上却设置诸多限制,如农民承包地不允许抵押,宅基地只允许本村集体成员盖房居住,集体建设用地不得转让,等等。

盎格鲁-撒克逊法律传统明确宣示:一个人所拥有的不是资源,而是该资源的权利,这些权利就是财产。门泽尔指出,产权不是土地持有者与土地之间的关系,而是土地持有者对土地的权利关系,以及土地权利持有者与所有其他人之间的关系。① 阿尔奇安和德姆塞茨提醒:"土地权利不是自然赋予的,而是由社会创造的,如果没有对权利的保护,权利就不存在。"② 布罗姆利更明确表示:"某物受保护使得其有这一权利,而不是某物受保护因为它有这一权利。"③

承认土地是一种权利,土地权利的合约议定与保护就是实现土地权利的基础。土地权利的形成、组合、交易一般经合约议定,并由非正式规则约束。在历史上,土地契约是最重要的制度安排,受土地相关人的遵守。"皇权不下乡",村庄权利规则既尊重每个村民的私权,又遵守村规民约对公共部分的制约。改革开放之初,农民认可的农地产权规则是

---

① See Stephen R. Munzer, "A Theory of Property", *American Political Science Review*, Vol. 2, 1990, pp. 648 – 649.

② A. Alchian and H. Demsetz, "The Property Right Paradigm", *The Journal of Economic History*, Vol. 31, No. 1, 1973, pp. 16 – 27.

③ Dan Bromley, "Property Regimes in Economic Development: Lessons and Policy Implications", in Ernst Lutz ed., *Agriculture and the Environment: Perspectives on Sustainable Rural Development*, Washington, DC: The World Bank, 1998, pp. 83 – 91.

"交足国家的,留够集体的,剩余是自己的"合约规则,政府的认可则滞后了3年,国家法律的承认更是晚至2002年;直到今天,除了行政仲裁,大量有关农民土地权利的纠纷案例仍然通过非正式规则解决,法院则很少介入。

在国家层面,必须提供保护土地权利的基础制度规则,使用土地的方式作为一种权利,必须得到法律的承认与保护。如果没有对权利的保护与规制,有价的资源就有可能被滥用。如果土地权利没有得到有效保护,尽管某个人以高价购得这块土地,土地权利的市场也无法建立。由于土地权利变异很大,土地权利安排非常复杂,土地利益会魔法般地变化,国家对土地权利的界定、承认与保护就至关重要。

对土地权利的承认与保护一般包括以下几类:(1)以某种特定方式使用一块土地的权利;(2)排他性使用一块土地的部分权利;(3)排他性使用一块土地的全部权利;(4)将部分权利分离出去的权利;(5)将部分或全部权利让渡给其他人,实现土地资本化的权利。

国家对农民土地产权的保障和保护是其基本的职能。尽管土地权利涉及复杂的政治、经济和社会等多个方面,但农民作为最大的群体,且提供一个社会最基本的产品,顶层制度必须对在经济上有效、在社会中可接受的土地使用方式予以法律认定。光有替农民守土的良好用心,农民不一定领情。对土地使用的人为限制还造成土地权利的残缺,加大了法律和政策实施的成本。

四、权利分割是土地制度的基本安排

土地权利的分离是中国农村改革的重大突破。20世纪80年代的农村改革,实行集体所有权与使用权分离,不仅坚守了基本制度不变的原则,而且调动了土地使用者农民的积极性。近年来,随着市场交易活动增加和要素市场发展,土地权利的进一步分割与转让已成事实。随着农村人口和劳动力的不断转移,土地承包权与经营权事实上的分离已成普遍之势。承包权与经营权的进一步分离,是政策对现实的正确回应。事实上,关于三权分离的试验早在20世纪80年代末90年代初就在温州的乐清县展开,那期间关于"坚持集体所有权,完善使用权,搞活经营权"的主张比较流行。但是,近些年在忙于城乡统筹以后,已没有几个人说这个事了!不过,有意味的是,十八届三中全会将三权分置上升为顶层制度设计。

总体而言,现有法律在土地权利的分割、转让及分项权利的赋权等方面,还存在大量悬而未决的问题。要在这方面有所深化,首先必须摆脱长期存在的"重所有权轻具体权利"的分析传统,然后在此基础上构建权利分割的理论基础。

有意思的是,这一倾向在西方也同样存在。正如布罗姆利所批评的:"关于产权的讨论常常局限于许多可能权利中的一种,即所有权。这一简化常常造成讨论土地产权实际应用时的简化。"在许多社会里,可以发现存在很多种类的权利,产权的变化很大,实践意义也很复杂和微妙。因此,他强调:"控制权是当代财产问题和冲突中最有兴趣的方面!"①

幸运的是,盎格鲁-撒克逊法律传统更加重视"权利束"的经济意义。这一传统认为,一份财产就是一种可以由法律界定与保护的土地利益。只有君主是最终的、绝对的财产所有者,没有其他人可以拥有土地,但是他们可以持有土地的利益。这一传统使英国法律更重视土地权利分割的合约规则以及由此产生的利益规则。

美国沿袭了英国看待土地权利的方式,尽管绝对的财产所有者变成了土地的永久持有者。雅各布斯描述了美国的情形:"一项法院记录表明,我是一块土地的记录的所有者。当拥有土地时,我出售矿权给一家跨国矿业公司,将长成林的林木卖给一家纸业公司,将开发权赠送给地方土地保护组织,我是该记录的所有者。……我拥有土壤,保护围栏,支付税收,但其他人拥有其中的一些关键权利,它们甚至比我保留的权利束中的部分更有价值。"②

---

① Daniel Bromley, "Property Rights: Locke, Kant, Peirce, and the Logic of Volitional Pragmatism", in Harvey M. Jacobs ed., *Property Rights in the 21st Century*, Cheltenham, UK: Elgar, 2004, pp. 19 – 30.
② Harvey M. Jacobs ed., *Who Owns America?: Social Conflict over Property Rights*, Madison: University of Wisconsin Press, 1998, pp. 245 – 246.

从重所有权转向重权利束,为分析权利合约及权利分割提供了便利。我与业主签订了一份对一幢建筑的租约,租约就是财产。这份租约表明我拥有了按合约使用它的权利,我甚至可以卖掉这份租约。

对土地分项权利的规定与实施会影响土地的使用方式与效果。租赁权在英国是可以交易的,但在荷兰不行。由此出现一个很有意思的现象,英国的商业使用者一般采取长租方式,因为即便他们不需要使用这一空间了,也可以转租给其他需要者。而荷兰的商业使用者要么采取短租方式,以免长租方式不灵活导致他无法将空间租给其他人,从而造成损失;要么为了寻求使用的稳定性以及获得资本增殖,将作为办公空间的不动产买下来。其长远的影响是,在荷兰比在英国有更多的商业空间是以不动产形式持有的,因此往往会形成较小的建筑单位,缺乏整体管理的商业园区。

在土地权利的分割中,土地财产的权利包括附着在该块土地之上、其下及其间的各种物。对地上及地下空间使用的权利程度由法律决定。另外,对于地上可移动物的权利,由法律对该可移动物的权利加以规制,而非由该块土地的权利加以规制,因为可移动物并不"附着"在土地上。

使用土地财产的特殊方式与权利分割形成的权利结构,只有在得到正式制度(法律或顶层政策)承认时,它才成为一种权利。大陆法系的办法是对受到法律承认和保护的那些权利进行列举。一项权利实践一旦得到法律承认,就创造出了一项新的权利。通过列举和对新权利的承认,土地权利体系越来越清晰。但在习惯法传统中,采取这一办法会比较困难,因为双方可能签订一项合约,如果法院实施这一合约,它就变成了一项其他人也可以使用的权利。原权利所有者一旦发觉新的权利对他不利,他就会创造一项补充性权利来保护自己。因此,这一权利在任何时候都可以通过法律书写,但是,它也可能第二天就发生变化,从而导致非常复杂的权利变化。

中国 30 多年农村土地制度改革的特征是,先由底层合约议定,再经过地方的试验,然后是中央政府的总结、政策文件肯定与推广,最后上升到法律表达。农地三权分置也是先在各地经过多年的试验,也有一些地方制定过相关规定,党的十八大以来得到中央顶层认可与政策表达,正式明确农地三权分置作为中国农村改革的重要制度安排。2013 年 7 月,习近平总书记在湖北考察时指出,深化农村改革,完善农村基本经营制度,要好好研究土地所有权、承包权、经营权三者之间的关系。① 党的十八届三中全会《决定》指出,坚持农村土地集体所有权,依法维护农民土地承包经营权,赋予农民对承包地占有、使用、收益、流转及承包经营权抵押、担保权

---

① 参见叶兴庆:《集体所有制下农用地的产权重构》,《毛泽东邓小平理论研究》2015 年第 2 期。

能,允许农民以承包经营权入股发展农业产业化经营。2013年底召开的中央农村工作会议明确了要顺应农民保留土地承包权、流转土地经营权的意愿,把农民土地承包经营权分为承包权和经营权,实现承包权和经营权分置并行。2014年中央一号文件承诺,赋予农民对承包地占有、使用、收益、流转及承包经营权抵押、担保权能,在落实农村土地集体所有权的基础上,稳定农户承包权,放活土地经营权,允许承包土地的经营权向金融机构抵押融资。2014年9月29日,习近平总书记在中央全面深化改革领导小组第五次会议上指出,在坚持农村土地集体所有的前提下,促使承包权和经营权分离,形成所有权、承包权、经营权三权分置,经营权流转的格局。党的十八届五中全会提出,要稳定农村土地承包关系,完善土地所有权、承包权、经营权分置办法,依法推进土地经营权有序流转,构建培育新型农业经营主体的政策体系。2016年4月25日,习近平总书记在中国农村改革发源地小岗村论述了从两权分离到三权分置的重大意义,他指出:改革前,农村集体土地的所有权和经营权合一;搞家庭联产承包制,把土地所有权和承包经营权分开,是我国农村改革的重大创新;现在,把农民土地承包经营权分为承包权和经营权,实现承包权和经营权分置并行,是我国农村改革的又一次重大创新。

农地三权分置是土地权利分割的具体实践,目前进入推进、完善和进一步的法律表达阶段。如何在集体所有权下实现三权分离,亟待政策和法律的进一步细化和完善。农民土地承包权在进行权利的分割与转让时,到底是否受土地所有权制约?土地经营权作为一项从承包权中派生出来的权利,是不是一项独立的权利?土地经营权的具体权利由承包者与经营者自主议定,法律规定中如何表达?土地经营权是一项合约议定期限内的地上权,还是一项完整的财产权?

五、土地产权强度内含对责任和义务的履行

产权界定是市场交易的先决条件,如果产权没有得到清楚的界定和保护,市场参与者将面临高昂的缔约成本等交易费用,难以通过交换实现资源的有效配置。[①] 产权的强度、深度和广度受合约的议定与再议定以及正式规则的保护的影响而产生极大差异,进而对人的行为和资源配置产生影响。谁拥有使用资源的权利,权利有多大,权利受保障的程度有多大,会极大地影响相关市场主体的行为,使资源使用的效果呈现极大差异。在一个知识分散的社会,人们只有对生产资源拥有可靠的、可以让渡的产权,并在可信赖的合约谈判中,在一个共同商议的价格和较低的交易成本下交换产品,才能提高那些更有价值物品的可得性,并降低生产成本。

---

① See Ronald H. Coase, "The Problem of Social Cost", *The Journal of Law and Economics*, Vol. 56, No. 3, 1960, pp. 1 - 13.

土地产权的强度也受权利拥有者对合约责任与义务履行的制约。与有意忽略产权或政府强权侵犯产权相对的是，把持有产权等同于想干什么就敢干什么，不顾及在通过产权获益的同时还需要承担相应的责任与义务。一类表现是：在土地（包括承包地、宅基地和集体建设用地）上从事各类经济活动，不顾法律和规划管制的约束；利用集体建设用地获取租金收益，但不提供相应的公共产品；个人只追求产权利益的最大化，造成其他人或主体的利益受损；等等。这些现象的出现反映的是一种不受约束的、绝对自由的产权观。另一类表现是：对个人享有的权利缺乏尊重，无论是个人还是组织都缺乏对别人应该享有权利的责任，造成侵权成为司空见惯的现象。

　　一项权利是社会的创造，或者说是"社会对行为所承认的权利"。在一个没有其他人的孤岛上，权利的观念是无关紧要的。一项权利是人与组织（更准确地说是法人）之间的相互关系。因此，当一个人享有一项权利时，就有另一个人具有连带的责任。① 如果我拥有以某种方式占有一幢建筑的权利，所有其他人就具有允许我这样做的责任。权利与责任之间的相互关系必须要受到规制，否则，权利就会没有任何重要性。这一相互关系有些是以不成文契约的方式加以规

---

① W. N. Hohfeld, "Fundamental Legal Conceptions as Applied in Judicial Reasoning", *The Yale Law Journal*, Vol. 26, No. 8, 1917, pp. 710-770.

制的,在现代社会则更经常是以明确的成文方式写下来的,并以法律的强制力加以保护。后一种方式的功能是,使得权利所有者有义务让所有其他人执行他们的责任,以让他享有他的权利。

一个人享受权利的前提是,他必须承担相应的责任。比如,荷兰法律规定,没有邻居的许可,在一块土地地界的2米内禁止种树。因此,地界另一边的土地所有者有权不让我在他的土地地界的2米内种树。如果我没得到他的许可就种下了树,就等于我没有完成对我邻居的责任。我的树可能不会对他造成麻烦,在此情形下,他可能不会坚持主张我要执行我对他的责任。但是,如果他因此而受到困扰,他可以要求我将树移除。如果我拒绝这样做,他可以将我告到法庭,法庭会让我执行移除树的义务。

责任可能会以不同的方式影响不同的人。例如,假定我在一幢办公建筑里租了一个办公间,该空间的其他可能使用者就有搬出去的责任,楼主则有责任让我进入,前提是我遵守租约条款。责任常常按照容斥原理(inclusion and exclusion)来表述。权利的规定会让一些人进入(他们可以享有它),而将其他所有人排除出去(他们不能享有它)。

土地权利的责任履行中有一项是特殊的,那就是规划管制的实施。由于要执行土地使用规划,就产生了对土地许多权利的排他性使用,因而影响土地所有者的权利和利益。地方政府一旦批准了土地使用规划，就表明对土地某一具体地块的使用方式有了法律约束力。如果所有者不想按照这一规定的使用方式去利用土地，他可能会采取排斥其他人去实现土地法定利用的方式。为了保证土地使用规划的实施，政府可能会采取对所有权进行征收的办法，来保证土地得到按规定的方式使用。

在一个长期不重视产权的社会，关于土地权利的责任与义务的履行可能是最难的，也是最漫长的。在未来的路上，不仅要不断形成政府（行政权）和其他各种公权对私权的尊重与责任，而且要培养每个人对自己实现权利的义务意识，以及对他人实施权利的责任意识。

六、土地制度变迁是政治选择与制度费用的结果

在人类历史上，出现过不同的土地产权制度，如国有、共有、集体、敞开进入（open access）、私有等多种形式。这几类土地制度安排的内涵依土地使用、收益与转让权的不同安排而不同，不需多述，这里讨论的是制度形成与演进的两种力量。

在不受强力干预的情况下，产权演化是朝着交易费用最小化的方向进行的。德姆塞茨指出，"所有社会的产权安排，都会回应于技术、需求以及其他经济条件的变化而有效率地

演进"①。埃里克森在对土地所有权安排的经验研究中得出,"一个交织紧密的群体倾向于通过习惯或法律创造一个成本最小化并且足以应对风险、技术、需求以及其他一些经济条件变化的土地制度"②。由于产权制度演化受交易费用影响,一个社会的产权制度并非唯一的安排即有效。土地的私人所有能够降低集体决策费用和监督费用,土地的集体管理则可以利用规模经济及分散风险。但是,仅当利益相同并且(或者)存在一个明确的控制权威时,土地的集体所有才是长期有效的。

但是,土地制度的选择与变迁往往受政治力量的左右。一个最典型的例子是许多国家在现代化之前或迈向独立国家之前进行的土地改革。改革的主要理由是传统土地制度的不合理性和不正当性,改革的主要方式是重构乡村政治结构,进行土地的重新分配。由于政治制度的不同和政治力量内含的利益结构,一个有效的土地产权制度不一定会被选择,且土地产权制度的变迁也不一定会朝着制度费用低的方向进行,土地制度的演进有赖于相关力量的成长以及各种力量的博弈与平衡。认识到这一点,就能理解中国土地制度改革的艰巨性、反复性和长期性。

---

① H. Demsetz,"Toward a Theory of Property Rights", *American Economic Review*, Vol. 57, No. 3, 1967, pp. 347 - 359.
② 罗伯特·埃里克森:《土地所有权》,载唐纳德·威特曼编,苏力等译:《法律经济学文献精选》,法律出版社,2005年,第436页。

如何衡量"好政府"①

"好政府"有利于经济发展,其衡量标准包括:不当干预较少、干净和高效的官僚系统、公正的法律体系、有效的产权保护、适中和简明的税制、更少以寻租为目的的管制。

没有多少人喜欢政府。中国老百姓只要没事,总是离它远远的。美国人拿政府当笑料更是家常便饭。美国建国以来的政治发展就是在寻求对政府权力的制衡,民众对政府权力的滥用更是不掺杂任何党派或利益因素地表示警惕。无论是国际组织的发展实践,还是新近发生的"颜色革命",都是在忽视本国政府机器的前提下,或者通过复制西方的法律制度来阻止政府对权力的滥用,或者通过民主竞选来迫使其重构国家政治制度,但事实证明效果都不佳。

西方大量政治经济文献大多都是设计方案,即思考如何制约这个强权的、傲慢的、蛮横的"列维坦",其能够想到的主要制度约束就是法治和责任民主。但是,正如弗朗西斯·福

---

① 此文最早发表于《撞城:一位经济学人的乡城心路》(译林出版社,2019年),收入本书时略做修改。

山(Francis Fukuyama)所言:"在政府被制约之前,它们还得形成权力来做事。换言之,国家还得能够治理。"近年来,关于政府质量与经济发展绩效关系的讨论多了起来,这样似乎更接近真实世界。

一、现代社会需要政府

众所周知,在现代社会中,政府必须发挥作用,换言之,现代社会是需要政府的。哈佛大学教授安德鲁·施莱弗(Andrei Shleifer)等学者的跨国数据分析表明,人均收入与政府绩效之间存在很强的正相关关系。富国的政府质量高,穷国的政府质量低。当今一些陷入泥沼的国家,由于没有有效的政府,那里人民的生活处于混乱和不稳定之中。即便在一些建立了民主和法治的国家,由于政府质量低下,官员权力不受制约,不去为经济活动提供必要的基础设施,经济发展也因而受到严重影响。

经济学教科书告诉我们,政府干预经济的正当性以市场失灵为前提,虽然这一理论已经受到质疑,但它成为过去一个多世纪政府干预经济以及政府支出大幅增长的重要理由。尽管人们很容易将社会面临的许多问题归结于政府本身,如它的官僚化、没有竞争性、过于刚性和不创造生产力,但即便是反对政府干预的极端观点也承认,一些纯粹的公共产品应该由政府提供，包括公共教育、污染防治、产权保护、公共安全、法律体制等。

社会发展到今天，关于政府职能范围的讨论已经延伸到再分配环节。一种观点认为再分配是一个维持社会秩序的基本功能，国家应该通过司法保证法律的一视同仁，约束精英遵守同样的规则。

公共财政学家坦茨（Vito Tanzi）提供的统计数据表明，20世纪政府的职能发生了巨大变化，同一国家的政府职能随时间的变化而改变，不同国家的政府职能存在较大差异。特别是从20世纪下半叶以来，许多国家的政府担负了更多新的责任，如提供公共养老金、公共医疗、公立和义务教育以及保障性住房等。最近几十年来，社会公平问题的重要性不断上升，已经被当作政府干预经济的理由之一。职能的扩大带来政府支出的大幅增长，许多工业化国家政府支出占国内生产总值的比重，从19世纪70年代的10%左右大幅上升到40%左右。

二、"好政府"如何衡量

政府以许多方式规范着一个国家的经济生活。它是保护还是攫取财产，是提供公共服务还是滥用公共资源，是允许还是压制私人生活领域，会产生完全不同的政府绩效。

随着经济学家越来越关注制度在经济增长中所起的作用,制度质量受到特别的强调。随着经济活动规模的扩大,制度可及性提高,政府的绩效也得以增进。经济学家的研究还发现,在人类历史长河中,"好政府"提供的高质量制度是欧洲国家成功实现现代化的秘密,是战后一些新兴经济体腾飞的关键,也对一些国家的成功转型贡献卓著。

从经济学角度看,"好政府"的"好"是指有利于经济发展。已经被检验出对经济增长绩效有显著正相关的制度包括:政府的不当干预较少、干净和高效的官僚系统、公正的法律体系、有效的产权保护、适中和简明的税制、更少以寻租为目的的管制。

与之相对,"坏政府"则是不受制约的政府权力、普遍的腐败、只为少数人服务的法律体系、随意侵犯产权和对合约的不尊重,以及复杂的税制和因人而异的实施。

尽管对"好政府"的衡量说起来简单,但是具体评判起来并不容易。世界银行从2000年开始每年发布治理指数,其中对政府绩效的跨国衡量指标包括六大方面,即话语权和责任能力、政治稳定性和慎用暴力、政府有效性、管制质量、法治、腐败控制。

在对"好政府"的度量中,产权保护和减少寻租性管制是没有异议的指标。但是,在是否好政府就意味着轻税这一点上则存在争议。事实上,越是发达的国家,税负越重,一些贫穷国家则根本收不上来税。有观点认为,只要政府能够提供优质的公共服务,民众倒是愿意多交税,关键不在于收多少税,而在于政府服务的质量。当然,税制的简明、减少收税人员自由裁量权也是必需的。

减少政府对经济活动的干预非常重要,但不是体现政府绩效的全部。从政府效率来看,官僚的质量至关重要。总体而言,较多的干预是与低效率相联的,因为不诚信的官员一旦拥有了更大的管制权,会滋生腐败和官僚惰性。不过,许多例子表明,干预和效率并不紧密相联。18世纪的英国政府是相对少干预和有效的;普鲁士王国的政府却是高度干预和有效的;意大利历史上的乔利蒂(Giovanni Giolitti)政府非常腐败、无效和相对少干预,但墨索里尼政府却变得强干预且低效。当一个政府做出干预时,它可能是有效的,但也可能是低效的和腐败的。

政府提供公共服务的质量也是经济发展的实质。一个国家的政府绩效部分应通过其提供的公共产品的质量来评估,如学校、婴儿死亡率、识字率、基础设施。尽管其中一些公共产品也可以由私人提供,但政府在其中所起的作用更大。高质量地提供这些物品,被视为一个"好政府"的重要特征。

在政府绩效的衡量中,问题比较大却非常重要的一块是政府在转移支付方面的开支、政府消费以及公共部门的就业。政府在这些领域的高开支可能反映了市民支付税收的意愿,而政府在转移支付、补贴或消费方面的高开支也可能反映了税收和再分配的扭曲程度。政府规模,尤其是国有企业部门以及公共部门的就业规模,更多是政治性和再分配性的,很难与政府绩效画上等号。

三、 怎么提高政府质量

政府是一个集合了各种复杂功能的组织,其功能执行得是好是坏,既取决于政府不同部件是如何组织的,也取决于其人力、物力资源存量,还取决于国家官僚系统执行这些功能的质量。

哈佛大学教授拉·波塔(Rafael La Porta)等学者对政府质量的研究表明,不同国家政府的质量差别很大,富国比穷国有更好的政府;伦理同质性和法治完善的国家,其政府质量更高。

那么,如何解释世界上不同国家绩效差异如此之大?为什么有的国家能够提供好的服务,有很高的有效性,在公民那里有很高的信任度,而有的国家却陷入腐败和无效率?

对政府高质量的追寻,难以回避韦伯(Max Weber)对现代国家的定义,即有一套严格的程序来选拔和考核官员,因为职业化而使他们有稳定的预期,整个系统由严格的纪律和行政等级加以控制,既保证了执行力和效率,也可以防范腐败。更重要的是,这套体制基于官员优点和技术能力的竞争,而非依据家族和裙带关系。

近年来,基于韦伯的定义通过程序衡量政府质量的做法也受到质疑,一些学者认为仅通过这一点不能把握真实的质量。相反,程序刚性成为人们不喜欢现代政府的一个主要方面。但是,官僚应当依据他们的技术能力而不是个人关系晋升,则是广为认可的方式,并对于降低腐败和促进经济增长至关重要。加州大学伯克利分校社会学教授彼得·埃文斯(Peter B. Evans)等学者对35个发展中国家1970—1990年间的数据研究后得出结论,按照业绩晋升和提供可预期的、有长期报酬的职业对经济增长有显著的增进作用,有非人际考试选拔和科学晋升制度的国家,其政府质量更高,对经济发展的促进作用更明显。

但正如福山所言,对政府质量的衡量不是去了解政府是什么,而是看它做了什么;不是看它遵循的程序有多么现代和完美,而是看它向人们提供基本公共服务的质量。以政府提供的教育服务为例,孩子在公立学校能否接受良好教育这一信息,比学校有多少教师、学生注册数是多少等信息更有质量。哈佛大学教授普里切特(Lant Pritchett)等学者发现,发展中国家的最大问题是它们在干着"同构模仿秀"的活计,即他们只是在复制发达国家政府的表面形式,却不能提供同样质量的公共产品。

政府质量比规模对绩效的影响更大。但是,由于公众越来越期待政府提供优质公共服务,也有越来越多的人相信扩大政府职能是有益无害的,但往往只看到了政府支出带来的好处,却不顾其成本分担,导致政府规模的扩张比质量的提升更为明显。

随着政府职能的不断扩大,税率和税收水平也急剧上升。到20世纪末,欧洲国家的税收收入占国内生产总值的比重平均提高了15个百分点。尽管如此,税收收入的提高仍然赶不上政府支出的增长。结果是,财政赤字不断扩大,政府债务不断增加,最终影响经济增长。

衡量政府质量时,关于政府应享有多大自主程度的讨论陷入两难。所有政府在提供服务时,必须有一定的自主性。大量的任务需要政府代理人去完成,委托人或多或少要赋予他们执行任务的自主性。但是,过强的自主性也会导致灾难性后果,如滋生腐败和官员设租寻租,影响政府合法性,降低它的质量。兼顾的办法是,划定出基本区域,允许政府代理人在不越"雷池"的前提下发挥自主性。

最后再谈一谈再分配问题。大多数政府面临的真正问题不是再分配水平高低,而是如何通过再分配降低道德风险。

在许多国家,精英阶层会利用他们的财富、权力和社会地位接近政府,依靠国家权力来保护他们和他们的孩子。一旦精英利益固化和阶层流动性变差,有些国家最终只得采取暴力革命来解决遇到的问题,另一些国家则采取民粹主义政策。为了避免这样的情况发生,就必须通过民主和法治对精英的权力加以制约。问题在于:谁愿意,又由谁来做这件事呢?

从"有限政府"到"国家能力"[①]

> 深入辨析国家能力,不仅要重视它对于经济发展的关键作用,而且须避免将其简单等同于中央政府攫取资源的能力。

哈佛开学的第二天,哈佛大学与麻省理工学院(MIT)联合举办的经济发展系列讲座在哈佛礼堂举行。主讲者是MIT经济系教授达龙·阿西莫格鲁(Daron Acemoglu)。达龙因为他那本全美畅销书《国家为什么会失败》(*Why Nations Fail*)扬名全美和国际。

达龙演讲的题目是《国家能力与经济发展:网络方法》("State Capacity and Economic Development: A Network Approach"),旨在通过哥伦比亚地方政府公共产品提供来检验国家能力的直接和溢出效应,测度地方政府"国家能力"提高对减贫和繁荣的贡献。此演讲的来源论文由他与另外两个合作者完成,其中一位是他的老搭档——哈佛大学经济系教授詹姆斯·罗宾逊(James Robinson)。

[①] 此文最早发表于《财经》2014年年刊,收入本书时略做修改。

文章引证的哥伦比亚案例在中国可谓俯拾皆是,真正触动我的是"国家能力"的概念。对于像我这样一名在体制内工作了26年的研究者来讲,一看到"国家能力",马上就将其与"国家权力""国家力量""强政府""有为政府"等耳熟能详的词汇画上等号。

在中国,与"国家能力"直接相关的讨论与交锋曾有三轮。第一轮是在20世纪80年代中期被提出,并一直争议至今的"小政府、大社会"构想;第二轮是1994年前后因放权让利后中央财力下降,引发关于"国家能力"的激烈争论,直接的政策影响就是分税制的引入和中央财政收入占比的大幅上升;第三轮是党的十八届三中全会提出"国家治理体系和治理能力现代化",关于国家能力定义辨析、中央和地方权责、政府与社会组织关系等等的讨论与制度设计全面展开。

由此可见,进一步厘清"国家能力"概念对于中国改革与发展意义重大。

一、何谓"国家能力"

"国家能力"在历史学家、政治学家和社会学家那里一直是个核心概念。

比如,著名政治史学家查尔斯·蒂利(Charles Tilly)就认为,国家能力的历史演进是对战争危急情况的回应。历史学家也将现代所得税制的引入与发展跟战争的风险联系起来。例如,英国于1798年首次引入所得税,而当时的英国正面临拿破仑战争带来的公共财政压力;美国于1861年首次引入所得税,而当时的美国也正处于内战期间。这两个国家在"一战"和"二战"时均将所得税制进一步扩展。瑞典上溯到13世纪就一直实行统一的永久土地税和临时性财产税,但于1861年首次引入一般所得税,并于1903年实行累进所得税,这两次改制都与政府增加军事开支的动力有关。

另一方面,传统经济理论一直视制度为给定,即既存制度不仅能保证国家征税,还能维持市场秩序。

直到道格拉斯·诺斯提出著名的悖论后,经济学界才开始对国家能力重新审视。在他的《经济史中的结构与变迁》(*Structure and Change in Economic History*)中,诺斯通过对西方经济史变迁的考察发现,"使统治者(及其集团)租金最大化的所有权结构与降低交易费用、促进经济增长的有效制度之间存在持久的紧张关系"。

现代社会需要国家这种对合意性暴力具有垄断权力的组织,通过它来实施合约与降低交易成本。但是,统治者作为自利性的个人(团体)往往努力通过征税和征收来增加他们自己(集团)的收益份额。

因此,诺斯得出结论:"由政治决定的产权结构不一定使效率和经济增长潜力最大化,它反而使统治者或政治强势集团的报酬最大化。"基于这一观点的经验解释是：那些提供了有效产权保护的国家成功实现了经济增长，而那些使统治者租金最大化的国家往往对产权的保护和合约的实施不佳，经济增长亦陷入停滞。

按照诺斯理论，只要保持"有限政府"以及对国家权力施加有效制约，就能刺激经济增长。但是，这一研究路径遇到了经验上的挑战。一是"东亚奇迹"就是在强国家统治下创造的。二是"有限政府"的简化表述，与富裕国家政府收入份额高、贫穷国家政府收入份额低的现实不一致。三是正如国际发展问题专家米格达尔（Joel Migdal）所指出的："在部分第三世界，国家领导人无力对他们国家大部分地区的局面进行掌控，这一事实触目惊心！"部分关于非洲政治的文献也提出，这些欠发达国家经济发展的主要障碍不是"国家力量"（state strength）的强弱，而是"国家能力"（state capacity）的缺乏。

近年来，经济学领域也有一些研究国家能力的论文和著作发表，作者们认为，国家能力是经济发展的关键。

尽管政治学家、社会学家和部分发展学者注意到了国家能力的重要性，但是，大多数研究的缺陷也显而易见：一是仅仅从政府尤其是中央政府获取资源的能力来衡量国家能力；二是对国家能力的比较仍然停留在简单的"强"与"弱"的对比上；三是强调了国家提高收入能力的重要性及国家在公共产品提供和规制经济中的作用。

显然,这些研究仍然无法回答诺斯悖论的另一面:为何在某些国家或一个国家的某些时期,统治者没有提供使市场效率最大化的制度安排,而只是通过再分配性努力使权力集团自身的利益最大化?也就是说,这些研究忽略了权力掌控者的自利动机对经济增长可能造成的伤害。

二、国家能力的平衡

值得庆幸的是,前述理论缺陷因两篇论文的发表而得到了部分弥补。

一篇是达龙于 2005 年发表在《货币经济学杂志》(*Journal of Monetary Economics*)上的论文《国家能力强弱的政治经济学》("Politics and Economics in Weak and Strong States")。达龙点明了现有文献的不足:精英统治者因为自利而扩大税收权力,会造成资源配置扭曲,但国家能力过弱以至于无力提供公共产品,也会造成无效,既有研究没有分析这两者之间的平衡点。

达龙提出的中心观点是,国家能力过弱或过强都会造成资源配置扭曲,因而都有可能阻碍经济发展。国家能力强则倾向于高征税,因而可能挫伤公民和企业家的投资积极性;国家能力弱则会导致对公共产品如基础设施、道路、合约实施、法律规则等等的投入不足。为了系统发展这一思想,他假定,在纯经济意义上,统治者(或社会精英)控制着国家机器且能对公民强制征税,公民从事的生产和投资活动受统治者公共产品提供的影响。如果预期税收高,私人投资就会减少。然而,如果税收被限制在非常低的水平,统治者进行公共产品投资的激励就会很低,因为他将不能从这些投资形成的未来收益中得到应有的回报。

达龙建议,一个社会保持税收的中间水平有利于实现好的经济结果,因为这样既能鼓励公民投资,也能为统治者留下足够的剩余,以激励他提供必要的公共产品。因此,一个平衡的权力结构——处于弱国家能力和强国家能力之间的中间水平——更能激励所有团体承担投资,这种平衡对于国家和公民参与生产性经济活动是必要的。

达龙进一步论述,当政治上的国家能力过强时,政府将倾向于选择征过高的税收,从而挫伤公民和企业投资的积极性。而当统治者很容易被取代时,这个国家在政治上的国家能力就弱。由于自利的统治者(或政治精英)只有在预期能得到私人回报时才会承担公共产品的投资,当国家能力弱时,他们所创造的环境当然也不利于公民投资和从事生产性努力。这表明,要使国家能力在经济上平衡,非常必要的一点就是要使国家与社会在政治权力上达到平衡。

最终来看,国家能力在政治和经济上的平衡共同影响一个社会的经济绩效。

另一篇重要的论文是贝斯利(Timothy Besley)与佩尔森(Torsten Persson)2009年发表在《美国经济评论》(*American Economic Review*)上的文章《国家能力的起源：产权、税制与政治》("The Origins of State Capacity: Property Rights, Taxation, and Politics")。

贝斯利等认为，无论是历史经验还是国别数据，确实都无法支持"小政府是富裕的发达国家成功的前提条件"这一结论。但是，他们也不认同仅将增加政府收入等同于国家能力。他们认为，要回答的真正问题是：为什么富裕国家既是高税收国家，同时也是合约执行和产权保护得好的国家？为什么难以证明高税收与经济增长的负相关，却有确凿的证据表明增长绩效不佳的国家往往也是产权保护不力的国家？为此，他们提出，富裕国家收税和实施合约两方面的能力是发展的关键，从当今贫穷国家的遭遇来看，国家能力更不能视为给定。

为了回答所提出的问题，贝斯利等将讨论集中于两个方面：征税能力与金融市场发展程度。前一个指标表明国家的汲取能力，后一个指标表明产权保护程度。

国别数据显示，征税能力与金融市场发展程度之间存在正相关关系：政府从所得税中提取的收入份额占GDP的份额越高，平均私人信贷占GDP的比率也越高。这两个指标也与人均收入正相关。在他们的分析框架中,规制市场的措施与税率是两个内生的政策选择,国家的法治和财政能力被作为不确定性下的事前投资来处理,即国家在市场规制和税收获取中的"政策选择"受过去在法律和财政能力上的投资制约。

最终,他们通过分析得出核心结论:法治和财政能力的投资常常是互补性的。也就是说,提高法治能力的同时也能提升财政能力;反之亦然。由此可见,他们的框架有助于分析国家能力的投资决定因素,在其他情况相同时,共同利益的公共产品,如对抗外部的战争、政治稳定性和包容性的政治制度,有助于国家能力的构建。

总的来看,迄今为止对国家能力的经济研究,具有很强的政策含义。它不仅使我们关注国家能力对于经济发展的重要性,而且提醒我们避免将国家能力简单等同于中央政府攫取资源的能力。只有在法治能力和财政能力上进行互补性投资,在政治、经济与社会之间寻求国家能力的平衡,才能实现一个社会的良好经济绩效。

国家基础性权力不是政府强权[①]

强化中央政府权力确实有很强的吸引力,但须更加关注国家是如何改变社会,以及国家政策是如何被扭曲而偏离初衷的,这样才能找到提高国家治理能力的有效路径。

中共十八届三中全会将国家"治理能力"与"治理体系"相提并论,是治理理论与实践的一大亮点。

一个国家的治理体系不是人为设计的,而是不断演化的。即便设计出"完满无缺"的治理体系,如果没有很好的治理能力去实施,也是枉然。这一点从战后一些被殖民国家独立后,其国家领导人雄心勃勃的建国纲领、国际组织在拉美和非洲国家的发展实践,以及20世纪90年代东欧国家的转型受挫中,都可以得到有力印证。

对于中国这样一个有着悠久治理历史,同时又经历过苏式计划经济,且正在转型与改革的大国来讲,治理能力的挑战之大与治理体系的探索之艰辛,是不言而喻的。

探讨国家能力的文献大多从马克斯·韦伯的逻辑出发。

---

① 此文最早发表于《财经》2014年第29期,收入本书时略做修改。

按照韦伯给出的国家定义,"它由许多为国家领导层(行政权威)所领导和协调的机构组成,拥有在特定疆域内制定和执行对所有民众有约束力的规则的能力或权威,同时也是其他社会组织制定规则的限制因素"。

但是,真实的状况与韦伯的理想国家之间的差别是如此之大。正如著名发展学家米格达尔所观察到的:"所有国家在某些时刻,或在面对某些群体时,或在某些问题上能力有限……国家能力的缺乏——包括征税能力和规制个人行为的能力,对亚非拉国家的领导人来说,尤其突出。"因此,他提出,关键问题在于是否具备国家能力——国家领导人运用国家机构让人民去做领导人希望他们做的事情的能力。

一、何为国家基础性权力

在关于国家能力的讨论中,"国家基础性权力"是一个非常重要也容易产生歧义的概念。它由美国社会学家迈克尔·曼(Michael Mann)在他的名著《社会权力的来源》(The Sources of Social Power)中首次提出,并被政治学界、社会学界和经济学界广泛使用。

"国家基础性权力"的英文表述为"state infrastructural power",按照字面直译,应为"国家基础设施的权力",这似乎更符合它的真实含义。在我们看来,一个社会不仅要有道路、公用设施等物质性基础设施,更要有关于权力等的制度性基础设施。可以说,一个国家的治理能力,主要体现为它提供制度性基础设施的能力。

由于此概念的极端重要性,而且经常被误用或选择性使用,笔者从迈克尔·曼厚厚的大部头著作中,查找到他关于基础性权力的原始表述,将其要点归纳如下:其一,是"一个中央集权国家的控制能力",指"一个中央政府渗入其疆域以及在逻辑上实施决策的制度化能力"。其二,"将国家确定为一系列中心的、放射的制度,并以此贯穿其地域。它通过国家基础来协调社会生活"。其三,"使得市民社会的政党能控制国家。增强了的基础权力并不一定增强或减少个别的、专制的权力,然而,行之有效的基础权力确实会增强集体性国家权力。因为社会生活在此时越来越通过国家制度来协调,这样,基础权力将越来越建构社会生活"。其四,"增强了国家和地缘政治的集体权力,而以牺牲地方-区域的以及超民族的集体权力为代价,同时,却留下了谁控制基础权力这类分配上的问题"。

对于迈克尔·曼的国家基础性权力表述,可以做进一步的强调。

首先,国家基础性权力有别于国家专制性权力。专制性权力是一种惩戒的能力;而基础性权力则是指国家实施的一系列控制疆域及管束社会关系的制度,是实施监督和获得信息的能力。迈克尔·曼对这两种权力做出了区分：封建主义国家专制及基础权力都很小，因为它只在自己的私人领域有一定的自主性，在社会领域几乎没有权力；中世纪的国王在国家内可以为所欲为，但在社会以外却力不从心；罗马帝国、中华帝国和欧洲绝对主义王权拥有断然的专制权力，而少有基础权力；现代西方自由-官僚政治国家拥有广大的基础结构，且这一基础结构在很大程度上要么被资本家，要么被民主化程序及步骤所控制；现代威权主义国家同时拥有专制权力和实质性的基础结构。因此，在应用韦伯的国家概念来讨论基础设施权力时，一定要非常明确地将其与专制性权力概念区分开来。

其次，国家基础性权力是国家权力抵达、实施控制和规制社会关系的程度，绝不能简单将其等同于中央权力集中的程度。它一方面强调中央集权国家的控制能力，另一方面更重视依靠基础制度协调社会生活的能力。为了论述国家基础性权力的功能，迈克尔·曼将韦伯的国家定义拆分成三个层次：政治权力是基础层次，指对所辖疆域的基本权力，通过运用武力来保护，它早于国家作为一种制度的起源；国家是在历史长河中形成的对暴力的合法垄断，并成为政治权力的一个层次；现代国家则在这些层次中增加了官僚机构，它是对疆域管理时行使合法垄断暴力的行政方式。在这里，基础性权力是指国家的官僚系统能够抵达并实施控制及规制社会关系的方面。

最后,国家基础性权力是中央与代为行使控制地方职能的机构之间的相互关系。国家由一个中央精英体系与由各种纵横交错的权力网络建立的社会所组成。在任一规模的国家中,国家精英都不可能实施从中央到地方的直接控制,它必须依赖于代理机构来代表其在所管辖疆域执行政策、寻求控制以及规制社会关系。国家基础性权力是国家精英与渗透到地方社区的控制制度,以及它们所抵达的社会之间的一系列相互关系。

二、国家能力的分析方法

也许是由于迈克尔·曼本身没有给出严格定义的缘故,也许是学者们本身就只想各取所需,不同的学者在运用国家基础性权力概念时,内涵和方法差异极大。索菲尔(Hillel Soifer)在其2008年发表《国家基础性权力:概念化与衡量方法》("State Infrastructural Power: Approaches to Conceptualization and Measurement")一文中,归纳了衡量国家基础性权力的三种方法。

第一种是国家能力方法,即视国家的基础性权力为中央国家所特有,强调其利用权力对资源的处置或控制能力。这一方法着力于评估国家在实施对社会和疆域的控制时处置的资源,这些资源可用于构建放射状的制度以允许国家去实施对社会的控制,它们可能是金融资源,也可能是控制和规制社会的警察、士兵和收税人员。

第二种是国家权重方法,即强调国家权力对社会事实上的控制和规范程度,着重于权力对社会的效应。支持这一观点的学者强调了将能力与权力两者归并合一的危险,猛烈抨击了上述的国家能力方法。他们担心,片面强调国家权力的增强,可能会让人民出局。基于此,他们更加关注国家权力应如何受限制以及其他行动者如何被建构,更加关注国家如何被社会规范。

第三种是地方变异方法,即着重于国家在对其疆域实施控制时地方产生的变异,集中考察国家能力在空间和社会的变化。这一方法集中于一个国家在疆域内实施控制的能力变化。它是上述两种方法的折中,旨在维持权力是基于国家能力的观点,而不是根据其效应来衡量国家权力。这一方法正视国家的能力在地方变异非常大的现实,即国家在其疆域内的权力不是同质的,其抵达程度在疆域和社会行动者层面是不平衡的。因此,学者们根据国家制度在疆域和规制社会关系的抵达程度来分析国家基础性权力。这一方法可以识别国家在地理区域上实施权力的大小,许多研究就根据国家制度在疆域的控制范围来推测叛乱的可能性。

在中国国内关于治理能力的讨论中,王绍光教授是少数几个在理论上做出努力的学者。他沿袭迈克尔·曼将国家权力分为"国家专断性权力"和"国家基础性权力"的做法,将"基础性国家能力"概括为八项:强制能力,即国家可以合法地垄断暴力,可以合法地使用强制力;汲取能力,即国家有能力从社会汲取经济产出的一部分,作为国家机器运作的资源基础;濡化能力,即形成广泛接受的认同感和价值观;认证能力,即在数据与人或物之间建立一一对应的关系;规管能力,即规管人们的外部行为,通过改变个人和团体的行为,使他们的行为符合国家制定的规则;统领能力,即各级国家机构与国家工作人员为了履行各项国家职能,必须有高效清廉的公务人员来实施政策;再分配能力,即国家在不同社会集团之间对稀缺资源的权威性调配;吸纳和整合能力,即建立一套机制,使政府能力将所有政治化的社会势力纳入制度化的参与渠道,以及政府应建立制度,对不同社会群体表达出来的各种政策偏好加以整合。

按照以上引证,王绍光的观点更近似于索菲尔归纳的关于国家基础性权力的第一种方法,相比他更早期的观点,在中央国家权力的程度上更加全面与强化。

从国际学术界来看,这种潮流在彼得·埃文斯、西达·斯考克波(Theda Skocpol)等"找回国家"的努力中也得到体现。但是,正如米格达尔所批评的:"现有理论过于相信顶层人物的权力,同时它们过于倾向于国家中心论。对于第三世界国家而言,采用国家中心论的路径犯了类似于只关注捕鼠器的设计而不了解老鼠的实际情况的错误。""过于注重配菜的过程,忽视了去尝尝菜的味道,想当然地认为国家制度层面的行为将如实反映到个体公民层次。"

强化中央政府权力确实有很强的吸引力,但是,我们必须更加关注国家是如何改变社会的,以及国家政策是如何在地方和社会被扭曲而偏离初衷的,这样才能找到加强国家治理能力的有效路径。

如果一定要给出一个国家基础性权力的内涵,笔者认为米格达尔对国家能力的划分更符合发展中国家的实际。他将国家能力划分为四种,即渗入社会、调节社会关系、提取资源以及以特定方式配置或运用资源的能力。然而,正如他所忧虑的,在第三世界,就渗透能力而言,许多国家显示了强大的能力,然而当转向国家能力的其余几个方面时,往往力不从心。在这些社会里,国家是一个可怕的存在物,却在让其民众按其政策制定者的意愿行事时一筹莫展。国家正如投入小池塘的巨石,它们使池塘的每个角落都泛起了涟漪,却抓不住一条小鱼。

福山的现代国家三要素[1]

国家制度集中权力来保障法律实施,提供必要公共产品等;法治和责任则致力于制约国家权力,确保其只用于可控的和有广泛共识的方面。

金秋10月,哈佛大学肯尼迪政府学院系列讲座(J. F. Kennedy Forum)迎来了日裔美籍学者弗朗西斯·福山。福山应景地带来了他近来颇为火热的新书《政治秩序与政治衰败》(Political Order and Political Decay),而他选择"政治秩序的塞缪尔·亨廷顿遗产"作为演讲主题,则是向他在哈佛求学时的导师致敬。他的新书面世之后,不仅在学术界掀起又一轮"福山热",而且引来世界各大重量级媒体的热评。

在我看来,福山的书之所以引起如此大的反响,主要是因为我们的世界确实遇到了真正的麻烦,与让他名扬天下的《历史的终结与最后的人》(The End of History and the Last Man)的结论出入很大。因此,数百位哈佛名流、学子聚集一堂,期待他能给出一个答案。

---

[1] 此文最早发表于《财经》2014年第31期,收入本书时略做修改。

一、哪里出了错？

1989年，正处东欧剧变时期的福山，在《历史的终结与最后的人》中，极其乐观地描绘了未来的图景："历史走向了各种形式的自由民主和市场经济，历史在自由中达到顶峰。"但是，他于2014年6月在《华尔街日报》(*The Wall Street Journal*)撰文坦陈：2014年的情形与1989年完全不同。福山将当今民主政治发展现状概括为：原有的威权政府继续存在；许多看似成功完成民主转型的国家又退回到威权体制；主要发达民主国家正处于政治衰败；许多新型民主国家遭遇失败；从撒哈拉以南的非洲到北非、西亚直至南亚，许多国家似乎失去了维持自我的能力，有些甚至处于失败国家状态。

福山承认自己在"1989年那段令人兴奋的日子里，对政治发展的本性还是雾里看花"，不过，他认为自己的根本思想仍然是正确的，理由是过去20多年不仅市场经济体制带来世界经济大幅增长，而且民主化进程加快，1974年时采取选举民主的国家只有35个，到2013年已增加到近120个，形成了"第三波"民主化浪潮。但是，他也不得不面对一个现实：过去8年间，"第三波"民主化的国家，约有1/5要么回到威权主义，要么其民主制度遭受严重侵蚀。

福山将这些国家的失败归结于制度。他认为，人人都希望政府既负责又有效,民众需要的服务能得到及时和高效的满足,但由于制度的缺乏或能力不足,没有几个政府能真正做到。需要看到,民主不仅仅是选举中获得多数,它由一套复杂的制度组成,需要通过法律和制衡制度来限制和规范权力的行使。非洲一些国家的问题是缺乏基本的制度——国家;另一些国家虽然接受了民主的合法性,却取消了对行政权力的制衡,从而对法律造成系统性侵蚀;还有些国家的问题是腐败和政府不能提供可信的基本服务;美国的问题则是过于制度化后形成的规则和利益刚性。

二、现代政治秩序三要素

无论在发达国家还是在移植西方制度的后起国家,人们往往视政府为理所当然,视民主为理所当然,视政府提供的基本服务为理所当然。然而,福山强调:"政治制度是必要的,不能被视为理所当然。"福山的新书引领我们遍览史前时代直至现代政治秩序的起源与演变,提炼出最关键的三项政治制度:国家、法治和责任。

国家,是一种等级的、集中化的组织,拥有对疆域的合法暴力垄断权。国家的特征除了复杂性和适应性外,非人际性至关重要。现代国家的统治者须明确区分私人利益和公共利益,以非人际关系为基础,依靠专业的官僚体系处理公民事务,实施政策时没有偏袒。

法治,不仅是法律和秩序,以及产权和合约的实施,而且包括一系列的行为规则,反映社会的更广泛共识。为了保证有效性,法治常常嵌入分立的司法制度中,与行政体系相分离以自主行使权力。法治是对政治权力的制约,对社会中最有权势者也构成制约,如果统治者将法律任意修改以适合他们自己,法治就不存在了。在此情形下,法律代表统治者发布命令,而不对统治者本身施加制约。

责任,现在最主要被理解为程序民主,即定期的、多党的、自由公平的竞选。但是责任也可能是主观性的:统治者可能对更广泛的社会利益做出回应,但不必实行程序上的民主。福山所用的"责任"一词,是指常用的现代民主定义,即有一套程序使政府对国民做出回应。要记住的是,好的程序并不必然产生合适的结果。

国家制度集中权力来保障法律实施,保持和平与稳定,提供必要的公共产品,维持政治秩序。法治和责任民主则致力于相反的方向:制约国家权力的行使,确保它只用于可控的和有广泛共识的方面。

这三项制度无论从历史演进还是今天的社会来看,都代表了人类的普遍需求。无论好坏,都需要国家通过必要的权力来进行外部和内部防卫,来实施共同统一的法律,由一个现代的非人际的国家来提供秩序、稳定和必要的公共产品。

所有社会都必须通过法律来规制权力的实施,将权力用于所有公民,而不是例外地对少数特权派开绿灯。法治是经济发展的关键,没有明晰的产权和合约实施,一个社会难以建立长久信任和稳定预期。责任民主使政府必须对更广泛的社会利益负责,而不是仅仅对少数精英负责,民主参与不仅仅是对权力滥用、腐败等行为的监督与制约,也是对一个社会自由与个人生活质量的基本度量。

根据以上的观点,有人认为,福山的新书中对原来设想的"民选政府、个人权利,以及劳资流通只需适度政府监管的经济体制"产生了动摇。然而,我通读他的新书后,却觉得他自己的表述更切合他的努力,即对现代国家建构的漫长和艰难有了"更多的理解"。

政治制度演变的真实逻辑是,国家、法治、责任这三项制度可能独立存在,也可能以组合形式存在。比如,有些国家的国家能力很强,但是法治很弱,且没有实行现代意义的民主;有些国家有民主选举,但国家提供的服务很差,法治也很弱;有些国家的国家能力和法治弱到几乎不存在,却也推行了民主选举制度。

因此,福山得出结论:一个理想的社会是繁荣的、民主的、稳定的、良好治理的、低腐败的,这样的社会实现了三项政治制度之间的完美平衡。"我们可以有这样的政治秩序,它同时很强和有能力,但是它的行为又受到法律和民主选举建立的参数制约",这是现代政治的奇迹。

还有人批评福山的新书出现转向,即从强调民主转向强调国家,甚至有人选择性地解读为"强国家"。认真读过他的书的人一定会感到这是一种误解。无论是《政治秩序的起源:从前人类时代到法国大革命》,还是《政治秩序与政治衰败:从工业革命到民主全球化》,福山确实花了大量笔墨在国家制度上,这可以被看作是他在研究现代政治秩序时的深化,更主要的是为了寻求新近民主选举国家失败的原因。

人们长期习惯在思考国家和国家权力的有效使用时,一端关注国家权力被误用,另一端是对政府的不信任,20世纪80年代美国时任总统里根就曾宣称:"政府不是我们问题的解决办法,政府本身就是问题。"然而,现在更为急迫的问题不是要不要政府,也不是政府权力应该多大,而是国家能力的构建。福山也同意,许多发展中国家出现的问题是它们的弱势及无效国家的副产品,许多国家只是在专制权力上强势,实施基础权力的能力却很弱。这些国家的失败归因于它们的民选政府不能兑现当初向选民做出的承诺,选民要求的往往不仅仅是政治权利,还有良好的政府。这里所说的弱国家不仅仅指贫穷的发展中国家,也包括陷入危机的希腊和意大利,它们同样存在国家能力问题,没有发展出高质量的行政官僚体系,仍然停留在政府依附程度很高和公然腐败的状态。

在讨论国家能力建设时,福山也提出了要防止的两种偏向。一种是误以为对有效国家的强调就是在威权之下构建政府,却不知一个运行良好的合法制度需要实现政府权力与制约制度之间的平衡。另一种误以为有效国家即为福利国家,却不知所有发达民主国家都面临长期巨额开支承诺的挑战。

三、所有好事不会总凑在一起

所有国家都会殊途同归吗?所有国家都能补上自己的短板,搭上现代化的班车吗?对这种假设的颠覆,早在1968年就由福山的导师塞缪尔·亨廷顿(Samuel Huntington)完成。在这之前的现代化理论就假定:现代化会在经济、社会和政治方面同时发生,所有好事情最终会凑在一起。在革命性著作《变化社会中的政治秩序》(*Political Order in Changing Societies*)中,亨廷顿给这一理论泼了一瓢冷水。他强烈反对所有好事必然聚合在一起的观点,并为政治学研究方法带来根本改变。

福山认同亨廷顿关于政治秩序演变的洞见,即现代化不是一个无缝连接的、不可避免的进程。成功的现代化依赖于与经济增长、社会变迁和观念转变相随的政治制度的平行发展。经济、社会和政治发展往往行进在不同的轨道上:政治发展常常循着自己的逻辑展开;经济发展会带来社会流动性的增强，新进入者会产生更大的参与需求，当这些新的需求超过现存制度的适应能力时，政治秩序就会被打破，不稳定是社会的基本特征。

正因为此，亨廷顿认为，政治制度发展通过使自己变得更具复杂性、适应性、自主性和连贯性来实现。而福山则更坚定地认为："所有的社会，无论是威权体制还是民主体制，都会随时间而衰败。"

福山持有这一观点的理由是，制度因为满足了社会某种需求而被创造出来，但是，制度一旦形成，便会倾向于长期存在，而且形成的制度会趋于保守。当促成制度成立的原始条件发生变化时，它们却做不到随机应变，会变得越来越刚性，适应力越来越弱。另一方面，眷顾亲属或互惠利他是自然的社会交往和互动模式。当现代政治秩序寻求促进非人际制度规则时，大多数社会精英倾向于回到家庭和朋友网络，以作为保护他们地位和利益的工具。这些精英一旦取得成功，就会对国家进行"俘获"，降低后者的合法性，使其对普罗大众不再尽心负责。

在演讲的最后，福山就自己的新书提醒读者："这是一本往回看的书——试图解释现存的制度是如何兴起和随时间演进的，我同样也不想对不同类型政治制度的未来做预测，我只是关注我们是怎样抵达现在的。"这或许可以回应一些过强的意识形态解读。

政治衰败的根源①

> 民主政治体制尽管有自我纠正机制,但它也会被强大的利益集团钻空子,以合法方式阻止变革,使整个体制陷入衰朽。

美国著名学者弗朗西斯·福山的新著《政治秩序与政治衰败》面世以后,国际舆论质疑,2014年的福山与1989年推出《历史的终结与最后的人》的福山是否为同一个人。国内舆论则一边倒地将福山的新书解读为美国衰落的宣言。

在笔者看来,陷入意识形态的囹圄,不仅无益于客观认识西方社会,而且会妨碍理性反思人类政治制度的选择与变迁。还是让我们回到福山研究的初衷:追溯人类政治秩序的起源以及探究政治衰败的原因。

在上文中,笔者介绍了福山构建的解释人类政治发展的框架,即三项关键政治制度——国家、法治与责任(民主)之间的平衡。本文将转向福山要回答的关键问题:为何政治衰败难以幸免?美国作为西方现代自由民主的范本,自然是福

---

① 此文最早发表于《财经》2014年第33期,收入本书时略做修改。

山探讨政治制度衰变的重点。

一、政治衰败的根源

有意味的是,无论在新书中,还是在演讲中,福山完全不相信美国文明正在衰落。在他看来,美国最优秀的部分是有创业精神、积极主动、欣欣向荣的私人企业领域和市民社会,美国的问题是其政府和民主制度跟不上趟。

也许预感到会被借题发挥,福山在书中明确表示,他要探讨的"政治衰败"(political decay),不是斯彭格勒(Oswald Spengler)、汤因比(Arnold Toynbee)、肯尼迪(Paul Kennedy)、戴蒙德(Jared Diamond)等人所探讨的"文明的衰落"(decline of civilization)。"政治衰败的形式,与具体制度的运行有关,与广义的系统的或文明的进程可能有关,也可能无关。某个单一制度可能处于衰败,但它周围的其他制度可能仍是健康的。"

"政治衰败"一词是塞缪尔·亨廷顿在其革命性著作《变化社会中的政治秩序》中创造的,用于解释"二战"后独立国家政局不稳的原因。他得出结论,社会经济现代化带来对传统政治秩序的冲击,新兴社会群体的政治参与在现行体制下无法得到满足,政治体制若适应不了环境的变化,便会走向政治衰败。

福山继承并发展了亨廷顿的政治衰败理论。他借用亨廷顿有关制度是一套"稳定的、有价值的、重复性的行为模式"的定义,进一步阐释,人类创造制度促进了集体行动,通过规范行为的稳定性使制度具有持久性,以允许人类达成其他种群无法实现的社会合作。但是,创制规则的能力会深深烙印在人类的大脑中,并随世代社会生活而演进,个人可能会接受制度的制约而不去计较自己的个人利益,这样又赋予了制度以惯性。正是这种制度惯性的存在,使政治制度在演进中普遍走向衰败。他的理由是,创建制度本来是为了满足特定情况的需求,但随着情况发生变化,制度往往变得难以适应。

制度不适应导致政治衰败的原因有两个:一是认知特性。人们一旦对世界的看法形成定式,即使在现实中遇到与之相冲突的证据,也难以改变。二是利益刚性。制度一旦形成,其内部精英或现有行动者为了维护自身利益,不愿改变现状,甚至抵触改革。

比亨廷顿更进一步,福山认为,任何类型的政治体制——专制或民主,都无法幸免于政治衰败,而且政治衰败并不因一个社会变得富有和民主就得以解决,民主本身可能就是衰败之源。民主政治体制尽管有自我纠正机制,但它也会被强大的利益集团钻空子,以合法方式阻止变革,使整个体制陷入衰朽。制度刚性和家族化这两种导致衰败的力量在当代民主社会也会出现。尽管在现代民主中,许多人满口普遍权利,他们也同样热衷于得到特权——特别豁免、补贴、为自己和亲朋谋取特殊利益。腐败滋生会使政府的有效性降低,进而导致政治衰败。

二、美国的难题

为了对应现代政治制度的三大类别——国家、法治和责任(民主),现代民主国家成立了三大分支——行政、司法和立法部门。行政部门利用权力去执行法规、实施政策,司法和立法部门对其加以制约以确保公器公用。与法、德等国先有法律,再有现代国家,后有民主的顺序不同,美国是先有普通法,再有民主,后来才发展出现代国家。加上美国自建国以来就存在对行政权力的不信任传统,政治制度建构的核心就是如何制约政府权力。

在福山看来,美国目前的政治衰败由此而生:分权制衡越来越严重和僵化,政党分歧尖锐到极端,过度分权没有更好地代表大多数人的利益,反而给利益集团和各类活动组织过强的话语权。

与其他民主国家相比,美国更不信任政府,国家(state)处于相对弱势。国会制定出许多复杂的规则,削弱了政府的自主性,导致决策效率低下、成本高昂。美国的政府已远不是韦伯所定义的专业、高效、职业化的官僚体系。比如,联邦公务员的录用要求必须有45%的公务员是退伍老兵,而赏罚不分明及缺乏使命感,也导致公务员既无动力也缺乏对机构的信任。法院和立法部门越界行使许多行政部门的权力,致使政府整体运作缺乏连贯性和效率。为了防止精英派系利用政治权力搞独断统治,美国将权力分散到互相竞争的几大政府部门,但难以阻止体制内精英利用权力保护自己的利益。政府绩效不佳,民众就愈发不信任政府,纳税意愿降低,政府财政捉襟见肘,影响良性运转,陷入恶性循环。

为了制约政府权力,美国一直强化司法和立法制约。麻烦的是,制约政府权力的两只"权力老虎"也从笼子里放了出来。行政功能逐渐被法院系统"司法化",导致诉讼案件剧增,决策迟缓,执法标准不一。利益集团征服和控制立法者,取得了与其社会代表性极不相称的影响力,造成税收和支出政策扭曲,他们还从自身利益出发操纵政府预算,拔高赤字的整体水平,诱使国会通过各种各样的法令,降低了公共管理的质量。

福山将美国体制如此笨重的原因归结为,追求监管所采取的高度法条主义方式。国会将监督和执法责任移交法院,把诉讼权利的享受范围不断扩大,形成一套"充斥着不确定性、程序复杂性、冗余性、缺乏终局性,交易成本高"的程序,法院已从一种制约政府的机制演变为导致政府权力范围不断扩张的新机制。

公共管理质量下降,造成人们对政府不信任的自我强化。一方面,民众因为不信任行政机构,要求它接受更多司法审查;另一方面,民众要求政府提供更多服务,又诱使国会将更多、更困难的法令强加给行政部门,导致政府更加僵化,墨守成规,缺乏创造力和连贯性。反过来,普通公民感到民主成了一个幌子,政府被各路精英暗中操纵,不再真实地反映大众的利益诉求。

此外,利益集团的影响力在美国政治制度中是开放的,它们不但通过直接起诉政府获取利益,还掌握了国会这一更强大、控制更多资源的管道。虽然美国有强硬的法规阻止裙带关系,政治家不会明目张胆地偏袒自己人,但也难免会为家庭从事不端行为,从利益集团收取金钱,从游说集团捞取实利。华盛顿的利益集团和游说公司由1971年的175家增至2009年的1.37万家,总营收高达35亿美元,由此就可窥见一斑。

利益集团和游说公司的介入,将现行立法程序弄得更糟,它们甚至会阻止有损自己的法律通过。国会委员会的设置杂乱无章,其职能与司法部门重叠。各项法律缺少衔接,让利益集团更有机可乘。由于政策不回应大众需求,因此大众政治参与度降低,一小撮有组织的利益集团主导决策,政局被政治活动家把持,导致政治极端化并陷入僵局。

在美国宪政制度中,各级权力向下复制,形成了在一些方面某个权力机关一家独大而在另一些方面又互相争权夺势的格局。权力下放至不同政治主体,使得个体可以阻止全体的政治行动,政府内部不同部门很容易互相动手脚,形成"否决政治",也就造成更多的"否决点",导致集体行动成本上升,有时甚至寸步难行。

在美国,预算案由国会主导,总统提交的最初建议大多是展望性的,对最终稿不具有决定性影响。预算案移交给国会的一个个委员会,历经数月,议员们在修正案中塞进各种私货以换取他们手握的一票。预算案审核程序受各方牵制,耗时漫长,让游说公司和利益集团有可乘之机。国会已好几年没有正常表决通过一次预算案了。

美国国会还牢牢掌握着立法权,其下属的各个委员会抓着权力不放,常常建立功能重叠的项目或机构,并对各个管理机构实施监管,从而制造了一个日渐臃肿、人浮于事的政府。

三、得势精英阻碍变革

在福山看来,美国正在经历政治制度的衰败,但人们对制度的认知固化,得势的精英为了维护自身地位用权力阻滞变革,两种力量的结合让体制改革的努力流产。

如何走出政治衰败？最终的答案当然要回到福山的政治制度与政治秩序框架。福山认为，美国目前的问题在于民主过度、法治过强，而国家能力不足。他认为，美国舆论一直热衷于讨论政府的规模大小是有问题的。政府的规模同其质量可以说完全无关，后者比前者更重要。他所推崇的丹麦，最高所得税率达到61.5%，但丹麦人仍然乐意纳税，因为丹麦政府在教育、医疗、老年保障等方面的投入非常高，民众认为以高纳税换取好服务是划算的。

福山认为，美国必须求得国家能力、法治与责任民主之间的平衡。在三者的融合上，美国的分权制逊于议会制国家。议会制国家的法院不会如此频繁地干预政府，政府的派遣机构也比较少，立法工作的连续性较高，受到利益集团的影响较小。德国、荷兰、斯堪的纳维亚国家的政府拥有较高的民众信任度，政府部门遭受的恶意抵抗较少，共识度较高，更能适应全球化时代。

那么，美国能扭转这种局面吗？福山认为存在两大障碍：一是政党政治，美国许多政治参与者都承认体制不行，但都不愿改变。两党都不想切断来自利益集团的财路，利益集团也希望继续以金钱铺路，施加政治影响。二是观念有问题，美国应对政府失效的传统做法是扩大民主参与度，以及增强政府透明度。但由于大多数公民没有时间、没有能力，也没有意愿去处理复杂的公共政策议题，其结果是引来更多政治活动家。

对于美国正在经历的政治衰败,福山似乎持悲观态度。他认为,美国国内政治弊病已经顽固不化,在政治秩序不受到巨大冲击的情况下,目前这种情况不会发生根本改变,美国政治衰败还将继续下去,直至外部震荡催化出真正的改革集团并付诸行动。

腐败之癌[1]

较少的管制和贸易干预,稳定的宏观经济,适中和简化的税制,会减少腐败的机会。

腐败是中国当前政治和社会生活中的热词。事实上,笔者在近些年对中国土地问题的研究中,已经深深感受到腐败对社会各领域的侵蚀和危害之深。一起起腐败案件不仅触目惊心,而且也引发我的思考:涉案者中有些还是在调研时向我们介绍过情况的,是什么让这些"看上去不像坏人"的人走上了不归路?

党的十八大以来中央"老虎苍蝇一起打"的大刀阔斧的反腐,使全民为之拍手称快。但在一片叫好的同时,也经常听到反腐"是否会影响经济增长""是否会挫伤官员积极性"之类的言论。笔者通过对近年来腐败文献的涉猎,感到虽然人类一直在与腐败做斗争,但很难说已经找到了根治腐败的药方。

---

[1] 此文最早发表于《财经》2014年第34期,收入本书时略做修改。

一、腐败成因

沃尔芬森（James David Wolfensohn）于1996年就任世界银行行长时，就提出了"腐败之癌"的概念，直指腐败是阻碍贫穷国家经济发展的主要因素。世界银行的官员当然知道，从该组织成立以来，腐败就是许多发展中国家的主要问题，大量的美元援助和贷款直接进了一些官员的腰包。一个广为接受的观点是，良好的治理是确保稳定经济发展的关键，控制寻租和腐败又是其中的核心。世界银行发布的年度世界治理指数表明，治理有效性与控制腐败之间有很强的关联。

何为腐败？我们最常采用的是著名经济学家巴尔丹（Pranab Bardhan）的定义，即"将公共资源用于私人得益"。由此，腐败主要关注的是政府或公共部门的行为。

克利特加德（Robert Klitgaard）强调了在制度体系中产生腐败机会的三个方面：

一是官员的垄断权力。垄断权力可能由于法律和行政规定确立某个官员是执行某项任务的唯一人选而形成，但在有些情形下可能是因为政府对价格管制和物品生产数量管制从而产生短缺的结果，另外，官员也可能通过自行制造短缺以创造贿赂的机会。

二是官员在执行过程中拥有自由裁量权。官员攫取贿赂时的有利地位,不仅取决于他们是否在特定活动中具有垄断性,还取决于他们在提供物品和服务时自行施加的规则和管制措施。他们为了获取更多贿赂机会,往往会对政府规则和管制给出有利于自己的解释,以获取非法的回报。

三是一个体制的问责和透明程度。由于信息不对称,政府系统里上级的委托人往往很难对他下级代理人的行为进行有效监督和追责。在一个问责制度不健全和透明度很低的体制下,代理人的行为与委托人的要求往往偏离更大,造成腐败的机会更多。

腐败的一大表征是租金的创造与攫取。在经济学中,租金被定义为生产中保持的一种物品或服务与其价格的差别。租金的一个重要来源是稀缺性。尽管租金可能是由土地或商品的自然稀缺性所创造的,但它们更可能是由政府人为制造的。

政府有许多方式创造人为稀缺性。所有的政府管制功能,从设立许可、进口关税到药品管制,皆属此类。任何赋予管制权力的办法都会形成一种租金。政府创造租金的形式还包括制定复杂的税收政策和在执行时因人而异。

尽管经济学家对管制的危害进行了大量讨论,但到了政府那里,很少有人会说政府可以简单地放弃这些功能。政府会以各种理由强调其多么重要,但就是不说是因为它们能创造租金。在经济学家看来,租金的创造与分配是腐败的同义语,因为管制和设租会带来权力的滥用,进而滋生腐败。

腐败的另一个表征是裙带化。裙带关系是一种两个地位和权力不同的人之间为了好处进行的互惠交易。它既包括地位在下的人向地位在上的人行贿以获取更大好处,也包括地位在上的人为了换取地位在下的人的信任和政治支持,利用手中的权力和政治资源为后者提供好处。

在裙带关系中,政治家向政治支持者提供个人化的利益以换取他们的支持。这些做法会对经济和政治体制产生负效应。一是会影响政府质量。现代官僚体系是建立在荣誉、权限和非人际基础上的,裙带关系的蔓延会降低政府的合法性,使其偏离公众利益和公共服务精神。二是会固化现有精英圈子的利益,妨碍民主进程。强势的、高高在上的权力控制者会利用小圈子实现自己的政治野心,并为这个小圈子释放和制造更多的牟利机会,而不顾及公众利益,直至形成政治和经济上的家族式裙带网络,以达到控制国家机器的目的。

二、腐败的危害

哥伦比亚大学的勒夫(Nathaniel Leff)1964年发表的文章《通过腐败的经济发展》("Economic Development Through

Bureaucratic Corruption")是常被引用的文献。勒夫认为,在许多发展中国家,政府施加了过度的官僚控制以及对经济活动的管制,给企业带来了严重的不确定性,而贿赂可以让官僚放松管制,使不确定性最小化。

现在,经济学家普遍认为这种观点站不住脚。第一,由于进行贿赂的企业没有关于其他潜在受贿者的完全信息,因而贿赂可能成为沉没成本。第二,它忽略了一些政客和官僚的自由裁量权所达到的惊人程度,大量管制是他们自行创造出来的,解释权也属于他们。腐败变成这些人进行过度管制的添加剂。第三,提高官员效率的办法很简单,只要没有了行政许可,企业可以更容易和平等地与政府打交道,情况自然就改变了。

腐败对经济发展的妨碍是显然的。莫罗(Paolo Mauro)的研究表明,其他条件相同时,腐败国家会比不太腐败的国家损失5%的投资,会使国内经济增长每年减少0.5个百分点。

贿赂将资源输送到拥有政治权力的官员口袋里,受贿者往往将大量资金转向海外,而不是投入本国的生产,加大生产性企业的稀缺性。政客在进行项目和企业选择时,会采取各种办法将项目交给行贿的企业。最后竞标者很少是成本效益高的企业,这也造成整个社会资源配置效率的降低。

由于存在贿赂,而且往往项目越大,贿赂金额越是惊人,因此这套机制会诱使贪官偏好那些非标准的、复杂的、昂贵的资本密集项目,进而使他们能获得巨额贿金。由于受到庇护,因此承接项目的人不会考虑项目质量,并可能损害公众利益。

腐败还加剧社会不公平。一方面,巨量资金进入精英的口袋,这相当于这些人通过权力地位从其他人的口袋中攫取财富。另一方面,由于一些公共产品的提供很难采取最高竞价者得的办法,如反贫困和社会项目,最后大量资金进了操控这些项目的政客和代理人的腰包,使资金没有被用在最需要它的人身上。

再者,腐败导致一个国家的企业家精神萎靡。由于只有通过贿赂才能拿到项目和经营许可,企业家只得将大量的时间用于腐败活动,如排队、谈判、秘密交易等等,而不是将精力用于创新和技术进步。世界经济论坛全球竞争力指数表明,官僚干预越多的国家,其腐败程度也越高。腐败越盛行的国家,企业进行资本投资的成本也越高。政府形成租金的能力也鼓励许多有野心的人选择从政,而不是到私人部门创造财富。

此外,腐败会导致政治权力与经济权力结盟,影响一个社会的正常运行。由于存在权力寻租,靠政治庇护的企业在非市场竞争环境下畸形膨胀。巨额的贿赂会强化垄断巨头在金字塔中的地位,巨大的经济权力与不受约束的政治权力相互呼应,侵入不受监督的金融体系,有的甚至导致宏观经济危机。

腐败可能对政治秩序产生破坏性的影响。官员都是腐败分子的观念,会降低政府在民众眼中的合法性和信任度,从而影响国家有效运转。腐败的收费常常不是为了增进政府的利益,而是作为权力斗争的武器。在一个法治不健全、权力产生与交替不规则的社会,对腐败分子进行惩罚,往往不是为了改革,而是为了争夺权力。众多的寻租机会可能会为攫取政治权力和影响力提供激励。腐败也会使既得利益者妨碍改革,阻碍民主化进程。

三、改革与治理腐败

一种观点认为,市场化和产权改革加剧了腐败。理由是改革只是回应了精英集团的利益,大多数人没有从中获得好处。这是一种不公正的看法。准确的表述应该是:半半拉拉的、设计不好的、实施不完整的改革可能会加剧腐败。以改革的名义将公共资源和企业输送给利益相关者,则是假改革或伪改革。

在改革的进程中,由于精英集团所处的有利地位,他们确实有可能会利用垄断权力优势地位来攫取更多的金融资源,在"改革"的盛宴中赢得"战争的棋子"。当改革对他们的利益增长和地位产生威胁时,他们会利用权力和资源阻止改革。

证据表明,只要改革是有良好设计的、有广泛参与的,并且方案能得到不走样的实施,那么改革就会是减少腐败的有力武器。较少的管制和贸易干预、稳定的宏观经济、适中和简化的税制,会减少腐败的机会。甚至有研究表明,即便在司法制度不健全的国家,放松管制和贸易自由化也会减少腐败。

市场经济发展还能减少裙带关系造成的腐败。在穷国,由于私人部门少,主仆关系是社会向上流动的阶梯,这样就滋生了腐败。随着市场经济的发展,为私人提供的机会增加,有抱负的年轻人更愿意去私人部门,他们在那里得到的财富是政府部门所无法提供的,他们就不需要再通过主仆关系获得机会,将自己的才能委献给主人,也就减少了一种社会腐败滋生的土壤。

在一些改革未完成的国家,反腐也是释放制度红利的有效工具。在这些国家,无论是增长还是分配,都被"半拉子"改革裹束着。如果推行真改革,不仅能换取民众的支持,而且能促进社会的良治。

在改革议程的设计中,非常重要的一点是对政客和官员的自由裁量权进行认真审视。自由裁量权包括:许可证和执照的发放;各种价格控制措施;给予公共购买合同的回报;各种补贴、软信贷、税收优惠、对逃税的默认；强制性外汇管制；不动产的差别性分配；对谷物仓储设施、电信及能源基础设施的管制；设置的各种秘密预算账户；等等。这些管制既损害了效率和公平，也是腐败的温床。应该通过一揽子的经济改革，将这些过大过多的控制权削除。

在放松管制的基础上，推进政府和预算改革，建立透明的、对收入和支出有制度化制约的机制，是治理腐败的重要举措。从长远来看，市民服务制度和法律改革是必须进行的两项重要改革。对于市民服务体系来讲，拥有适当的薪酬激励和可实施的养老体系，使公共部门与私人部门具有竞争性，能减少腐败。

最后，建立法治和责任民主，形成对政府权力的制约，提高政府质量，是建立廉洁、干净政府的根本保障。

从前现代增长到现代增长：政治发展与持续增长的制度基础[①]

要实现持续稳定的经济增长，不仅需要考虑前现代制度背景下启动分工革命与维持现代增长的不同制度需求，还需要考虑两阶段增长制度的连续平稳过渡。因此，持续的经济增长需要匹配一个基本要素和内在逻辑一致的政治发展进程。一是通过制度化国家利维坦的发展来保障对制度租金的革命能力；二是通过法治的发展来防止权力机会主义；三是通过对外责任制的发展来维持改革的可信承诺。本文认为，政治制度围绕这三个方面的动态调整和互相协调构成了实现持续增长的制度基础。

一、引言

一个理想的经济发展范式是从简单的劳动分工模式到日益复杂模式的持续演进。[②] 它不仅依赖于资本积累、技术

[①] 此文最早发表于《经济体制比较》2019年第3期，汪广龙为共同作者，收入本书时略做修改。
[②] 参见杨小凯：《当代经济学与中国经济》，中国社会科学出版社，1997年。

进步、要素配置效率,还取决于制度安排的有效性。有效的制度安排不仅能防止租值耗散,保护交易者的预期收益以保持现有分工体系的稳定,还能维持开放的租值竞争以促进分工模式的创新试验和扩散。

从人类史的演进来看,经济增长事实上存在两个迥异的阶段。一是漫长的前现代增长(premodern growth)阶段。在这个阶段,技术创新的匮乏导致分工模式创新缓慢,经济绩效呈现为单位产值提高缓慢、民众生活水平改善困难。制度在这一阶段的作用不是促进分工的创新和扩散,而是应对人口压力和技术不足的情况下资源(特别是土地)制约导致的生存陷阱。[①] 在前现代增长阶段,旧有分工体系与政治权力相互依托,政治权力牢牢控制经济生产,通过政治权力实行掠夺和寻租是低水平均衡下获取超额租金的主要方式。二是工业革命以来的现代增长(modern growth)阶段。其在经济绩效上呈现出与前现代经济增长阶段显著不同的特征,比如技术持续进步、生产率水平增进、产业不断升级,由此带来人均收入的不断增长和人民生活水平的持续改善。[②] 现代增长是以专业分工和非人格化交易为基础的社会化大生产的

---

① 参见 D. C. North, *Structure and Change in Economic History*, New York: W. W. Norton & Company, 1981;弗朗西斯·福山:《政治秩序的起源:从前人类时代到法国大革命》,毛俊杰译,广西师范大学出版社,2012年。

② See S. S. Kuznets, *Modern Economic Growth: Rate, Structure, and Spread*, New Haven: Yale University Press, 1966.

形成、扩散与"创造性毁灭"①进程。

经济增长的一大困境是,很难逾越从前现代增长到现代增长这道坎。这也是发展经济学家、制度经济学家和经济史学家致力于回答"为什么有的国家一直贫穷,有的国家能脱颖而出?"的缘由。②"制度有效论"给出的回答是,在一定的技术、要素禀赋结构下,实现现代增长的关键是构建现代政治经济制度,即通过设计一套有效的产权保护、市场竞争制度,匹配以法治和民主等基础性制度,就可以解决政府在保障产权、税收、债务等方面的"可信承诺"(credible commitment)③问题,如此便能发挥现代工业大生产相对于传统农业部门的效率和成本优势,促进现代化大生产的扩散,最终实现一元经济下的创新性内生增长。④

这种对增长与制度变革进程的过于简化受到越来越多

---

① "创造性毁灭"(creative destruction)强调不断开发新需求、新技术、新产品、新的市场和新的生产组织形式,不断地破坏旧分工模式,不断地创造新分工模式。参见 J. A. Schumpeter, *Capitalism, Socialism and Democracy*, New York: Harper, 1942。

② See D. C. North, J. J. Wallis, and B. R. Weingast, *Violence and Social Orders: A Conceptual Framework for Interpreting Recorded Human History*, New York: Cambridge University Press, 2009.

③ 诺斯等人认为"可信承诺"是制度有效的关键:一方面,经济增长需要保障要素投入者的预期收益;但另一方面,维持保护性权力则需要征税和财政开支,无限的权力又常常导致随意的产权剥夺,以及毫无节制的借款、财政赤字和征税。他们认为,法治和民主是解决"可信承诺"问题的基础性制度。

④ See D. C. North and B. R. Weingast, "Constitutions and Commitment: the Evolution of Institutions Governing Public Choice in Seventeenth-century England", *The Journal of Economic History*, Vol. 49, No. 4, 1989, pp. 803–832.

的挑战。其中一个质疑是,现代增长本身不可能脱离前现代增长时期的环境与路径,它在启动时并不具备现代增长所要求的"理想"制度条件。在这一时期,旧有分工体系往往与政治权力相互依存,国际政治和国内政治权力体系设立的各种准入限制和特权还会阻碍新的分工模式的产生,妨碍更有效率和成本优势的制度与组织去吸引资本、技术及新的要素,因此难以实现对原有分工体系的"创造性毁灭"。

政治经济学的新近研究表明,要实现持续稳定的经济增长,如何在前现代制度环境下实现现代增长的起步与构建支撑现代增长的制度同样重要。对现代增长起步及其制度条件的关注和研究,不仅有助于理解一国如何实现低收入→中等收入→高收入发展的演化,而且能帮助我们更好地理解转型经济变迁进程中的关键议题。为了更好地理解一个国家为实现持续、稳定现代增长的努力,我们聚焦于前现代增长阶段实现初始分工革命与维持分工持续演进的基础性政治制度安排,给出了一个分析增长阶段转换中政治发展与持续经济增长的框架,并进一步说明了其中相关的政策含义。

二、现代增长起步的制度条件与政治发展

制度经济学的新近研究开始关注政治制度与经济制度的互动。现代经济增长起步以相应的政治发展作为前提,核

心是通过司法改革和民主改革解决政府在保障产权、保护财富以及税收、债务方面的"可信承诺"问题。① 诺斯与温加斯特(Barry R. Weingast)对英国光荣革命和工业革命关系的研究提供了一个分析政治制度与经济制度相互作用的经典案例。② 但是,人类发展进程中的许多经济体往往处于"低收入陷阱""贫困陷阱"而不能自拔,甚至有的经济体在经历了一段高速增长时期后又陷入"中等收入陷阱",这意味着它们在前现代增长阶段的制度制约、妨碍了其现代增长起步或迈入可持续的现代增长。这些制约既包括产权保护和市场竞争制度的有效性不足,也包括国际政治体系和国内政治权力妨碍了分工创新与扩散。一个经济体如何冲破现行制度结构束缚,实现分工体系的革命,是本节探究的问题。

(一) 打破再分配性租金结构

在前现代增长阶段,政治权力与经济权力尚未分离,权力精英和经济精英结盟是普遍状态。资本、要素和交易资格作为一种政治身份和特权而非"权利",由少数精英把持。精英集团通过强制性许可和垄断获取超额租金,超额租金的存

---

① See D. Acemoglu and J. A. Robinson, "Why Did the West Extend the Franchise? Democracy, Inequality, and Growth in Historical Perspective", *Quarterly Journal of Economics*, Vol. 115, No. 4, 2000, pp. 1167–1199.
② See D. C. North and B. R. Weingast, "Constitutions and Commitment: the Evolution of Institutions Governing Public Choice in Seventeenth-century England", *The Journal of Economic History*, Vol. 49, No. 4, 1989, pp. 803–832.

在又降低了体制创造新分工模式来获得更高资本和要素报酬的激励,从而阻碍了分工体系的演进。凯文·墨菲(Kevin M. Murphy)等人的研究表明,寻租制度虽然有损于社会总收益,但其本身内含多重均衡机制,寻租结构一旦确立,生产回报率的下降速度往往快于寻租回报率的下降速度,导致寻租的吸引力持续相对高于生产;在这个意义上,寻租的增加降低了继续寻租的成本,低效的寻租制度便可以实现高水平的自我维持,难以自动退出。①

要在前现代阶段实现增长起步,需要实现新分工体系的创新和扩散,以形成对前现代分工体系的革命性冲击。这就必须通过国家建设来集中被分割的权力,以形成国家的垄断权力(同时又要防止国家成为排他性掠夺者),摆脱前现代阶段各自为政的低效制度和集团寻租状态,改进支离破碎的司法制度,进而从根本上改变前现代时期约束竞争的"游戏规则"。②

如果不从根本上改变支撑前现代的制度结构,分工体系的初始改变在带来经济绩效改善的同时,也会增进政治特权阶层寻求特许垄断、进行经济寻租的激励,从而造成更严重

---

① See Kevin M. Murphy, A. Shleifer, and R. W. Vishny, "Why is Rent-seeking So Costly to Growth?", *American Economic Review*, Vol. 83, No. 2, 1993, pp. 409 – 414.

② See S. R. Epstein, *Freedom and Growth: The Rise of States and Markets in Europe, 1300 – 1750*, London and New York: Routledge, 2000.

的集团保护和利益固化,妨碍朝向现代增长的分工体系革命。约翰·沃利斯(John Joseph Wallis)对美国进步时代改革的分析就表明,在"政党分赃制"(spoils system)下,经济增长反而助推了政治家和商人形成执政利益联盟,双方通过广泛存在的垄断、管制、关税、补贴、配额等限制进入政策,制造并分享超额租金,造成系统性腐败,成为经济持续增长的巨大威胁;美国的现代增长正是在祛除"政党分赃制"导致的系统性腐败后才真正展开的。[1]

因此,要在前现代时期开启分工体系革命,实现增长起步,一方面要建立促进交易费用降低的竞争性市场,为新分工模式的创新、采用与扩散提供机会;另一方面也必须建立具有强大财政和政治资源动员能力的国家利维坦,以对抗其他由政治和经济精英组成的租金攫取集团。15、16世纪的欧洲出现了大量的绝对主义国家(absolutist state),这些国家的最高统治者、君主或国王被赋予了至高无上的政治权威和惩戒权力,包括对暴力的垄断。吉登斯(Anthony Giddens)的研究表明,这一国家形态对西方资本主义的出现及其在世界范围的扩散至关重要。[2] 但是,历史同样表明,仅靠绝对主义国

---

[1] See J. J. Wallis, "The Concept of Systematic Corruption in American History", in E. L. Glaeser and C. Goldin eds., *Corruption and Reform*: *Lessons from America's Economic History*, Chicago: University of Chicago Press, 2006.

[2] 参见安东尼·吉登斯:《民族-国家与暴力》,胡宗泽、赵力涛、王铭铭译,生活·读书·新知三联书店,1998年。

家权威不可能实现持续的现代增长。强大的利维坦权力常常面临失控的风险,制度难以在军事、政治和经济权力精英内部实现稳定的权力更替,维持权力使用的"可信承诺",一个低效租金结构的终结常常伴随着另一个低效租金结构的产生。当前许多发展中国家的经验也表明,仅仅依靠强大的利维坦权力,不能彻底解决这个问题——租金联盟和系统性腐败的风险往往伴随着弥散性的金融系统、行政许可、产业政策、政府债务、国有企业,向整个经济系统蔓延。

(二)权利开放与避免暴力陷阱

为什么许多"强大国家"仍然难以形成改变租金低效分配的新结构?诺斯、沃利斯和温加斯特提供的最新制度分析框架表明,实现分工体系持续变革的前提条件是生产要素能自由平等地进入市场,这就要求实现从"权利限制秩序"向"权利开放秩序"的转型①,将少数精英垄断的经济权力和以此攫取的租金扩展到每个生产者。但他们也同时发现,对于处于前现代阶段的国家而言,"权利开放秩序"的建立不是通过简单地取消准入限制以及重构相应的租金分配结构就可

---

① 诺斯等人区分了三种人类社会秩序,即觅食秩序(foraging order)、权利限制秩序(the limit access order)或称自然国家(natural state)以及权利开放秩序(open access order)。从权利限制秩序向权利开放秩序的转型是将少数政治精英垄断的政治与经济权利以及由此攫取的经济租金扩大到社会全体公民,通过保证非人际关系化竞争,促进租金的不断消散,保证经济竞争和持续增长。

以实现,这样做不但不一定必然形成竞争性秩序,反而可能造成社会混乱甚至引致暴力。"限制进入型社会"通过允许少数军事、文化、政治精英垄断政治与经济权力来获取超额租金,以换取精英的合作,保持联盟的稳定,从而防止暴力的发生并保持稳定的社会秩序;如果贸然打破这种结构,往往导致破坏性结果。①

穷国难以实现稳定的经济增长,根本在于其未能摆脱从权利限制社会向权利开放社会转型进程中的"暴力陷阱"(the violence trap)。② 当今许多发展中国家的困境也是如此。这些国家并不缺乏产权、市场、选举、法治等开放权利秩序的改革方案,缺乏的是从"权利限制秩序"转型为"权利开放秩序"的实现路径。这样不仅没有带来发展,反而导致政治不稳。③ 如何在一个权利限制社会既能启动开放竞

---

① See D. C. North, J. J. Wallis, and B. R. Weingast, *Violence and Social Orders: A Conceptual Framework for Interpreting Recorded Human History*, Cambridge: Cambridge University Press, 2009.

② See G. W. Cox, D. C. North, and B. R. Weingast, "The Violence Trap: A Political-economic Approach to the Problems of Development", February 13, 2015, available at SSRN: https://ssrn.com/abstract=2370622 or http://dx.doi.org/10.2139/ssrn.2370622; B. R. Weingast, "The Lowest State of Poverty and Barbarism' to the Opulent Commercial Society: Adam Smith's Theory of Violence and the Political Economics of Development", May 15, 2015, available at SSRN: https://ssrn.com/abstract=2606745 or http://dx.doi.org/10.2139/ssrn.2606745.

③ See D. C. North, J. J. Wallis, S. B. Webb, and B. R. Weingast, "In the Shadow of Violence: A New Perspective on Development", August 30, 2015, available at SSRN: https://ssrn.com/abstract=2653254 or http://dx.doi.org/10.2139/ssrn.2653254.

争、增加经济产出、改善民众生活,又能避免暴力陷阱、保持政治稳定,是发展中国家迈向持续稳定的现代增长阶段时面临的根本问题。

诺斯等给出了力避权力开放过程中暴力陷阱的三个"门阶条件"(doorstep conditions):一是精英内部关系的制度化和非人格化,精英特权被规训化为精英权利;二是有一个可持续的、超越当权者本人或统治联盟成员人格化特征的国家利维坦权威(state authority)与组织;三是对暴力和军队实行统一控制,暴力不能被用来处理因租金再分配和利益调整所产生的纠纷。① 通过制度化国家建设,承诺限制暴力的使用,对以人格化为基础的精英特权和权力租金进行权利化改造,不仅打破了旧有经济模式的租金和准入,为新分工模式的产生和扩散创造了条件,而且突破了制度层面的"暴力陷阱",为进入"权利开放秩序"提供了可能。

但是,如何能够推动旧制度的变革,让权力精英放弃原有的权力与利益,达成诺斯等人提出的门阶制度条件呢? 诺斯等人后续的研究表明有两种可能的途径,一是外部压力引发的旧制度危机打破了原有封闭和僵化的权力系统,二是通过保障或提升超额租金回报率来促使权力精英放弃原有的

---

① See D. C. North, J. J. Wallis, and B. R. Weingast, *Violence and Social Orders: A Conceptual Framework for Interpreting Recorded Human History*, Cambridge: Cambridge University Press, 2009.

暴力资源和准入特权。①

一方面,旧制度的危机直接摧毁了原有的权力系统,为"门阶条件"的实现提供了可能。从历史经验来看,中世纪后期的战争使皇室或某个封建主逐步垄断了暴力资源,削弱了其他领主与武装家臣的作用,瓦解了其与依附农或佃农之间的关系,促进了劳动力的解放。为汲取发动战争所需的资源,封建主还需要资本家提供贷款,管理获利的企业,建立和征收税赋,这些都促进了封建主对商人和地主的保护。同时,在垄断暴力的封建主、商人、地主以及被动员的民众围绕资源汲取而产生的合作与抗争中,出于稳定合作关系的需求,早期的法治和责任制等政治规则得到了发展。② 发动战争、资源汲取和资本积累塑造了欧洲国家,也型塑了西欧前现代增长起步的基本逻辑。但西欧制度危机与制度变迁的历史表明,打破原有权力系统与达成门阶制度条件之间还存在漫长的理论距离。对通过国内革命打破旧有权力秩序的发展中国家来说,如何在未来的制度建设中嵌入新的制度逻

---

① See D. C. North, J. J. Wallis, S. B. Webb, and B. R. Weingast, "In the Shadow of Violence: A New Perspective on Development", August 30, 2015, available at SSRN: https://ssrn.com/abstract = 2653254 or http://dx.doi.org/10.2139/ssrn.2653254.

② See C. Tilly, *Coercion, Capital, and European States, AD 990-1990*, Cambridge, MA: Basil Blackwell, 1992; B. R. Weingast, "The Lowest State of Poverty and Barbarism' to the Opulent Commercial Society: Adam Smith's Theory of Violence and the Political Economics of Development", May 15, 2015, available at SSRN: https://ssrn.com/abstract = 2606745 or http://dx.doi.org/10.2139/ssrn.2606745.

辑以支撑现代增长,则是另一个需要回答的重要问题。

另一方面,诺斯等人认为,在达成门阶条件的情况下,恰当的租金分配也同样能够激励学习,促进资本和技术的积累;但前提是超额租金不会成为固化的政治特权且保持经济绩效导向(例如韩国),而不是相反(例如菲律宾和墨西哥)。[①] 这就引出了下一个制度问题:如何维持租金分配的持续绩效改善,直到消弭这部分低效的准入租金,完全实现市场的开放进入? 这即是说:对于大多数发展中国家而言,要从现代增长起步过渡到真正的现代增长,不仅需要门阶条件的达成,还需要制度的继续转型,如此才能保证持续稳定的经济增长。

三、现代增长的维持与未曾终结的政治发展

一个经济体要实现从前现代增长向现代增长的成功转型,不仅要在前现代制度背景下启动分工革命,还需要考虑如何保持分工革命的持续,最终让分工体系具备自发演进的能力。因此,相应制度设计不仅需要考虑前现代制度背景下的增长起步,还需要考虑从增长起步到现代增长的过渡,以

[①] See D. C. North, J. J. Wallis, S. B. Webb, and B. R. Weingast, "In the Shadow of Violence: A New Perspective on Development", August 30, 2015, available at SSRN: https://ssrn.com/abstract = 2653254 or http://dx.doi.org/10.2139/ssrn.2653254.

及支撑现代增长本身的内在稳定。

（一）分工体系的自发演进与包容性政治制度

第一，国家利维坦的权威和能力。在现代阶段，社会化大生产带来经济交易向陌生人网络拓展，产权保护的范围和规模扩大，前现代阶段的非正式规则和人格化保护效率下降，国家因为其具有暴力方面的比较优势，成为现代增长阶段产权保护的主要提供者。[①] 但现代增长不仅需要具备防止租值耗散的保护性干预制度，也需要促进租值竞争的制度，通过国家权力防止垄断和分割，投资公共产品，进而促进竞争和分工模式的创新。无论是执行法律、征税、建设基础设施、实施产业政策，还是通过教育、国家实验室提升人力资本，推动科学发现和技术创新，现代增长都对国家权威和能力提出了更高的要求。[②] 这里的国家权威和能力可以用迈克尔·曼的"制度化国家"（institutionalized state）概括：一是国家要作为一种集体性公权力和主权利维坦享有绝对权威，这种权力在制度层面不可分割；国家不仅仅是政治精英和政治行动者的意见集合，而且依据其主权特征及其暴力资源而享

[①] 参见 D. C. North, *Structure and Change in Economic History*, New York: W. W. Norton & Company, 1981；刘守英、路乾：《产权安排与保护：现代秩序的基础》，《学术月刊》2017年第5期。

[②] See D. Acemoglu, C. Garcia-Jimeno, and J. A. Robinson, "State Capacity and Economic Development: A Network Approach", *American Economic Review*, Vol. 105, No. 8, 2015, pp. 2364–2409.

有专断性权力(despotic power),具备超越精英的行动能力。二是国家要在制度上衍生出相应组织体系和治理能力,建立以理性和专业化的官僚体系、国家财政汲取能力等为核心的基础性权力(infrastructural power),如此方能有效实现国家意志。[1]

第二,资本治理与民族国家的能力。现代增长对制度的核心要求是保障所有要素、资本和创造力都能自由参与到社会化大生产当中,通过公平竞争实现价值和交易成本最优。但长期以来的事实却是,资本收益率(特别是顶级资本的收益率)明显超过经济增长率,造成资本的高度集中。[2] 超额租金的攫取是资本获取超额收益的重要原因,而与前现代增长时期资本借助政治权力直接设立准入以获取超额租金不同,现代增长时期资本获取超额租金的方式更加隐秘。一是借助民族国家内部政治权力的碎片化,资本可以通过利益集团、院外活动、官员的寻租与腐败来影响和扭曲政府政策,并通过补贴、优惠等获取超额租金。[3] 二是由于资本不受领土的束缚,跨国资本为追求利润而产生的流动、利润转移以及由此带来的市场波动往往与民族国家内部的资本积累逻辑

---

[1] 参见迈克尔·曼:《社会权力的来源》(第一卷),刘北成、李少军译,上海人民出版社,2007年。

[2] 参见托马斯·皮凯蒂:《21世纪资本论》,巴曙松、陈剑、余江译,中信出版社,2014年。

[3] See J. Esteban and D. Ray, "Inequality, Lobbying, and Resource Allocation", *American Economic Review*, Vol. 96, No. 1, 2006, pp. 257–279.

不兼容;而依托确定领土边界的民族国家缺乏对跨国资本的限制能力,民族国家的财政金融系统对此常常无能为力并不堪一击。① 三是借助资本输入国之间的竞争,全球流动的资本可以人为制造国别间资本的相对稀缺,获取更优惠的税收、要素价格和基础设施;借助对资本的掌控能力,资本母国也可以通过管制、汇率、债务等制造相对稀缺,榨取"超额利润";而用于基础设施和社会保障的公共开支,则只能由流动性相对较弱的资本输入国消费者和雇员阶层来负担。②

随着资本的集中垄断与资本全球流动能力的增强,资本持有者有更强能力人为制造相对稀缺,获取超额租金。这降低了劳动等其他生产要素的回报,扭曲了技术和创新力的价值。这是不平等的资本和劳动力与不平等的民族国家政治相结合以榨取超额利润的制度设计,它阻碍了对分工体系的"创造性毁灭"。而这一问题的根源是民族国家政治对资本治理的失败。要在当代民族国家体系不变的基本前提下保障现代增长,除了要完善国内的市场制度和政治制度,还需要加强全球政治体系的协作,提高对资本的管制能力,以民族国家的面目在国际政治中争夺对自身有利的自由贸易规则与贸易保护规则。

---

① See P. B. Evans, *Embedded Autonomy: States and Industrial Transformation*, Princeton: Princeton University Press, 2012.
② 参见乌尔里希·贝克、尤尔根·哈贝马斯等:《全球化与政治》,王学东等译,中央编译出版社,2000年。

第三,利维坦保护的风险与包容性政治制度。从以上两方面论述我们可以看到,无论是防止租值耗散、促进租值竞争,还是在不平等的资本和劳动力与不平等的民族国家政治下进行资本治理,国家利维坦都是现代增长最核心的制度要素。但无论在何种政体下,国家利维坦的权力往往掌握在部分精英手中,这种排他性保护权力容易发展成为统治精英租金最大化的准入特权,产生高昂的交易费用,破坏竞争性经济环境。因此,国家利维坦往往又是导致经济衰退的根源。①

利维坦保护的风险要求进入现代增长的国家必须发展出一套非人格化的权利制度来防止权力精英设置准入体系,具体表现为公正的司法、有效的法治和有实施力的可信政体,形成现代经济制度与现代政治制度的协同。阿西莫格鲁和詹姆斯·罗宾逊将决定各国现代增长成败的制度区分为"包容性制度"(inclusive institutions)和"榨取性制度"(extractive institutions)。② 他们认为,支撑现代增长的"包容性制度"意味着,在经济制度上提供产权保护、法治与秩序,提供有效的公共品服务,新兴商业能自由进入,合同能得到有效履行,大多数市民可以享受教育和发展机会;在政治制度上

---

① See D. C. North, *Structure and Change in Economic History*, New York: W. W. Norton & Company, 1981.

② See D. Acemoglu and J. A. Robinso, *Why Nations Fail: The Origins of Power, Prosperity, and Poverty*, New York: Crown Business, 2012.

保证广泛参与,能实现对政治家的制衡,保障法治,防止权力精英攫取导致的交易成本上升。包容性经济制度通过产权保护鼓励投资,通过自由进入更有效地利用市场力量,促进资源有效配置,提升人力资本,促进技术进步和"创造性毁灭"进程,而这一切的实现有赖于制约权力精英的包容性政治制度的建立。

"包容性政治制度"的建立绕不开现代民主制度的发展。民主制度之所以能更好地促进经济增长,是因为:第一,它能更好地实现政府与市场的合作,进行更有效的财政资源动员、汲取和需求信息传递,将其更有效地投资于基础广泛的公共产品;第二,"用手投票"的民主选择机制对权力精英产生正向激励,促进其改善公共产品供给,特别是改善有利于创新的教育投资;第三,民主的制约机制更可能避免权力精英控制和阻碍改革,防止权力制造准入壁垒。① 因此,民主的具体制度内容不仅仅在于对权力精英的限制,而且要具体承担有效的资源动员、权力制约、回应与问责三种功能。福山将其概念化为三个关键要素——"现代国家建构"(state-building)、"法治"(rule of law)与"责任制政府"(accountable

---

① See H. Doucouliagos and M. A. Ulubaşoğlu, "Democracy and Economic Growth: A Meta-analysis", *American Journal of Political Science*, Vol. 52, No. 1, 2008, pp. 61–83; D. Acemoglu, S. Naidu, P. Restrepo, and J. A. Robinson, "Democracy Does Cause Growth", *Journal of Political Economy*, Vol. 127, No. 1, 2019.

government)的平衡,这三项基础性政治制度成为支撑持续稳定的现代增长的关键安排。①

(二) 政治发展与持续的分工革命

实现分工革命起步与实现分工体系自发演进的不同制度需求表明,要实现持续的分工革命和经济持续增长,不仅需要实现现代增长所必备的包容性制度与前现代制度选择的有效衔接,还需要在动态变化中维持包容性政治制度的内在稳定。在这个意义上,维持现代增长需要与之相应的持续政治发展进程。

首先,包容性政治制度的建立依赖于前现代增长时期政治制度建设的路径选择。在前现代背景下推动分工体系革命,需要通过重建国家权威,打破被国内外政治权力掌控的准入结构。虽然早期的制度建设主要处理的是与精英的关系,权利或者权力存在差异性配置。但国家对税收和兵员的需求,以及大工业生产导致工人向城市的集中,使得民众也被动员了起来,参与全国政治联盟。为处理国家利维坦、精英与普通民众的关系,前现代时期的制度建设出现了两种不同的路径选择。一是选择构建一种非人格化的权利规则,虽

---

① 参见弗朗西斯·福山:《政治秩序的起源:从前人类时代到法国大革命》,毛俊杰译,广西师范大学出版社,2012 年; F. Fukuyama, *Political Order and Political Decay*: *From the Industrial Revolution to the Globalization of Democracy*, 1st ed., New York: Farrar, Straus and Giroux, 2014。

然精英集团被配置了更多权利（如有限的选举权或政治参与）和超额租金享有，但权利规则的开放性为民众分享权利奠定了基础；二是选择建立一种人格化的、有限准入的权力联盟，通过控制政治联盟的范围，避免诱导公民组织化和实质性政治参与，国家通过庇护主义、行政吸纳等控制关键精英，进而控制经济和社会。①

虽然第二种方法也解决了前现代制度背景下推动分工体系革命的制度困境，但它维持了精英集团的继续特权化，保持了大量准入租金结构。而且，由于利益和特权分配的人格化，这个制度往往存在系统性腐败的危险，难以有效处理分工继续演进时与精英集团的冲突，增加了向现代增长制度转型时的精英利益受损，降低了权力过渡的"可信承诺"，让继续转型变得艰难。这意味着要实现分工体系的继续演进和持续的经济增长，选择第二条道路的国家需要再一次进行艰难的制度革命，彻底打破精英控制的准入和特权结构。

意大利南北地区的转型差异深刻说明了不同政治制度建设路径导致的绩效差异：由于国家权威的不发达，黑手党成为早期公共权威不足的替代性选择。这虽然在短期内解

---

① See D. Acemoglu, J. A. Robinson, and R. Torvik, "The Political Agenda Effect and State Centralization", NBER Working Paper, No. 22250, 2016, https://www.nber.org/papers/w22250.

决了某些问题,但政治暗杀、阻碍候选人竞选、操纵政党在根本上破坏了政治生活的法治化和正当性,进一步成为经济发展的巨大阻碍。① 政治学家罗伯特·帕特南(Robert D. Putnam)的经典研究更加深刻地揭示了其中的机制——面对集体行动困境,意大利部分地区选择了互惠的规范和公民参与网络,而另一部分地区选择了强制、剥削和庇护等等级式的霍布斯式均衡。最终的历史经验告诉南意大利人,霍布斯式方案行不通,拥有公民网络地区的政府更成功,在内部运行上更有效率,在政策制定上更有创造性,在政策实施上更有成效。②

其次,建立和维持包容性政治制度的关键是保障其在资源动员、权力制约、回应与问责等方面的制度化水平和制度均衡。一方面,要通过制度建设提升动员、制约和问责的制度化水平。前述讨论表明,现代增长需要国家利维坦具备相应的权威和能力,这需要进行社会动员和政治联盟的建设,这种社会动员越彻底,政治联盟越广泛,国家的权威和能力也就越强大。但是动员起来的力量如果缺乏形成公共联合

---

① See D. Acemoglu, G. De Foe, and G. De Luca, "Weak States: Causes and Consequences of the Sicilian Mafia", NBER Working Paper, No. 24115, 2017, https://www.nber.org/papers/w24115.

② 参见罗伯特·D. 帕特南:《使民主运转起来:现代意大利的公民传统》,王列、赖海榕译,中国人民大学出版社,2015 年。

的有效制度,便会带来混乱和碎片化,反噬国家权威和能力。① 这是当前拉丁美洲地区的普遍状态——大工业的推进和民族革命的需求让民众被动员激活,但政治制度缺乏调停、优化和缓和政治冲突的能力,政治力量赤裸裸地彼此对抗,带来政治制度的崩溃和秩序的混乱。为了应对这种混乱,联合起来的技术官僚、经济精英和军人取消了普通民众参与政治的制度渠道和资格,其结果是资本向私人精英和国家机构倾斜。② 另一方面,要通过对具体制度内容的动态调整实现三种制度功能的动态均衡,特别是防止具有制约和问责功能的制度削弱国家权威及其政策制定、执行能力。福山列举了印度和美国的实例来说明这个观点:印度虽然有相对稳固的选举制度,但其国家政权连许多最基本的公共服务都无法提供,难以适应现代集约经济的增长;而美国在某种程度上变回了"进步时代"之前的由"法院和政党"(courts and parties)所组成的国家,法院和司法系统替代了行政系统应有的功能,繁文缛节不断打断政府运行且让其非常低效,碎片化的利益集团透过民主体制分割了国家的权威,形成阻碍制

---

① 参见塞缪尔·亨廷顿:《变化社会中的政治秩序》,王冠华等译,上海人民出版社,2008年; D. Acemoglu and J. A. Robinson, "Paths to Inclusive Political Institutions", in Jari Eloranta, Eric Golson, Andrei Markevich, and Nikolaus Wolf eds., *Economic History of Warfare and State Formation*, Singapore: Springer, 2016, pp. 3-50。

② 参见吉列尔莫·奥唐奈:《现代化和官僚威权主义:南美政治研究》,王欢、申明民译,北京大学出版社,2008年。

度变革的寻租联合体。福山将它们称作"政治衰败"(political decay)。政治衰败的可能性表明,政治制度建设是一个没有终点、不断持续的进程。①

也正是在以上制度逻辑下,大量发展中国家选择借助威权体制来克服碎片化民主对国家权威和能力的侵蚀,以促进积累和投资,增强政府的决策和执行力,从而启动经济发展。② 而在以选举为核心的问责制约制度之外,各国也探索创新了以参与式预算、透明、监督为代表的大量短期问责制度。诺斯等人最近的研究也进一步表明,至少在经济增长层面,增加立法机关对行政机关的监督约束,可以有效防止经济衰退,但是改善选举问责制度对防止经济衰退的作用并不显著。③ 因为选举并不一定能促进政治权力的非人格化和中性政府的产生,反而容易让资本和权力借助选举形成执政联盟,引发准入限制以及租金的固化和失控。

---

① See F. Fukuyama, *Political Order and Political Decay: From the Industrial Revolution to the Globalization of Democracy*, 1st ed., New York: Farrar, Straus and Giroux, 2014.
② 参见习明明、张进铭:《民主、投资与经济增长》,《经济学(季刊)》2014年第3期。
③ See D. C. North, J. J. Wallis, S. B. Webb, and B. R. Weingast, "In the Shadow of Violence: A New Perspective on Development", August 30, 2015, available at SSRN: https://ssrn.com/abstract = 2653254 or http://dx.doi.org/10.2139/ssrn.2653254; G. W. Cox and B. R. Weingast, "Executive Constraint, Political Stability and Economic Growth", *Comparative Political Studies*, Vol. 51, No. 3, 2018, pp. 279 – 303.

四、实现持续经济增长的政治逻辑

总结以上,首先,前现代制度背景下启动分工革命与维持现代增长有不同的制度逻辑和制度建设要求。在前一阶段,制度建设的核心是打破被国内外政治权力垄断的超额租金分享结构,为新分工模式的产生和扩散提供可能;而维持稳定现代增长的制度建设则主要关心如何确保技术、资本、要素都能公平地参与市场竞争,进而推动新技术、分工体系、市场结构的"创造性毁灭"。两个阶段的差异性制度需求对基础性政治制度建设提出了不同要求。其次,要实现从前现代到现代增长的持续平稳过渡,不仅要降低制度过渡过程中的风险和成本,还要考虑两个阶段制度的延续性,这需要尽量在前现代的基础性政治制度革命中建立以"非人格化"为核心的权威和规则,保证对有效租金分配制度的设计和持续变革,最终建立以"自由开放进入"为核心的现代市场经济制度。最后,要保障现代增长制度的持续有效,需要维持基础性政治制度在资源动员、权力制约、回应与问责等方面的制度化水平和制度均衡。

正是在以上意义上,本文提出,持续的经济增长需要匹配一个持续的政治发展(political development)的进程,不仅能为经济增长提供阶段性的制度支撑,也能保障制度的持续平稳过渡。综合前述讨论,我们将这个政治发展的基本要素和内在逻辑总结为三个方面:一是通过制度化国家利维坦的发展来保障对制度租金的革命能力;二是通过法治的发展来防止权力机会主义;三是通过对外责任制的发展来维持改革的"可信承诺"(见图1)。政治制度围绕这三个方面的动态调整和互相协调,构成了实现经济持续增长的政治逻辑。

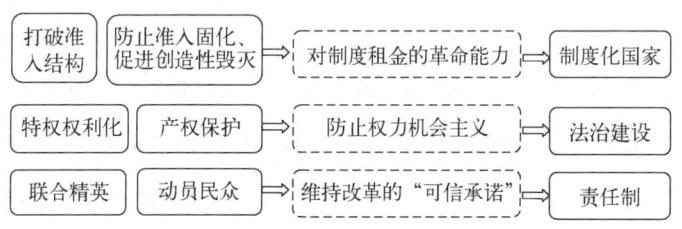

前现代增长　现代增长

打破准入结构	防止准入固化、促进创造性毁灭	⇒	对制度租金的革命能力	⇒	制度化国家
特权权利化	产权保护	⇒	防止权力机会主义	⇒	法治建设
联合精英	动员民众	⇒	维持改革的"可信承诺"	⇒	责任制

图1　政治发展与持续的经济增长

(一) 制度化国家利维坦的发展与对制度租金的革命能力

在前现代制度背景下启动分工体系革命,要求通过重建国家权威来克服国际政治体系和国内政治权力垄断的准入结构与租金结构,有能力改善租金的效率,直至消弭超额租金。在此过程中,要特别注意保障国家利维坦权威的非人格化特征,防止向精英集团配置的权利和租金固化为特权,从而阻碍向更加开放制度的持续演进。这是保障从前现代增长向现代增长持续过渡的重要条件。而维持现代增长则要求国家利维坦同时具备保护产权和促进竞争的权威与能力。因此,要实现从前现代到现代的持续稳定增长,需要解决的第一个问题是如何具备和维持对制度租金的革命能力,防止制度本身固化为低效超额租金的来源,这需要建设非人格化的制度化国家利维坦。

这在制度建设实践层面包括两个方面的内容:一方面使国家具备超越权力精英的权威与能力,防止暴力资源失控,为将特权化的超额租金结构转化为基于权利的租金配置甚至消弭超额租金提供可能;另一方面通过延伸的科层组织和掌控的资源,国家可以协调既有利益集团的特权和租金分配,提高租金的配置效率,降低交易成本,同时也为现代市场经济的调控和干预提供了可能。例如执行法律、征税、建设基础设施、实施产业政策,以及通过教育、国家实验室提升人力资本,推动科学发现和技术创新,对资本征税,争取对自身有利的自由贸易规则与贸易保护规则。

(二) 法治的发展与防止权力机会主义

从前现代开始的持续增长的核心是打破原有固化的准入租金,代之以更有效率甚至开放的准入结构。这需要解决的第二个关键问题是防止权力的机会主义行为。在前现代增长起步时期主要是防止权力和暴力被用来处理旧有权力精英的不满、解决新旧精英之间的争议,防止权力精英重新将手中的权利特权化,以获取超额租金或攫取其他新兴经济精英的利益。而在现代增长时期,则需要防止权力精英设置新的准入体系。

按照新制度经济学的经典解释,法治可以解决产权制度的争议,特别是防止权力掠夺影响产权制度的实施,这有利于分工的拓展。但诺斯等人认为,对于前现代时期的分工革命,法治的另一个内容是通过既有精英的内部法治,变革精英集团的成员资格、相应权利和租金享有,形成非人格化规则约束,消弭人格化特征和权威,促进精英特权和租金的权利化以及精英内部争议解决的非暴力化。① 这一方面可以维持精英的非暴力合作和争议解决,减少因统治者、政治家或执政联盟发生变化而产生的争议和政策成本,进而保证制度改革的持续推进;另一方面可以防止精英重新建立人格化特权和租金享有的机会主义行为。而且在正式法律制度之外,诺斯等人认为组织化(政党或者联盟)也是促进非人格化规则的发展、限制暴力的重要制度形式,前提是组织本身不是固化资金分配者或者暴力资源竞争者。②

---

① D. C. North, J. J. Wallis, and B. R. Weingast, *Violence and Social Orders: A Conceptual Framework for Interpreting Recorded Human History*, Cambridge: Cambridge University Press, 2009.

② D. C. North, J. J. Wallis, S. B. Webb, and B. R. Weingast, "In the Shadow of Violence: A New Perspective on Development", August 30, 2015, available at SSRN: https://ssrn.com/abstract=2653254 or http://dx.doi.org/10.2139/ssrn.2653254.

（三）对外责任制的发展与维持改革的"可信承诺"

在前现代发起的分工革命需要将原有被部分权力精英掌握的特权集中到国家利维坦手中，再向精英和普通民众进行差异性的权利分配，以打破固化的租金结构，提升分工模式的效率。这需要保证被配置权力的国家利维坦权威能够被制约和长期维持，而不是再一次被少数权力精英掌控为寻租工具。而现代增长则需要向国家配置保护产权和促进竞争的权威与能力，这也对限制权力精英提出了要求。

要保证被配置权力的国家利维坦和精英履行改革的"可信承诺"，需要建设对外责任制。在人类的制度建设实践中，已经发展出了选举、参与式预算、透明、监督等多样的对外责任制的实践方式。一方面，对外责任制的建设可以促进国家的非人格化，以"公共利益"防止经济精英与政治精英的联合，抵制政治权力-资本重新固化为特权租金攫取联盟，防止形成系统性腐败，保障改革的继续推进。但在制度建设实践中，也要注意防止利益集团透过责任制度分割国家的权威，形成阻碍制度变革的寻租联合体。另一方面，对外责任制的建立可以保障国家履行财产权的保护以及财政、税收和政府债务的"可信承诺"，防止内部精英领导人的更换影响政策稳定。

五、结语

前现代增长与现代增长的根本区别表明,支撑持续经济增长的制度存在阶段性差异,这也引发了制度变迁的特殊性。制度建设不能简单关注分工体系的自发演进,还必须注意到前现代制度背景下启动分工革命与维持现代增长的本质差别;不仅需要支撑前现代制度背景下的增长起步,还必须考虑从增长起步到现代增长的过渡,以及在动态变化中维持现代增长制度的内在稳定。因此,持续的经济增长需要匹配一个基本要素和内在逻辑一致的政治发展进程,通过制度化国家利维坦、法治和对外责任制的发展,保障对制度租金的革命能力,防止权力机会主义并维持改革的"可信承诺"。政治制度围绕这三个方面的动态调整和互相协调,构成了实现经济阶段性、持续增长的制度基础。

下篇

制度与绩效

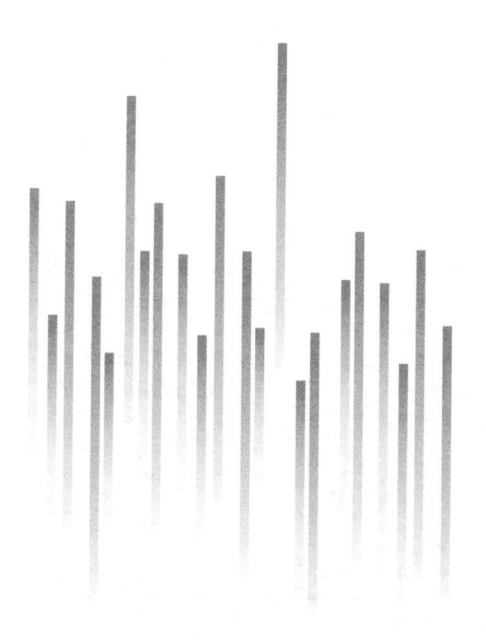

一家子教我的"改革"①

我们家40年的历程,也让我坚定了改革的真义:向百姓开放权利,向百姓赋予他们本该有的权利。

一

在1981年进大学之前,我绝不知道有"改革"这个词,压根儿也不会有靠"改革"来改变自己和一家人命运的意识。

1976年9月的那个特殊日子,我带着弟弟在离家20多里远的河埫捕鱼,突然听到大队广播站播放一段带着哭腔的声音:伟大领袖毛主席去世!听到这一噩耗,当时只有12岁的我心猛地下沉,完全没了捕鱼的心情,收拾好渔具,含着泪水,步履沉重地回到了家里,有一种天要塌下来的感觉。接下来的一些天,我是在小队长家的门槛上度过的,那时全队就他家有广播,我便每天晚饭后7点坐在他家门口听中央新闻广播。

---

① 此文最早发表于澎湃新闻"改革开放四十年"专题,收入本书时略做修改。

毛主席去世时，我们家的贫穷是实实在在的。两间四面漏风的瓦房，家里的家当比如今西北、西南很多贫困地区的极贫户还要破落，父母加上早早上工的姐姐三个整劳力所挣取的工分还换不来一家五口人的温饱，我和弟弟有时还得挖野菜掺着大米煮了充饥，父亲抽的几分钱一包的"大红花"也是靠我们弟兄拾破烂换来的，春节时一些必备的年货主要靠隔壁队家境稍好些的舅舅送。尽管那么穷，我们也从没有怪过谁，队里也没有人想过像安徽小岗村那18个农民一样按了手印，以"改革"的方式求生。

1980年代的那场改革在我们村并没有"改天换地"。说实话，我对头两年发生的事情印象并不深，能回忆起来的片段也很难与后来那种波澜壮阔的描述画等号。可以肯定的是，我们队里的"改革"最初是按上面的要求进行的，生产队将原来集体一起干的活儿分成一段段，农民按农活分成一个个作业队来承包。

有意思的是，政策一开闸，老乡们就开始选择适宜自己的方式，后续发生的变化只能说明形势比人强。不到一年时间，上面定的小段包工方式先是被小组包产所取代；小组承包才进行了一年，就被包产到户取代。在作业队和小组责任制时，村里出现了一些有意思的现象，诸如原来生产队里的干部开始不那么"厉害"了，一些偷奸耍滑的人在分组时没有人要了。

我们家的人因为在集体化时期属于那种老实不惜力的,且各有一门农活手艺,大家都抢着要。我们队的包产到户我没有赶上,我是上大学后第一年寒假回家时得知的。记得回家当天,父亲就欣喜万分地告诉我:家里分到几块地了!他那种兴奋劲我就见过两次,一次是我拿到复旦大学的录取通知书,一次是这次从集体分包到土地。父亲还没等我安顿好,就带着我去看分到的地,一边看一边"表扬"自己的地种得如何如何好!包产到户第一年,收成就上来了,家里一间屋子堆满了谷子,养的十几只鸡给父亲换烟酒也已绰绰有余,养的两头猪已卖了一头换了些钱给我这个名牌大学生回来过年接风。晚上全队的乡亲们纷纷送来鸡蛋(这是我们那一带的习俗,哪家有喜事或客人来,其他家就会送鸡蛋),那几天来我们家的人络绎不绝,每个乡亲的脸上就写着一个词:喜悦!记得他们给我说得最多的就是,自己家的地种得如何好,队里原来那几个"头头"的地种得如何不如他们……

自打研究中国农村始,家乡就成了我观察农民和评判农村政策最靠得住的窗口。尤其是我到了国务院农研中心和国务院发展中心工作以后,在老乡们心目中,我就是"上面制定政策的人"!从他们对待我的态度,我基本能判断出政策好坏,这种信任是在其他哪怕跑了几十年的村子都不可能建立的。政策是否"对头",我从一进村口就能感受得到。政策对胃口,他们会在很远处就以真诚的笑容迎过来,还端着鸡蛋来看你;政策出偏差,他们就离你远远的,当然也就没有人给你送鸡蛋了。

我记得包产到户以后的头几年回家,老百姓还劲头不减,开足马力向前奔。他们每晚到了深夜都不愿离开,和我讨论除了种地还能干点啥。但是,从1980年代中后期开始,我发现他们当初那种充满希望的笑脸很少能见到了,他们晚上过来聊天时常带着叹息。尤其是那一阶段连续几年的卖粮难,打白条,拉到粮站的稻谷被验水分过高后又不得不拉回来晒,排队一排就是几天几夜不挪窝,化肥、农药价格翻番上涨,就不见粮价升,老百姓开始发牢骚。在我印象中,老百姓有不满情绪是这一段时间开始的。

到了1990年代前后,老百姓种地负担沉重,一亩地可得收入只有400多元,但各种提留摊派加起来居然高达500多元,有些农民甚至靠贷款完成上交。这一时期,农村的干群矛盾激化。我至今仍刻骨铭心的是,这一段时期我回家时,农民的脸色变得既难看又无望。当我进到村里时,原来远远就迎过来的老乡,现在一看见我,扭头就进到自己的屋子,当然也没有人来家里送鸡蛋和聊天了。晚上舅舅来坐,我问老家发生了什么情况,舅舅带着很大的情绪质问:你还好意思问,你们搞的是啥政策?!那么重的负担,我们农民怎么活?!

记得当时村里为了催款,每年都会把每个没有交完款的人的名字在村广播上念,我包产到户时也分过地,后来才调出去,头几年的合同款也没有交齐,由于我当时已是村里的"大人物",他们不好意思念我的名字,就每年春节期间念我弟弟的名字。这一时期,我目睹了老百姓对农业这个世世代代的营生心生反感,一些年轻人开始离土出村谋生活,农民的城市化有很大的因素是负担过重跑出去的!

从我们村的情况来看,真正称得上改革的,包产到户算一件,它确实给农民带来前所未有的解放,让他们充满了希望。但是,这种感觉没过几年在农民身上就开始减退,尤其是在粮食任务的重压下,农民再度陷入迷惘和无助。

从那时开始,一部分农民开始出村谋生,出不去的农民留在土地上挣扎,乡村不再是希望的田野,农民不再相信在农业上能寻到出路。尽管后来陆续取消粮食统购订购,再后来取消沿袭了两千年的皇粮国税,但村里乡亲脸上并没有再现1980年代那样的灿烂。近几年我也偶尔回到家乡,但是,村里乡亲和我之间的那种亲近感降低了。有时调研顺道回家乡,村里看着我长大的乡亲已经老得无望和没有尊严,他们那驼着的背和苍老的脸证明着一辈子的辛劳而无所获,老花的眼已看不出我是谁,他们只有通过我大声喊他们的称呼才能辨识我。村里的年轻人除了几位出不去的,绝大多数都在外打工,村里的小孩都到了镇上和县城读书,整个村庄处于无生气的静之中。

二

我们家与村庄的疏离是从父亲去世开始的。1988年我在复旦完成7年的学业后,进入原国务院农村发展研究中心发展所工作。我们所当时租了六里桥北里北空干休所的一栋楼,楼上三层用于办公,在地下室给了我们这些新来的年轻人每人一间临时的房子。在那个激情燃烧的改革年代,那栋简陋的筒子楼里散发出一种改造世界和播撒火种的气息。所里的氛围和每个人的心气每每提起来就会激动一阵子,也是激励我至今的一种"气"。

进到所里一年时间,家里传来不好的消息,父亲得了脑血栓。我放下手头的研究,径直回到家乡,直奔乡医院。父亲一见到我,已经半瘫的他居然神奇地坐了起来,充满希冀地望着我。我安慰他不要担心,一定会尽全力治好他,接着和医院医生商量好诊疗方案。幸运的是,治疗非常顺利,半个月时间,父亲就治愈出院了。我们全家都非常高兴,我离开他时也安慰他,很快接他到北京住,不要再这么起早贪黑、"脸朝黄土背朝天"地拼命了,尽管我们都知道在当时的条件下不可能实现这一愿望。

我回到北京后不久,父亲又开始下地,还是一如从前地玩命干活。第一次治愈后不到半年时间,他就在一人拉板车去镇上卖粮途中,因爬坡时使不上力,连人带车往下退时被重重的一车谷子压倒,患了第二次脑血栓。在当时乡村的医疗条件下,第二次脑血栓后治愈率是很低的,父亲居然靠着顽强的生命力又活了过来,但手和身体已吃不上劲,他倔强、不服输的性格难以接受这一不能干活的现实,不久就离开了我们。父亲是累死的,一辈子中一天也没歇息过,由于条件所限,他没有进过城,更无从谈享过什么清福。我回家体面地送走了劳累一辈子的父亲,带着母亲和妹妹到了北京,开启了农村一家子在北京的闯荡与谋生。

自母亲和妹妹到北京后,我们家就开始学习在商品经济的汪洋大海里游泳。家里一下子增加了两口人,我们当时的工资是支撑不住的,日常生活开支和住都成了问题。我们那间地下室十几平方米的小房间里一下住了四个人,中间只好用一块布帘隔开。人是暂时安顿下来了,工作呢?对我这样一个在北京工作不到一年的"学生兵"来讲,尽管单位牌上有"国务院"三个大字,但找工作时还真派不上用处。

一天,我带母亲到六里桥附近的菜场买菜,途经一个长途汽车站,看到那么多人在那里进进出出,母亲大脑里的"商业潜能"(母亲在乡下倒腾小买卖是方圆几公里出了名的)一下被激发出来!我现在还记得母亲当时的激动,大声对我说:明天开始到长途车站卖茶叶蛋和凉白开!我的天!我现在都难以想明白,一个连路都摸不清、一句普通话都不会的乡下老太太哪来那么大胆量?！她说干就干,第二天就要我去商场给她买好鸡蛋、水壶、茶叶等等,早起煮好茶叶蛋,她和妹妹一人背着一筐茶叶蛋,一人背着烧好的开水,开始了在六里桥车站卖茶叶蛋和茶水的生计。一开张生意还不错,好的时候一天能卖出一百多只茶叶蛋和几百杯茶水。一家人的吃饭问题基本不愁了。

"生意"刚刚红火起来,我又遭遇到工作单位变故,我们所在1990年代初被并到国务院发展研究中心,组建农村经济研究部,我们只好离开这个神奇的地方。新单位给我提供了坐落于菜市口附近一个大杂院里的一间18平方米的周转房。安顿下来后,我们急需讨生活。先是买了一辆三轮车到大钟寺批发市场进菜串胡同卖。不久,在一次去白沟调查的过程中,我发现这里的小商品比北京便宜很多,我们就一周去一趟白沟进货,到菜市口和虎坊桥的市场门口卖各种小商品。

成为市场中人并不那么容易,你必须手快眼快,脑子不糊涂。比如,我们第一次到大钟寺市场进货,一眨眼工夫就被其他商贩把车上的东西顺走了。更重要的是,要对消费者需求敏锐。我们那时变着花样卖东西,有卖过袜子、鞋垫,彩带、各种塑料玩具……还要和城管捉迷藏,有时城管来"抄",你不仅要眼尖,还要腿快,心理素质还要好。经历了菜市口近两年的市场游击生活后,一家人练就了较好的市场嗅觉和与消费者打交道的本事。

三

　　1992年邓小平南方讲话的疾风也吹进了我们家，不过我们卷入这场史诗般的"社会主义市场经济"浪潮是"毫无计划"的，完全是出于一种掉进汪洋大海里的求生与谋生本能。印象深刻的是，我们那时上班时，除了少数几个当"头头"的，其他人并没有太多事可干，几个人一间办公室，纷纷抢着一部电话，询问钢材、彩电、汽车价格之类，当然大多数人就是瞎忙乎，真正捣鼓成的很少。一次回家乡，县里时任发改委主任介绍一个人打算到北京合伙开旅馆，我回北京后就兴致勃勃地帮人家联系了当时的海军招待所，我作为中间人帮助双方成交后，由我们家里人负责经营。我当时想这正好可以解决一家人在北京的落脚问题，于是没有退路地卷入进去，在老家镇上工作的弟弟和弟媳将"铁饭碗"辞掉，带着姐姐一家进京开旅馆。

　　没想到的是，一个月不到，这位答应一起合作的"资方"就带着全套人马进京接管，我们一家人一下没了着落，这对我和我们一家来讲简直是五雷轰顶！能怪谁呢？你没有本钱，还想当老板！我们只好忍气吞声地撤出，不过这件事对我们一家的警训是难以用语言表达的。全家人先是撤到菜市口那间单位给的周转房里安顿,最多时里面住过十多人。

不过,这一年也有好消息,我所在的单位给我在安外小关分了一套 56 平方米的两居室房子,最起码让我的小家先安顿了下来。接着我们全家以小关为轴心开始在北京闯荡江湖。我弟弟一家和我姐姐一家分别在当时的熊猫环岛附近租了一间每月 100 元左右的房子住下。姐夫卖菜,姐姐在安贞附近的公园口卖冰棍,维持他们一家及两个儿子在北京读书的开支。弟弟一边在安贞一座桥上卖书,一边准备一所大学的硕考,期待以此改变命运。我手头承担一项农村土地课题国际合作研究,忙于 8 个县的调查和数据分析,其间还于 1993 年出国到威斯康星大学访问半年。

等我在那里忙完后来发表在 *World Development* 和 *China Journal* 上的论文,意气风发地回到北京时,被家里每况愈下的境况击溃了心理防线。我弟弟一家已经搬到外经贸大学附近一间临时房屋,周围堆满了住户倾倒的垃圾!当时我横下一条心:必须改变这种境况!于是,我们将手头仅有的积蓄拿出来注册了一家信息公司。做什么呢?我弟弟在一家公司帮助做过信息服务,那就从这个开始。我很快联系上《经济参考报》《光明日报》《中国广播电视报》等媒体,在这些媒体的版面上做信息广告,同时利用我们的英语语言优势承接一些翻译业务。这两年,一家人所经历的市场经济洗礼,是从任何一本教科书上都无法学来的,那种几乎摧毁人的自尊心的经历让你既体验到人世的残酷，又感受到绝处逢生的无量极限。

改变一家人命运的是进入"二渠道"出版。我们进到这个行业纯属偶然，而且根本不知道这个行业的道道儿。一次经一个朋友介绍认识了京城某出版社社长，在他手上以每本5 000元的价格买下4个书号干出版。我们当时选择进这一行当还是有些底气的，主要的"本钱"是我们会外语，我弟弟是英语师范学院毕业的，从老家出来之前就是一个不错的英语教师。我们和一些朋友了解了干这一行的人的状况，其中很大一部分先是卖报纸、杂志起家，积累一些本钱后就买个杂志或报纸刊号自剪、自编、自卖；后来是有一些在大学的人进来编"工具书"，以高定价、低折扣行销；再后来是一些开书店的人直接做出版，稿源有的是市场上购买，有的是利用台湾那边的信息编辑出版。后面一类基本是台湾的一些翻译书，文字表达上台味较重，我们抓住读者对这类书的需求，决定找到好的外文书直接翻译出版。

记得我们兄弟俩那些年有时间就泡在北京图书馆。说实话，我搞学术时还真没有这么利用过图书馆。然后就是跑书摊、逛书城，甚至到国外访问时有空就跑遍他们的书店、旧书店、出版社、图书馆，寻找一切可能的出版源。我们在这一行里出版过许多现象级的作品，表面上是我们有外语这种语言上的比较优势，本质上是它成为一种打开眼界的工具，提高你的真假甄别力和决策时的理性程度。

四

一个人或一个家庭可以靠市场经济规则改变命运,但是有些由体制砌成的墙是你无法翻越的。对于我们一家子来讲,40年的痛就是入城孩子的教育。1990年代初,当我弟弟准备把我姐姐的两个儿子领到北京来时,两个孩子已在老家读了小学,其中老二的成绩是拔尖的,被认为是一个读书的好苗子。到了北京以后,碰到的最大难处是没有学校接收他们。最后托人才上了一个当地孩子根本不去、已经没有什么生源的小学。在这所小学毕业以后,两个孩子拿到的是没有入学资格的毕业证。

这时候我们在事业上已经基本在北京落脚,如果为了孩子读书全家迁回老家,已经付出的一切努力就付诸东流了。怎么办?只能在住处附近找了一家已没有多少本地生源的初中继续学业。

老大读完初中,如果回到老家上高中,根本不可能竞争得过湖北的学生。权衡之下,只好在中关村附近找了一家职业中学,企图让他学点谋生的技能。进去以后才知道这类学校除了收钱什么也不会教,与其如此,还不如给他小舅打打下手。于是,一个初中生就这么走入了市场。

老二是一个天分很好的孩子,在北京读初中时成绩还不错,尽管属于"矮子里的长子",但有一线希望还是不想放弃。读完初中后我亲自把他送回老家,到洪湖一中就学。但是,由于两地的学习状况差别太大,孩子回学校第一次摸底考就被老家孩子甩老远,后面的学习就更加吃力,掉队越来越远。到高考时,我又回去亲自督战,期待靠"精神胜利法"帮他多考几分!但是,世上哪那么容易创造这样的奇迹呢?高考落榜后,只得去当时的北大继续教育学院读了 3 年书,一个本来很有学习天赋的孩子就这样一步步褪色,成为我内心一辈子的歉疚。

最近我们家又开始揪心,这次发愁的是这两个外甥的孩子,就是我所称的"农三代"。老大的孩子今年要上小学了,比他爸爸时代进步一点的是孩子可以就近入小学,但是,到了初中、高中呢?在他们的上一辈时,我们就抱着希望等啊等!如果这两个孩子还是只能和他们的爸爸那样无奈地回老家学习,那将是一种怎样的景象、怎样的命运、怎样的结果?!

当这篇稿子要落笔时,已是深夜 12 点 30 分。我不能再继续熬夜了。感谢我们一家子在北京的打拼减轻了我的重负,让我还有气力去思考一些与个人衣食无关的问题。我们家 40 年的经历,也让我坚定了改革的真义:向百姓开放权利,向百姓赋予本该属于他们的权利。

中国农地制度的合约结构与产权残缺[①]

中国农业发展中存在的问题与中国农地的合约结构和产权残缺不无联系。我们不打算卷入"是私有制好,国有制好,还是集体所有制好"的争论,而是将注意力主要放在现行农地制度结构中存在哪些制约着农户的投资、积累和长期预期的因素这一问题上。

中国农村近期发生的以包产到户为核心内容的制度变迁,自它发生之日起至今,一直是人们关注的核心。在本文中,我们拟侧重于经济学方法在具体分析中的意义。也就是说,我们不打算卷入"是私有制好,国有制好,还是集体所有制好"的争论,而是将注意力主要放在现行农地制度结构中存在哪些制约着农户投资、积累和长期预期的因素这一问题上。因此,本文不是一个对我国现行农地制度应该朝什么样的方向迈进才有出路的药方,而是对有待改进的制度因素的刻画,而且在分析这些制约因素时将着眼点放在农户层次上。

---

① 此文最早发表于《中国农村经济》1993年第2期,收入本书时略做修改。

一、对制度的经济分析方法

在具体描述中国现行农地制度特征前,让我们先谈谈对一般意义上的"制度"的分析要点。著名的新制度经济学家道格拉斯·诺斯教授指出,制度就是为人们发生相互关系而设定的一系列规则,①它们是对人们行为的一系列制约。人们正是根据这些规则来明确可以做什么,不可以做什么,从而形成采取怎样的行动更为合算的合理预期。② 因此,制度的基本作用就是诱导人们对行为的决策,并通过人们的这些决策来影响一个社会的经济绩效。当从经济学意义上来探讨制度时,它并不对一项制度的好坏优劣做主观评判,而是去考察它作为一种现实的存在会对人的行为和经济绩效产生怎样的结果。在制度经济分析中,基本的一点是有什么样的制度,理性的人就会做什么样的行为反应,由于有不同的行为反应,就会产生不同的经济后果。由于将制度的分析落实到具体的当事人身上,就使制度不再是玄妙莫测的、主观的、唯一的、不容置疑的,而是活生生的、客观的、在实际生活

---

① 关于"制度"的定义,读者尤其要参读道格拉斯·诺斯教授的著作《制度、制度变迁与经济绩效》(*Institutions, Institutional Change and Economic Performance*, New York: Cambridge University Press, 1990)。

② See Y. Hayami and M. Kikuchi, *Asian Village Economy at the Crossroads: An Economic Approach to Institutional Change*, Tokyo: University of Tokyo Press, 1981.

中能切身感受到的,因而是可以比较、选择和分析的。后一种意义上的制度分析,正是本文所要强调和应用的。

那么,制度是怎样影响人的行为和经济绩效的呢?这取决于一项制度所内含的规则对人们努力的激励程度和激励导向。①对人们努力的激励程度取决于这一制度内含的收益报酬结构与人们努力供给的一致性。如果一项制度安排能使人们付出的努力与他们应得的报酬相一致,他们的努力供给量就大;反之,如果在一项制度安排下人们付出的努力与他们的报酬之间是离散的,他们的努力供给量就小。但是,制度对努力激励量的大小并不表明它一定能诱致"有效的"经济增长。制度是否能促进经济增长,还取决于它对人们行为的激励导向。如果一项制度安排能激励人们将资源(包括物质的和人力的)和努力更有效地配置于生产性活动,它就能促进经济增长,一个社会的经济绩效也就较佳;相反,如果一项制度安排在激励人们将资源和努力配置于非生产性活动方面更为"有效",它就会妨碍经济增长,这是一个社会经济绩效不佳的重要根源。

---

① 我认为,将制度的作用从"激励程度"与"激励导向"来考察,将更有利于分析制度与经济绩效的关系,尤其是在分析不发达国家经济不发展的原因时,这种区分将更有针对性,因为在这些国家的经济中,我们往往发现,它们的制度对人们的激励并不是程度不够,而是其激励的导向更多的是朝着"顺生产性的"方向。

在制度对行为的激励效应中,有两个方面是至关重要的,一个是制度内含的产权安排的完整性;另一个是经济组织对努力与报酬的计量能力,它们对努力的激励程度与导向关系甚大。产权安排是所有制度规则中对人们的行为影响最为重要的一种,按照定义,它是"一个社会所强制实施的对一种经济物品如何选择使用的权利"①,产权内含于一种资产或物品的实体中。我们说一个人(或组织)对一种资产或物品拥有产权,并不是指他对它拥有的实物存量有多大,而是指他对它拥有如何使用、如何受益以及如何转让的权利,所有权的实际内容正是通过这几项权利束的权利量大小来反映的。② 因此,一种资产或物品的价值量大小是由它所内含的这些权利量所决定的,人们之间关于物品的交换事实上是在关于如何衡量这些权利量的合约谈判,正是物品中的权利价值决定了所交换的物品的价值。

---

① 参见《财产权利与制度变迁》(上海三联书店,1991年)第166页中阿尔奇安对产权的注释。
② 将产权的内容概括为使用权、收益权和转让权,最早是由张五常教授在《合约的结构与非排他性资源的理论》(1970年)中提出的,并已为后来的制度经济学者所接受。我们在文中也采纳了这一归纳。不过,在这里我要强调的是,在产权的内涵中,"所有权"之所以没有被纳入进去,在我看来,是因为对产权的经济分析侧重的是它对具体当事人的经济行为方面,而非它的法律方面,所有权如果脱离了它的具体权力束,就无法考察它与行为的关系。使用权、收益权和转让权正是所有权的内容的具体体现,人们对资源所有权的大小是根据这三个不同的权力束来反映的。因此,只有考察这几项具体权力束的权力量,所有权的研究才有经济意义,这是我们不同于已有所有制研究的根本方面。

很显然,产权的作用就是通过对资产或物品的这些具体权利束的界定,来影响人们的生产、积累和投资决策。人们正是根据这些权利规则来决定在与他人进行经济交易时应采取怎样的合约形式(例如,是将产权全部转让还是部分转让,合约的期限定多长,等等)。在左右资产(或物品)拥有者的行为决定的各种因素中,他对资产(或物品)所享有的产权的完整程度是最为重要的。所谓完整产权,是指资产拥有者对它享有排他的使用权、收益的独享权以及自由的转让权。排他性的使用权,是指资产拥有者在被许可的范围内对该资产具有不受限制的使用选择权利,他可以采取任何方式使用他的资产,并能依法排斥其他人对他的资产的使用与限制。收益的独享权,是指资产拥有者能完全享有他对资产利用所产生的结果。对于他通过合法方式利用资产进行生产所获得的收益,政府或其他组织(个人)不仅不能通过强制手段攫取,也不能通过其他手段进行侵蚀,比如通过人为压低价格或不公平的税收等等。自由的转让权,则是指资产拥有者有权决定资产是否转让、转让给谁以及采取什么样的产权转让形式。在一个经济交易越来越发达的社会,产权的可转让性也变得十分重要。因为人们对一种资产是否持有产权,是由他们对保持这一权利的期望来定的。不仅如此,由于人们在能力和知识上存在差异,在对资产使用的技能上也存在差异,如果权利是可以自由转让的,资产就可以被投入最有价值的使用。①

与上面定义的完整产权相对,如果资产拥有者对其中一种权利或是全部权利的享有受到限制或侵蚀,我们就称之为"产权残缺"。② 产权的残缺或者表现为对资产使用的选择权利受到限制,或者表现为利用资产生产的成果受到侵蚀,或者表现为资产的转让权受到禁止或削弱,有时甚至表现为这几方面的总和。

在现实中,完整产权如同完整竞争市场一样是很少存在的,相反,产权的残缺似乎更为普遍。在完整产权与完全残缺产权之间存在一个巨大的选择空间。当实际的产权安排趋近于完整产权的内涵时,人们生产努力的成果为自己所有的预期就较稳定,他们将更具有找寻更有利的方式来使资源得到更有效使用的动力,因此,其经济绩效也较佳;反之,如果实际的产权安排远离完整产权的内涵,任何一项权利的受限,都会破坏人们对生产努力的结果的预期,对生产努力的报酬预期不稳就会使人们产生在投资与积累上的短期行为,

---

① 关于资产转让的重要性,可参见张五常《再论中国》(台北远流出版事业有限公司,1989年),以及笔者的《产权,行为与经济绩效》(载于《经济社会体制比较》1992年第2期)。

② 就笔者涉猎的文献来看,"产权残缺"的概念最早是由德姆塞茨在他的论文集《所有权、控制与企业》(*Ownership, Control, and the Firm*)的导言中提出的。他指出,人们对管制的研究实际上是由折现方面导致的产权残缺引起的,"所有权的残缺,可以被理解为先对那些用来确定'完整的'所有制的权力束中的一些私有权的删除"。参见《财产权利与制度变迁》(上海三联书店,1991年)中的《一个研究所有制的框架》一文。

并激励他们将努力配置于顺生产性活动,由此带来的经济绩效也不佳。

从上面的讨论可以看出,产权的完整性对于人的行为和经济结果具有举足轻重的作用。在现实中我们也时常感到产权残缺对我们选择的影响,在产权残缺的原因上,还有很多待探讨的方面,但在诸多原因中,有一点是最值得引起重视的,即大量的产权残缺是国家(这个理性的统治者)为了自己的利益所致。① 因此,国家行为的调整将更有利于产权趋于明晰。制度变迁朝这方面的努力,将会不断使经济增长步入良性的路径。

至于制度对行为的激励效应的第二个方面,它实际上更关注的是产权得以实现的经济组织的结构与效率问题。它之所以被提出,是因为一个人对资源的权利价值不可能都通过市场交换来实现。为了自己的目的,人们往往将其所拥有的资源权力组合在一个组织内来从事合作生产。合作生产的目的本来是利用各自的专业化比较优势,实现一个比在单独生产时更大的收益。但要实现这一收益,就会碰到一个致命的问题,即在组织内,每个成员劳动的投入和成果并不像在单独生产时一样容易直接关联,现在能够计量的只是一个组织的总产出,但无法确定每个成员对产出的贡献份额;对

---

① See D. North, *Structure and Change in Economic History*, Chap. 3, "A Neoclassical Theory of the State", New York: W. W. Noron & Company, 1981.

投入和产出计量的困难,又使得对每个人应得的报酬无法准确地确定,从而造成对合作成员努力的低激励。因此,这一问题就直接引出了阿尔奇安和德姆塞茨在他们那篇著名的论文《生产、信息费用与经济组织》("Production, Information Costs and Economic Organization")中的命题,即一个经济组织的效率,取决于它对每个人投入与报酬的计量能力。[1] 如果经济组织的计量能力很差,报酬与生产率之间只有松散的联系,生产率将较低;但如果经济组织的计量能力很强,生产率就较高。而一个经济组织的计量能力如何,这又主要取决于:(1) 组织的规模。很显然,在一个较小规模的组织内,这类问题要比在大规模组织内相对容易解决。(2) 组织内的权利结构设置,即在经济组织内如何发展更具有监督能力的专家来监督合作成员以使组织效率最大化的问题。这就牵涉到一个迄今为止最难解决的问题,即怎样既使监督人员具有努力监督成员的动力,同时又使他的行为不偏离企业所有者的目标。由于本文的主题不是这方面,我们在此就不进一步讨论这个问题了。

---

[1] 参见科斯等:《财产权利与制度变迁》,刘守英等译,上海三联书店,1991年。

二、中国现行农地制度的合约结构与产权残缺

与前面的一般理论相对应,我们在展开这一分析时,要考察的是它的行为意义方面,而不是仅仅停留于土地所有制的法律意义方面,以免卷入那些毫无实际意义的意识形态争论。按照上一节概括的制度经济学要点,我们的分析将主要集中于:(1)现行农地制度的合约结构;(2)农地经营的组织特征;(3)农地产权安排的具体内容,产权残缺的表现及其对农户行为的影响。

20世纪70年代末发端于中国农村的"家庭联产承包责任制"(它的最普遍形式是"包干到户")改革,从它起初在少数贫困地区因农民为摆脱生存危机而产生,到它后来在全国的迅速普遍化,基本上是农民自主选择的结果。

在这场变革中,有一点是特别有意思的,即当这一制度被采用时,尽管各地施加的制约有些不同,但在制度安排内容的以下几方面却十分一致:(1)差不多都用家庭组织替代了原来的生产队来作为农业生产和经营的决策单位;(2)差不多都选择了"交足国家的,留够集体的,剩余是自己的"承包合约结构;(3)在将集体土地分包给单个农户时,都强调要"坚持土地的集体所有制不变"。由此可见,尽管从事后来评价,这场制度改革在某些方面还是仓促和粗糙的,但在当

时的政治和经济环境下,这一制度的创新主体农民还是做出了最理性的选择。对坚持土地集体所有制不变的强调,减少了当时积习凝固的"一大二公"主流意识形态对这一变迁的阻挠;"交足国家的,留够集体的"这一承诺,则保证了与原有农地制度结构有关的利益主体(国家、城市居民、集体)不会因这场变革而受到实际经济利益的损失。因此,农民正是通过对这些制约的认可,降低了包干到户制度变迁的成本,为此换来的是巨大的制度变迁收益;家庭这一更有利于将努力与报酬关联的生产单位得以被承认,这一组织内部的计量和监督费用极低,而外部在家庭间的竞争力极强。不仅如此,这个新的农业经营主体在分户承包土地机制下,还获得了对土地的使用与收益剩余权利(尽管这些权利如我们后面要着力分析的,因现存的制度制约还存在残缺)。

中国农村从生产队体制变为家庭承包责任制的制度变迁效应是十分显著的。1979—1984年,中国农业产出年均增长7.7%,当然,对于这一高速增长,这一时期农村同时推出的其他几项改革也做出了贡献,它们包括农产品定购价格的大幅度提高、农产品市场的放开、农业投入的增加等等。但在所有这些改革中,农业家庭责任制对农业产出的贡献还是最重要的。

但是,同样是在家庭承包经营责任制下,中国的农业增长却在1985年以后急剧减速,尤其是种植业产出增长出现了连续几年的徘徊波动,因而,这一制度的效力如何又成了政策界和舆论界的关注焦点,并在一些地方出现了借"壮大集体经济"之名来动摇现行农地制度中的家庭经营的做法。撇开这些主张背后的政治和意识形态动机不谈,仅我国和世界其他国家的经验就已证明,如果重新集体化,其结果只能是农业生产率又会极度低下。蕴含在这一经验教训中的理论内涵我们已在前面给出,即只要农民还存在个人利益,集体经营中就存在难以克服的监督和计量困难,它并不会因为生产技术水平的提高和监督技术的改进而得到完全解决。①因此,家庭经营绝不是一种"权宜之计"。但是,这并不是说我国现行的农地制度一点问题也没有,相反,在我们看来,它确实还存在一些制约农民务农行为长期化的因素。不过与流行的观点不同的是,我们认为这些制约不是由农地经营的组织所致,而是前面提到的家庭承包责任制合约结构中的制约因素导致了农户对土地产权的残缺。下面让我们分别分析一下这些制约对农户行为的可能影响。

首先看看"土地集体所有制"的实际内涵和后果。正如我们在前面所指出的,"坚持土地的集体所有制不变",在有

---

① 这一观点为我们1991年秋对苏联农地制度改革的考察所证实,在那里,尽管人均耕地面积很大,机械化装备程度也很高,但农庄农场的生产效率却极其低下。近几年来,中国农村的家庭责任制改革已引起那里的改革者的极大关注,在苏联正在进行的农地制度改革中,培养以家庭为单位的新的农业经营主体正成为一项主要内容,有兴趣的读者可参见国务院发展研究中心农村经济访苏考察团:《苏联农地制度的改革:方向与可能性》,《经济社会体制比较》1992年第3期。

些层面上可能更多的是从政治和意识形态角度体现出来的，但在本文关注的主体农户那里，它却并不是仅仅表现为一个虚幻的所有制空壳，而是具有实际的内涵。在现实的运作中，它至少在以下两方面是实实在在地存在的。

第一，在集体所有制框架下，往往出现各个"上级"以所有者的名义来侵蚀农户对土地的使用权和收益权。我们知道，中国农村的土地集体所有制从20世纪50年代的农业生产合作社和人民公社到现在的家庭承包责任制，其内含的产权安排曾随生产决策与分配单位的变更而经历过几次变化。在家庭承包责任制改革以前是"三级所有，队为基础"体制。在这一体制下，尽管生产队是土地使用与收益分配单位，但它的上级不仅实际上控制着作物种植的权利，而且可以任意向它抽取收益剩余。[①] 在实行家庭承包责任制以后，尽管农户在土地使用与收益剩余权的支配方面比生产队在这些权利方面的主动性大大增强，但事实上，目前农户也仍然无法拒绝各级"不在所有者"对其土地收益权利的随意分享，无数的上级以各种名目对农民的摊派，已成为影响农民从事农业的积极性的重要因素。

第二，土地的集体所有制还实实在在地体现在农民对土地的分配规则上。在生产队体制时期，"土地的集体所有制"

---

① 参见刘守英：《关于产权的经济学理论》，国务院农研中心发展所打印，1990年10月。

在农民那里表现为,每个属于这一集体的成员都有权分享集体土地的收益。而在变为家庭承包责任制后,土地的集体所有制又表现为每个生长在这个集体地域的成员都有权分享对土地的使用权利,这是集体所有制内含的基本权利法则。因此,当中国农村的每个集体单位在推行家庭责任制时,它们差不多都采取了按人(或劳)均分土地使用权的分配规则。不仅如此,既然土地是集体所有的,这就意味着每个在这一集体地域内新出生的合法成员也应有权分享同原有成员相同的土地权利,这样就在我国出现了一种矛盾的结果:中央政策文件讲要保证"土地承包期15年不变",而在大多数地方却又不得不采取随人口增减而重新调整和分配土地的办法。中国土地课题组曾对全国300个村进行抽样调查,由其中253个有效样本村的调查结果汇总得出,自实行家庭承包责任制以来,又有65.2%的村对承包土地实行过再调整,而且有80%左右的村回答说,重调土地的压力源于人口增减。① 家庭承包责任制从而成为我国历史上最独特的一种土地分配制度。② 但是,这种制度安排的运作和实施费用是十

---

① 参见何道峰:《村级农地制度的变革》,载国务院发展研究中心中国农地制度课题组:《中国农村土地制度的变革——中国农村土地制度国际研讨会论文集》,北京大学出版社,1993年。

② 中国历史上的土地均分有两种:第一种是如赵冈先生所研究得出的,它是在战后因人口死亡太多,导致土地大量荒芜。国家再将这些土地均分给老百姓,在这样均分后,土地私有权是有保障的,很少出现像我国目前集体所有制下如此频繁的土地再均分。第二种均分是家内子嗣之间的平分。

分高昂的:(1) 由于土地每隔几年就随人口变化而进行再调整,而且每次的调整都是根据变化后的全部人口、耕地数量和质量来进行的。这样,农户现期使用的土地就很难在下一期仍旧被分给他们,因而他们无法形成对土地投资的长期预期。(2) 既然每个集体成员对集体土地的权利是均等的,这就意味着他们在土地数量、质量以及土地负担的分摊上应是均等的,这样,在每次再分配土地时,集体土地就必须根据这些条件在全体人口间被分割,从而使每户农民拥有的地块极其零碎分散,造成农民对土地投资的规模不经济。(3) 从实施的角度来看,由于每次重新调地时,都需要重新核查人口、土地和地块,并找到全体成员可以接受的办法,因此其实施的成本也是极高的。(4) 集体土地按人口均分,就无法考虑每个农户在经营农业方面的人力资本差异。事实上,在实行家庭承包责任制后,农民之间在经营农业上的能力差距不仅存在,而且还在逐渐拉大。但在集体所有的人均分地制度安排下,农户之间就无法根据各自的人力资本大小来自发地找到对应的农地数量,这显然不利于我国稀缺农地更经济有效的利用。①

---

① 关于集体所有的人均分地制度的第(1)(2)(3)点,可参见国家"七五"农地课题组的研究报告《湄潭:一个传统农区的土地制度变迁》,载国务院农研中心发展所:《发展研究报告》,1989年5月。第(4)点可参见该课题组的研究报告《两田制变迁与政府行为》,载中国土地课题组:《土地研究报告》,1992年。

除了上面分析的土地集体所有的制度安排对农户行为的影响外,家庭承包责任制合约结构中的另一项制约是承包农户对应交国家和集体义务的承诺,它是否也对农户行为产生了影响呢?在我们看来,这一制约也对农户行为产生了影响。在上交义务中,"留够集体的"一项从规定的账目来看,它包括所在社区的基层干部和民办教师的工资、日常开支以及兴办地方事业的费用。农民目前之所以对这类费用不满,在很大程度上是由于账目不清和干部胡吃胡花,因此它更多的是具有"公正"方面的意义,在行为方面的意义便相对较少。但另一项即"交足国家的",则对农民行为产生了重大影响。在实行家庭承包责任制后,每个承包农户上交国家的义务实际上是对原来生产队所应承担的国家粮食征购任务的分摊。在农民那里,他们倒不在意应不应该上交(中国农民历史沿袭至今,就有"皇粮国税"不可不交的传统),而在意上交义务的性质。从这一角度来看,农民上交国家粮食的征购义务是国家工业化的产物,它的目的是满足城市居民的低价定量食品供给。因此,这一"义务"实际上具有强制、低价的性质,即农民必须按国家要求完成所规定品种(粮食、棉花)的数量。不仅如此,农民向国家交售的这部分粮食只能以国家规定的价格出售,他们对此并没有谈判地位。在实行家庭承包责任制以后,农民上交义务的性质也并没有因此而改变,因此导致的结果是:(1)由于农民必须完成所规定的上交品种数量，他们就不得不划出相应的农地来种植这些规定作物以完成任务。不仅如此，在许多地方为了完成粮食征购任务，地方政府还利用强制手段来保证所规定品种的种植数量，而不管这些品种是否能盈利。由此可见，农民对种植作物的选择和土地的使用权利还受到很大限制。（2）由于规定作物的销售价格是国家规定价格，农民对此毫无谈判力。但是在目前的粮食双轨制下，国家定购价格一般低于农产品集市价格，这样就等于国家又通过"暗税"从农民那里抽走了一笔收入。近几年，农民每年上交的"暗税"也和上交的农业税"明税"数量差不多，达200多亿元，这又使农民对土地的收益权利受到侵蚀。

三、简短的结论

本文是用制度经济学的观点来分析我国现行农地制度的一个初步尝试。在本文中，制度被赋予了它更实实在在的经济意义，即制度的存在只有在表现为对人的行为的影响时才具有可分析的价值。对制度进行经济分析的强调，绝不是为了回避"所有制优劣"这样的热门话题，而是因为在我看来，在所有制问题上的政治敏感性，已严重妨碍了人们去关注制度的现实作用。事实上，所有制本身是有实际的经济内容的，对制度的经济分析正好可以弥补这方面的不足。

通过将制度经济方法用于分析中国现行农地制度,我们得出了一些有别于流行观点的结论。第一,我们不同意那种认为家庭经营的潜力已尽的说法。一种经济组织是否有效,是由它对该组织内人们的努力与报酬的计量能力决定的,从这一点来看,现在还没有其他更有效的组织来替代家庭作为生产和经营的单位。如果凭主观意志随意进行经济组织的升级,必然导致我们过去已尝到的不良后果。第二,我们也不同意目前十分流行的"壮大集体经济"这种感情色彩过强的说法,因为在我们看来,产权的真正内涵不是一种资产存量,而是将所拥有的这些资产作何使用,以及采用什么样的权利规则来分配收益。如果不顾各地实际情况,硬性从农民这些共同积累的资产中提出一块来搞所谓的"壮大集体经济",不仅不能达到发挥集体优越性的预期效果,反而造成农民产权受侵蚀,影响农户的经营积极性。第三,因此,我们的产权观是要研究我国现行农地制度的实际产权内容使用权、收益权、转让权,以及这些权利的完整程度对农户行为的影响。我们得出的结论是,在现行农地制度下还存在一些制度制约(如集体所有制下的人均分地安排、粮食征购政策)影响了农户对土地的产权权能,从而也制约了他们经营农业的积极性。农地制度的进一步改革应该从改善现行制度安排对农户的约束入手。

中国农民的城市权利①

本文结合近期大城市针对进城农民的专项治理行动,讨论了中国农民的城市权利问题。文章梳理了新中国成立以来城市与农民之间的关系,并揭示了这一关系背后的历史和制度根源。笔者认为,中国已经实现了从乡土中国到城乡中国的历史转型,农民与土地的关系、农民与乡村的关系、农民与城市的联结都发生了不可逆转的改变。在这一阶段,农民的城市权利是关系中国转型和建立现代化国家的重大权利安排,能否妥善解决好农民的入城平权问题,关系着中国现代化的进程和国家的前途命运。

2017年11月18日,北京市大兴区西红门镇新建村一幢名为"聚福缘"的公寓发生一起火灾事故,造成19人死亡、8人受伤,遇难者中有17名是来自河北、河南、山东等地的外来务工人员。② 北京市的"工业大院"、城中村本是改革开放

---

① 此文最早发表于《比较》2018年第1辑(中信出版社,2018年),曹亚鹏为共同作者,收入本书时略做修改。
② 参见人民日报客户端:《北京大兴火灾已致19死8伤 警方刑拘18人丨遇难者名单》,http://app.peopleapp.com/Api/600/DetailApi/shareArticle?type=0&article_id=810368,网页引用日期:2017年11月20日。

以来工业化、城市化不可割裂的重要组成部分,这些区域存在的安全隐患和社会问题也一直是北京等城市治理面临的棘手难题。北京市政府的应对及全社会的反应已众所周知。回溯中华人民共和国成立以来的城市发展与治理史,类似的专项行动在20世纪50年代、60年代、90年代都曾发生过,而且每次针对的群体都是进城农民。这种不断重复的城市政府驱赶进城农民的行动,凸显农民作为城市过客的尴尬,更彰显农民的城市权利被严重忽视。在城市化进程中,如果不能正确回答城市是谁的、农民对他们参与建设的城市能否享有基本的权利等问题,城市治理将矛头对准农民的惯性还会继续,以此思维主导的城市治理难免酿成不可测的经济、社会和政治后果。

一、关闭城门与绑民于土：国家工业化时期的城市与农民

传统中国是费孝通所论述的典型意义上的"乡土中国"。农民以地为生,以农为业,安土重迁。工业发展受阻,以政治性城郡为主体的城市吸纳农业人口的能力有限,城市人口增长缓慢。中国历史上的城市人口比重自南宋时期达到22%的峰值后不断降低,到19世纪中期更是跌入谷底,仅为6%。[①] 近代

[①] 参见赵冈:《中国城市发展史论集》,新星出版社,2006年,第29页。

中国的资本主义带来局部地区的工商业发展和城市繁荣,城市化水平有所提高,但是并未带来乡村的发展,乡村工业在国外廉价商品的冲击下纷纷破产,农作物种植的商品化反而加剧了农村地区的危机。在没有结构变迁的传统中国,农村劳动力主要被传统农业部门吸纳,农民在土地上的过密劳动投入使土地单产提高,维持着不断增长的人口的基本生计。[1]但是,正如费孝通先生所感叹的,在乡土中国,"从土里长出过光荣的历史,自然也会受到土的束缚"[2]。

中国共产党取得政权后,开启了这个古老农民大国从农业国向工业国的转变。在中华人民共和国成立之初的一个短暂时期(1949年到20世纪50年代中期)内,自由迁徙权是受到法律保障的。《中国人民政治协商会议共同纲领》第5条明文规定:"中华人民共和国人民有思想、言论、出版、集会、结社、通讯、人身、居住、迁徙、宗教信仰及示威游行的自由权。"1954年新中国第一部宪法第90条规定:"中华人民共和国公民有居住和迁徙的自由。"随着国家从战乱转向稳定,加上"一五"计划期间大量工业项目上马,对劳动力的需求剧增,农民纷纷涌入城市。据统计,"一五"计划时期流入城市

---

[1] 参见黄宗智:《华北小农的经济与社会变迁》,中华书局,2000年,第176页。
[2] 费孝通:《乡土中国》(修订本),上海人民出版社,2013年,第7页。

的农民达1 500万人。① 以天津市为例,1951年上半年涌入的"外县难民,约计一万人";1953年3月上旬,7天之内即有1 450余人"盲目"流入市区;从1954年1月至1955年2月的一年时间里,从农村迁入天津的人口达到119 923人。②

由于国家主导的重工业化吸纳劳动力有限,如此巨量的农民流入城市不仅导致城市就业压力加大,也造成城市粮食供应紧张,加上城市管理体制对这些自发流入城市的农民毫无准备,这些人口被政府视为盲目流动人口。为了应对这一局面,国家采取紧缩城市人口的政策,每隔几年就要求各地政府清理城市流动人口,特别是城市企业在计划外招录的农村劳动力。1953年4月,中央政府发布《关于劝止农民盲目流入城市的指示》,要求各地政府劝止要求进城的农民进城,动员尚未在城镇找到工作的外出农民返乡;规定进城找工作的农民须凭工矿企业或建筑公司开具的预约工或合同工证明,到当地政府开具介绍证件。1957年3月2日,国务院发布《关于防止农村人口盲目外流的补充指示》。1957年12月,中央政府发布《关于制止农村人口盲目外流的指示》,明确规定:城市、工矿区都不再随便招用人员,今后在农村招用人员要通过农业生产合作社有计划地调配;凡是在招工计划

---

① 参见应星主编:《中国社会》,中国人民大学出版社,2014年,第87页。
② 参见王凛然:《"进城"与"还乡":1955年农民"盲目"进津与政府应对》,《史林》2016年第4期。

外流入城镇的农民均为盲目流动人口,都应当被教育劝阻或者遣送返乡。1959年1月,中共中央《关于停止新职工和固定临时工的通知》要求,各企事业单位一律不得再招用流入城市的农民。1959年2月,中共中央《关于制止农村劳动力流动的指示》要求,"各人民公社不得随便开发证明信件,转移外流人员的粮食和户口关系"。1961年,中央《关于精简职工和减少城镇人口工作中几个问题的通知》要求,严加控制从农村、县镇向大中城市的户口迁移。各地政府采取管、堵、卡、截等各种手段,劝阻、制止农民自由进城找工作。

从20世纪50年代中期开始,中国以户籍制度为基础,配套粮食统购统销制度、人民公社制度和劳动就业制度,建立起一套城乡区别对待的社会制度,严格限制农民进入城市。

一是建立严格限制城乡户口迁移的户籍制度。1958年,国务院正式出台《户口登记条例》,明确规定"公民由农村迁往城市,必须持有城市劳动部门的录取证明、学校的录取证明或者城市户口登记机关的准予迁入的证明,向常住地户口登记机关申请办理迁出手续"。只有军人户口区别于一般性的居民户口,自成系统,由军事机关单独管理。户籍制度管制形成计划经济条件下农村户口向城市户口迁移的条件审批准入制。农民尽管可以经过政府审批同意进城,实际执行却非常困难,普通农民进城的路事实上被堵死。黄宗智对长江三角洲地区一个农场的个案调查发现,在1950—1985年长达35年的时间内,转移到农业外就业的人数仅有185人,进入城市国营企业的仅33人,迁居城镇的仅13人。① 根据中国社会科学院人口所对23 895个家庭户和1 643个集体户的调查估计,这一时期农民迁移进城的主要途径是招工、招兵、上学、亲属投靠及其他临时性政策性通道,通过家庭团聚方式迁移进城的农民比例为49.7%,通过城市招工进城的占比28.5%,通过招兵进城的占比8.8%,通过上大学进城的占比3%,通过务工经商和高等教育以下的学习培训方式进城的比例非常低。②

二是实行粮食统购统销制度。为了降低工业生产成本,尽可能多地抽取农业剩余以保障重工业发展所需的资本,自20世纪50年代起,中国开始实行粮食统购统销制度。1953年11月,政务院发布《关于实行粮食的计划收购和计划供应的命令》。1955年,国务院发布《市镇粮食供应暂行办法》和《农村粮食统购统销办法》,规定城镇人口粮食实行计划供应,农民吃自产粮。据此,以供应城镇居民定量粮为标准划分农业户口和非农业户口。1954年,开始对棉花、棉布统购。1955年,开始对生猪派购。1956年10月,有14种农产品都

---

① 参见黄宗智:《长江三角洲小农家庭与乡村发展》,中华书局,2000年,第255页。
② 参见赵耀辉、刘启明:《中国城乡迁移的历史研究:1949—1985》,《中国人口科学》1997年第2期。

必须由国营商业或者供销社统一收购。粮食统购统销实质上是政府垄断粮食市场,即在农村实行计划收购(征购),在城市实行定量配给,对城市居民和农村缺粮户实行粮食计划供给(统销),严格管制私商。通过粮食统购统销,政府可以以低于市场价的统一价格获得农产品,再加上以较高价格销售工业产品,形成工农业产品"剪刀差",为重工业发展积累资金。20世纪50年代至70年代,国家通过工农业产品"剪刀差"获取的资金在2 800亿—9 494.94亿元。① 城乡户籍制度将农民进城的大门关闭,统购统销制度则向不得进城的农民增加了一项为城市提供低价食物的义务。

三是建立农村人民公社制度。城乡隔绝的户籍制度和强制上交的粮食统购制度只有在统一管理的人民公社制度下才能实施。1958年3月,中共中央发布指示,要求把小合作社并成大合作社。1958年6月,进一步号召把高级社合并成"一大二公""政社合一""工农商学兵五位一体"的人民公社。1958年秋,中国的农村在全国范围内实现了人民公社化。人民公社实行组织军事化、行动战斗化、生活集体化,农村户口也由公社干部管理,农民外出需要由公社开具证明,对农民的人身控制更加严密,从制度上将农民绑缚于集体土地之上。

---

① 参见武力:《1949—1978年中国"剪刀差"差额辩证》,《中国经济史研究》2001年第4期。

在集权计划体制和重工业优先的赶超型经济发展战略下,城市的大门基本对农民关闭,城市与乡村成为互相隔绝的两个板块,农民被排斥在工业化和城市化进程之外,农民与城镇居民之间的权利和发展机会不平等形成并逐渐拉大。一是农民自由迁徙、进城务工经商的权利被剥夺,农民在国家经济建设中的作用与角色被严格限定为粮食生产者、工业资金的积累者和提供者,农民与土地、农业深度捆绑。二是以城乡二元的户籍制度为基础,形成了一系列与农业、非农业户口性质相挂钩的城乡分割的社会经济政策,主要包括城镇居民粮油定量供应、劳动就业、人大代表选举、征集公民服现役、军人抚恤优待、义务兵退役安置、居民最低生活保障、计划生育、交通事故人身损害赔偿、居民养老保险、居民医疗保险、土地所有权和使用权、土地征收赔偿、社会抚养费征收、移民安置等 15 个方面。三是城市化滞后。1953 年,中国城市化率只有 13.26%,到 1978 年,城市化率仍然仅为 17.9%,只增长了约 4.6 个百分点。刨除城市人口自然增长,真正从农村机械迁入城镇的人口少之又少。

二、城门未开与乡土筑城:乡村工业化阶段的农民自主城镇化

1978—1998 年是中国农民参与工业化和城市化的黄金

时期。1978年,中共十一届三中全会拉开改革大幕,农村改革率先突围,农村集体土地实行承包到户制度,农民种地积极性空前释放,大量农村剩余劳动力从土地上解放出来,亟待寻求农外就业。由于城市体制僵化和国有企业体制低效,城市无法接纳如此庞大的农村劳动力大军。农地上释放出来的农业劳动力只能靠乡村自身消化。农村土地制度的另一项改革起了非常重要的作用,即允许农民利用集体土地从事乡村工业化。乡镇企业在社队企业基础上迅速异军突起,农民从土地"突围",开辟了他们在农业之外谋生路的空间。1978—1991年,农村劳动力转移总量由3 298万人增长到10 623万人,农村非农就业人数从3 150万人增长到8 906万人。

乡村工业化的突飞猛进,带来农民参与城市化的巨大推力。中央政府顺应农民意愿,采取了一系列鼓励农村商业化和农民自主城市化的制度改革。一是允许农民务工经商。1981年3月,中共中央、国务院转发国家农委《关于积极发展农村多种经营的报告》,"积极鼓励和支持社员个人或合伙经营服务业、手工业、养殖业、运销业等"。1983年,国务院颁布《城乡集市贸易管理办法》,逐步放开农民到城市集贸市场销售农副产品的限制。1990年,国务院办公厅转发商业部《关于集体商业经营批发和个体商业从事长途贩运、批量销售业务有关问题的意见》,有条件地放开了城乡长途贩运的限制,取消了投机倒把的罪名。这些改革实际上赋予了农民小范围自由流动及自主务工经商的权利。二是对农民自主建小城镇持默许态度。这一时期在东南沿海的不少地方，农民开始了自筹资金投资建设小城镇的尝试。温州市龙港镇采取土地有偿使用、农民自筹资金建房、乡镇企业集资建设城镇基础设施的方式，推动镇区建设快速发展，成为著名的"农民第一城"。三是在户籍制度上为小城镇开出一个小口子。1984年，中共中央《关于1984年农村工作的通知》提出，"各省、自治区、直辖市可选若干集镇进行试点，允许务工、经商、办服务业的农民自理口粮到集镇落户"。

尽管如此，农民的城市化并不满足于"划地筑城"的格局。在城市管理体制改革没有启动、计划经济时期形成的城乡二元体制没有得到真正触动的情况下，允许以自理口粮在集镇落户的政策对农民的吸引力并不大。1990年，全国自理口粮人口428万人，到1993年，仅增加到470万人，3年间只增加了42万人。① 在小城镇集聚了大量户口未迁入的流动人口。1985年，江苏省7县小城镇人口普查显示，在城镇居住但户口不在城镇的人口比例达到了13.3%，个别县的比例达到21.9%，在城镇工作的流动人口比例达到了27.6%，个

---

① 参见李若建：《小城镇人口状况与小城镇户籍制度改革》，《人口与经济》2002年第4期。

别县甚至高达43%。① 小城镇建设资金基本上由农民自筹，国家投资极少。以龙港镇为例，1984—1994年，龙港镇在城镇基础设施建设上总投资达到12亿元，同期国家资金总投入仅为5 000万元，只占4.1%。② 由此可见，尽管这种只在城门外开展的农民自发工业化和城镇化如火如荼，但如果不让农民按照城市发展的规律进入城市，城市资本形成没有正规的制度支撑，这一轨道的城市化很难持续。

20世纪80年代中国农村的一片欣欣向荣，是在农村改革率先突破并逐步深入、城市改革尚未启动的大背景下，农地制度改革、乡镇企业和小城镇建设双轮驱动的结果，对计划经济时代形成的城乡关系产生了一定影响。一是城乡收入差距缩小。这一时期农民收入增速高于城市居民。1978—1983年，城乡居民收入比下降，1983年为1.82∶1，达到最低点。二是农民进城务工经商的权利得到承认，但仍然面临诸多限制。在城镇务工经商的农民仍然需要申办暂住证等相关证明。三是城乡二元体制有所松动，但没有根本变化。农村户口迁往城市的门槛仍然很高，城市居民享有的住房、医疗、养老、教育等公共服务仍然与农村居民无缘。

---

① 参见黄宗智：《长江三角洲小农家庭与乡村发展》，中华书局，2000年，第293页。
② 参见刘东汶：《中国农民第一城——龙港镇调查》，《经济研究参考》1996年第38期。

三、撞城入城与城市过客：
高速城市化下的农民与城市

到 20 世纪 90 年代中期以后，中国农民的乡村工业化、自主城镇化道路发生转向。一方面，乡镇企业和外资企业的产出高增长，带来中国工业品国内供给从短缺转向过剩，大量过剩产品只能通过"大进大出"到国际市场寻找出路，"处处点火、四处冒烟"的乡村工业化转向沿海工业化。另一方面，由于乡镇企业、农民建房和小城镇大量占地，危及耕地保护，中国于 1998 年修订并实施新的《土地管理法》，实行用途管制和规划管制，农地转为国有土地必须采取强制征收，土地出让权由政府独家垄断，农民集体土地上的乡村工业化走到尽头。地方政府利用土地管理的排他性权力，依靠压低地价招商引资、创办园区，快速推进工业化，使中国成为世界制造工厂；依靠土地出让和土地抵押融资，快速推进城市化，使中国的工业化和城市化进入快速轨道。

工业化和城市化的快速推进，为农民入城创造了机会。从区域来看，沿海工业化促进这些地区发展的乡镇企业集群扩展为城镇，有些城镇又逐步壮大为大中小型城市，本地农村劳动力实现就地城市化。与此对照，内地则经历了工业化衰败和小城镇萎缩，中西部地区的农民通过跨区域流动"撞城"进入并不接纳他们的城市,参与沿海地区的工业化和城市化进程。在农民将坚固的城门撞开以后,相关政策也做出因应性改变:一是鼓励农村剩余劳动力外出务工。1993年中共十四届三中全会提出,允许农民进入小城镇务工经商,发展农村第三产业,促进农村剩余劳动力转移。2003年中共十六届三中全会明确,农村富余劳动力在城乡之间双向流动就业,是增加农民收入和推进城镇化的重要途径;取消对农民进城就业的限制性规定,为农民创造更多就业机会。二是鼓励并支持小城镇建设。"六五"计划明确提出加快小城镇发展;"七五"计划和"八五"计划提出"控制大城市的规模,合理发展中等城市,积极发展小城镇";1997年中共十五大提出"搞好小城镇规划建设";1998年《中共中央关于农业和农村工作若干重大问题的决定》提出"发展小城镇,是带动农村经济和社会发展的一个大战略";"九五"计划将发展小城镇作为推进我国城市化的重要途径。[1] 这些政策一方面促进了沿海地区快速工业化下的城镇化进程,另一方面开辟了中西部地区农民工跨区域的就业空间。1982年全国流动人口数量为657万人,到2000年流动人口数量超过1亿人(见图2)。[2] 东部地区成为农民工主要流入地,东

---

[1] 参见方创琳:《改革开放30年来中国的城市化与城镇发展》,《经济地理》第29卷第1期,2009年1月。
[2] 参见段成荣、杨舸、张斐、卢雪和:《改革开放以来我国流动人口变动的九大趋势》,《人口研究》第32卷第6期,2008年11月。

部地区流动人口占全国比例从 1982 年的 38.42% 上升到 2005 年的 64.6%(见表 1)。①

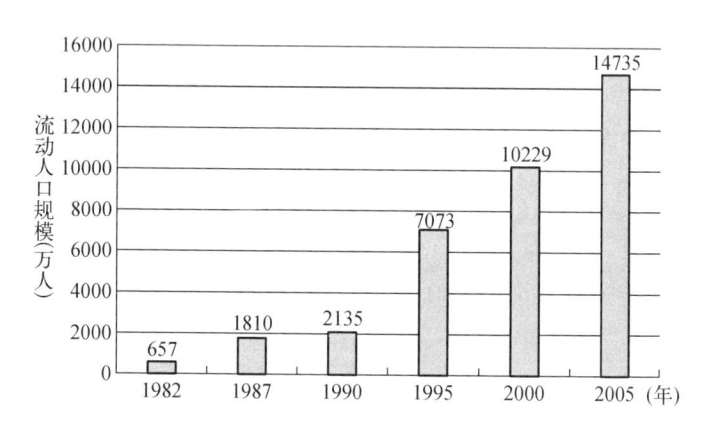

图 2　1982—2005 年全国流动人口数量变化趋势

表 1　1982—2005 年东、中、西部地区吸收的流动人口比例(%)

地区＼时间	1982 年	1987 年	1990 年	2000 年	2005 年
东部	38.42	43.77	49.16	56.95	64.60
中部	37.94	28.74	29.00	20.42	17.15
西部	23.68	27.48	21.82	22.65	18.27

中国中西部庞大的农民工"蓄水池"向沿海地区的劳务输出,是中国这一时期创造"经济奇迹"的重要力量。它为快速工业化提供了源源不断的低成本劳动力。农民工占中国

---

① 参见段成荣、杨舸:《我国流动人口的流入地分布变动趋势研究》,《人口研究》第 33 卷第 6 期,2009 年 11 月。

建筑业劳动力的90%,煤矿采掘业的80%,纺织服装业的60%,城市一般服务业的50%,成为产业工人的主力军。低成本劳动力优势确保了中国制造业的国际竞争力优势,是中国迅速成为"世界工厂"的因素之一。另一方面,农民的出村入城促进了中国城镇化的快速推进。2005—2010年,中国城镇化率从42.9%提高到49.68%,提高了6.7个百分点,其中外出农民工数量增长贡献了3.6个百分点,贡献率达到53.4%。[①]

但是,中国农民经过"撞城"入城,城市的权利依然只赋予本地市民,为经济社会发展做出巨大贡献的农民工群体没有享受到与市民同等的基本权利和公共服务。在子女教育方面,20%以上的农民工子女无法入读城市全日制公办中小学校。[②] 不少在城市接受过完整义务教育的农民工子女,无法参加中考和高考。在医疗社会保险等方面,农民工参加职工基本医疗、城镇职工基本养老保险、失业保险的比率很低。在住房保障方面,城市保障性住房基本不对农民工开放,农民工公积金缴存率也很低。农民工的跨区域就业造成大量社会问题,农村"三留守"问题尤其突出,据推算,目前农村留守人员总数超过1.5亿,留守儿童超过6 000万,留守妇女约

---

① 参见韩俊、何宇鹏:《新型城镇化与农民工市民化》,中国工人出版社,2014年,第13页。
② 参见韩俊、何宇鹏:《新型城镇化与农民工市民化》,中国工人出版社,2014年,第28页。

4 700万,留守老人约5 000万。① 大多数农民工只是这场波澜壮阔的城市化的过客,他们在过了劳动年龄以后又返回乡村、回归农业。户籍人口城镇化率与常住人口城镇化率差值从20世纪90年代末开始逐步拉大,甚至在2001年以后差距越来越大(见图3)。② 到2012年,常住人口城镇化率与户籍人口城镇化率的差距达到17.3个百分点。这意味着2亿多农民工进入城市居住、生活,但未享受与城镇居民相同的教育、就业、医疗、养老、保障性住房等社会保障和福利待遇。

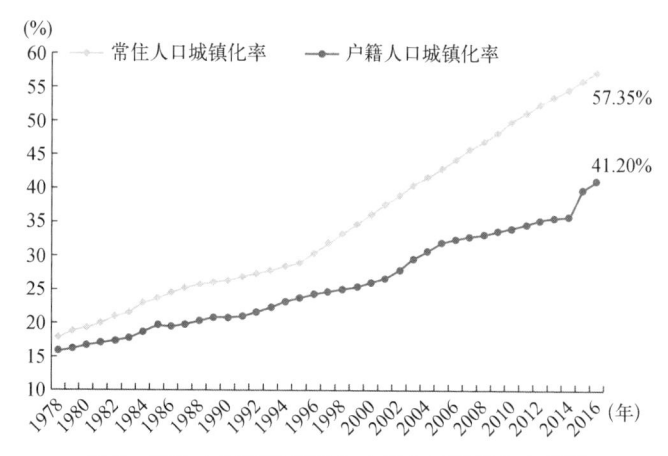

图3 常住人口城镇化率与户籍人口城镇化率差距

资料来源:《国家新型城镇化规划(2014—2020年)》,2014年3月。

---

① 参见民政部:《中国农村空心化趋势日趋显著 留守人员总数超1.5亿》,人民网,2015年6月2日。
② 参见中共中央、国务院:《国家新型城镇化规划(2014—2020年)》,2014年3月。

除了户籍人口和常住人口城市化的差距悬殊,还有一个中国特色的城市化模式也造成农民城市权利的受损,我们称之为"双轨城市化"。在二元土地制度下,中国的城市化呈现明显的双轨特征:"一轨"是政府主导的城市化。城市政府通过城市规划变更、行政管辖权调整、土地制度安排所赋予的排他性权力,不断扩大城市版图和发展空间,快速实现土地城市化。另"一轨"是农民在城乡接合部和城中村开展的自发城市化。外来农民工在城市住房销售和租赁价格双高的约束下,只能向城乡接合部和城中村集聚,并形成住房需求,而城乡接合部和城中村农民利用集体土地盖房供应。①"双轨城市化"导致的后果是,土地城镇化快于人口城镇化。2000—2011年,城镇建成区面积增长76.4%,远高于城镇人口50.5%的增长速度。②

中国特色的土地制度驱动着政府主导的城市化和"以地谋发展"模式。1994年,国务院《关于深化土地使用制度改革的决定》明确土地使用市场化改革方向,强调土地由政府依法统一管理。1998年,《土地管理法》规定:任何单位和个人进行建设,需要使用土地的,必须依法申请使用国有土地;但是,兴办乡镇企业和村民建设住宅经依法批准使用本集体经

---

① 参见刘守英、熊雪峰:《二院土地制度与双轨城市化》,《城市规划学刊》2018年第1期。
② 参见中共中央、国务院:《国家新型城镇化规划(2014—2020年)》,2014年3月。

济组织农民集体所有的土地的,或者乡(镇)村公共设施和公益事业建设经依法批准使用农民集体所有的土地的除外。城市政府将国有土地一定年限内的使用权在以协议、招标、拍卖等方式出让给土地使用者,土地使用者则按照合同规定支付土地出让金。2002年5月,国土资源部发布的《招标拍卖挂牌出让国有土地使用权规定》明确规定,商业、旅游、娱乐和商品住宅等各类经营性用地,必须以招拍挂方式出让。同时,政府还通过规划管理和年度计划指标,控制新增建设用地的使用。土地管理制度发生变化造成的一个重要后果是,政府垄断了土地征收、出让的权力,同时也切断了农民通过农地非农化开发发展工业、建设城镇的途径。地方政府一方面通过协议出让的方式,低成本供应工业用地,推动园区工业发展;另一方面利用对土地一级市场的垄断和经营性用地市场化出让,并借助土地出让收入和土地抵押融资,推动快速城市化,形成"土地-财政-金融"三位一体的城市化模式。"三位一体"的城市化发展模式构成一个可以脱离人口发展的封闭循环系统,推高了城市房价,大幅提高了农民工在城市落地的成本。①

在大规模农民城市化洪流的冲击下,中国的城市管理制度特别是户籍制度依然故我,改革滞后。贯穿于20世纪90

---

① 参见周飞舟:《以利为利:财政关系与地方政府行为》,上海三联书店,2012年,第236—240页。

年代和21世纪前10年的户籍制度改革的主线只是限于小城镇。1993年十四届三中全会就提出,逐步改革小城镇的户籍管理制度。1995年《小城镇综合改革试点指导意见》提出,实行户籍管理制度改革,实行按居住地和就业原则确定身份的户籍登记制度,农民只要在小城镇具备合法固定的住所和稳定的就业条件,就可以申请在小城镇办理落户手续。2001年国务院批转公安部《关于推进小城镇户籍管理制度改革意见的通知》,其中提出"全面推进小城镇户籍管理制度改革"。小城镇户籍制度改革从提出到全面落实用了近10年的时间,而在此期间,小城镇常住户口还实行了计划指标管理;一些地方在实际落实时则采用了"蓝印户口"这种介于正式户口与暂住户口之间的做法;一些地方还出现了出售城镇户口或者收取城市增容费的做法。这些问题导致小城镇户籍制度改革的实际效果大打折扣。而且在2001年全面实施小城镇户籍制度改革后,由于城市规模效应和园区工业化的推进,农民工大量转移到大中城市,小城镇对农民工已经没有很大的吸引力。同时,运动式清理城市流动人口的专项行动时有发生。1995年底,北京市政府组织开展"清理整治"专项行动,将作为外来人口重要集聚点的"浙江村"拆除,"浙江村"内约4万名外来务工人员被迫搬离。①

---

① 参见张鹂:《城市里的陌生人:中国流动人口的空间、权力与社会网络的重构》,江苏人民出版社,2018年,第169页。

20世纪90年代至21世纪前10年是中国城镇化的高速发展期,也是中国农民城市权利缺失凸显期。一是工业化、城镇化的主导权重新回到政府手中。由于土地制度的调整,20世纪80年代出现的农民自主工业化、城镇化昙花一现,被政府主导的园区工业化和城市化所取代。二是市民化进程滞后。在"以地谋发展"的经济发展模式和城市治理方式变革缓慢的共同作用下,农民工群体既无法享受与城市居民同等的公共服务,也难以在城市落脚。三是城乡收入差距持续拉大。20世纪90年代,随着城市和国有企业改革启动,城乡差距又逐步扩大,2001年城乡收入比达到2.90∶1,2009年达到3.33∶1。

四、代际分别与结构革命:"农二代"与农民城市权利困境

到2017年,中国的常住人口城市化率已经达到58.52%,农民工总量到2016年已达2.8亿,2016年常住人口城市化率与户籍人口城市化率的差距仍然高达16.2个百分点。在未来一个时期,随着经济发展阶段转换,经济增速放缓,中国的城市化进程也将从高速扩张转向内生发展,城市化特征由生产要素从乡村向城市的单向流动转为城乡互动。中国城市化的下半场才刚刚启程,在下半场中,农民的市民化任务最为艰巨。

与已经走过的城市化上半场相比,下半场要面对的最大变化是入城农民的代际分别。约 40 年的时间里,农民工群体在规模壮大的同时,也完成了由一代农民工到二代、三代农民工的代际转换,"农一代"逐步从城市退出,回归农村。2011 年国家统计局组织调查发现,1980 年之后出生的外出农民工数量达到 8 487 万人,占农民工总数的 58.4%。①

与"农一代"相比,"农二代"在受教育程度、迁移模式、婚姻家庭等多个维度上发生本质性变化。"农二代"的受教育程度更高:"60 后"和"70 后"农民工平均受教育年限多在 10 年以下,"80 后""90 后"和"95 后"农民工的平均受教育年限超过 12 年。② 流动范围更广:"农二代"中跨省外出比例达到 53.7%,高于上一代农民工 6.9 个百分点。③ 以举家迁徙为主:"农一代"多是"孤身"进城,以个体化迁移为主;"农二代"更多是"携妻带子"式的举家流动、举家迁徙。就业结构发生变化:"农一代"多从事建筑业,"农二代"逐渐转向服务业及越来越机械化的制造业。汇款和消费行为发生变化:"农一代"将进城务工所得收入的 51.1% 汇款回村,用以支持农村家庭生活开支;"农二代"倾向于在城市消费,将资本留

---

① 参见国家统计局住户调查办公室:《新生代农民工的数量、结构和特点》,《数据》2011 年第 4 期。
② 参见田丰:《逆成长:农民工社会经济地位的十年变化(2006—2015)》,《社会学研究》2017 年第 3 期。
③ 参见国家统计局住户调查办公室:《新生代农民工的数量、结构和特点》,《数据》2011 年第 4 期。

在城市,寄回村的收入仅占外出从业总收入的37.2%。① 生活方式发生变化:"农一代"基本上保持了农民的生活习惯和思维方式,"农二代"的生活方式更加市民化。婚姻特征发生变化:"农一代"的婚姻关系多数限定在本乡本土范围内,婚姻关系相对稳定,而跨区域婚姻在"农二代"中比较普遍,且"农二代"的离婚率较高。与乡土关系发生变化:"农一代"与乡村保持着水乳相融的关系,"农闲进城务工、农忙返乡务农"是第一代农民工群体的常态;"农二代"离土出村不回村,89.4%的新生代农民工基本不会农活。职业期望发生变化:多数"农一代"只想暂时在城市工作,以后还是要回乡,"城里赚钱、村里盖房"是这一代人的普遍取向;"农二代"则更期望能在城市落脚定居,国家统计局调查显示,近一半的新生代农民工有在城市定居的打算,"坚决不回农村"和"尽量留在城市,实在不行再回农村"的比例分别占到8.1%和37%。②

尽管代际差别拉大,但是,农民工群体对自己在城市状态的满意度却在下降,他们融入城市的状况没有改进。有研究表明,1980年后出生的农民工对自己社会地位的自评最低,新生代农民工的社会融入状况与老一代农民工相比没有根本改进。农民工的代际变化与进城农民所拥有的城市权

---

① 参见国家统计局住户调查办公室:《新生代农民工的数量、结构和特点》,《数据》2011年第4期。

② 参见国家统计局住户调查办公室:《新生代农民工的数量、结构和特点》,《数据》2011年第4期。

利形成强烈反差。一是市民权。在中国特色户籍制度下，获得城市户籍就是获得城市市民资格。目前，中小城市特别是中西部地区中小城市基本放开户籍限制，但是农业转移人口集聚较多的大城市、特大城市和超大城市，其落户政策的精英化取向仍然明显，对普通的"农二代"而言落户门槛仍然很高。二是居住权。在"土地-财政-金融"三位一体的城市化发展模式，商品房购买、保障房分配与户籍挂钩的政策，以及城市政府运动式清理人口的传统治理思维和治理方式的共同影响下，"农二代"的城市居住权难以实现。三是子女教育权。农民工子女教育面临的制度性歧视及在经济-社会结构中的不利位置，导致农民工子女教育权的实现仍然存在不小的困难。可以说，由于"农一代"有年轻时代的务农经历和习得的农业技能，还能在"工人"和"农民"两个角色之间自由切换，还保有"城市混不下去，大不了回农村种地"的普遍心态，城市政府还能用"拖"和"推"把城市解决不了或者不愿解决的问题推回到农村解决。而在"农二代"身上，传统的"过客"式治理方式显然是无效的。也正是这一原因，我们看到"农二代"实现城市权利问题相对于"农一代"而言更加急迫。

中共十八大以后，针对城镇化发展中出现的大量农业转移人口难以融入城市社会、土地城镇化快于人口城镇化等问题，中央提出了以人为核心的新型城镇化理念，旨在进一步推进户籍制度改革，促进农业转移人口市民化。中共十八大提出,"加快改革户籍制度,有序推进农业转移人口市民化,努力实现城镇基本公共服务常住人口全覆盖"。2013年11月,中共十八届三中全会进一步明确,"逐步把符合条件的农业转移人口转为城镇居民","全面放开建制镇和小城市落户限制,有序放开中等城市落户限制,合理确定大城市落户条件,严格控制特大城市人口规模"。同年12月召开的中央城镇化工作会议进一步明确,推进农业转移人口在城镇落户的条件是"有能力在城镇稳定就业和生活",强调分层分类推进的改革路径,实施差别化的落户政策。2014年3月,中共中央、国务院正式印发《国家新型城镇化规划(2014—2020年)》,其中明确提出,推进符合条件的农业转移人口落户城镇,健全农业转移人口落户制度,实施差别化落户政策。2014—2016年,国家先后出台《关于进一步推进户籍制度改革的意见》《关于深入推进新型城镇化建设的若干意见》《推动1亿非户籍人口在城市落户方案》《关于实施支持农业转移人口市民化若干财政政策的通知》《关于建立城镇建设用地增加规模同吸纳农业转移人口落户数量挂钩机制的实施意见》等一系列重要文件,细化完善差别化落户政策,建立健全"人、地、钱"挂钩机制,农业转移人口市民化工作取得突破性进展。十八大以来,8 000多万农业转移人口成为城镇居民,2016年户籍人口城镇化率达到41.2%。解决农民的城市权利问题已提上议事日程,进入破冰征程。

五、开放农民城市权利的公共政策

每个社会的历史发展进程都有一些由自身发展埋下的隐患,比如美国的南北问题、南非的黑人白人问题。对中国而言,城乡二元分割导致的农民权利问题,就是我们已有发展模式遗留的大问题。中国已经实现从乡土中国到城乡中国的历史转型,农民与土地的关系、农民与乡村的关系、农民与城市的联结都发生了不可逆的转变。在城乡中国阶段,农民的城市权利是关系到中国转型和建立现代国家的重大权利安排。能否妥善解决好农民的入城平权问题,关系着中国现代化的进程和国家的前途命运。必须从国家战略高度改变将农民工视为城市"过客"的政策惯性,推动城市权利向农民开放,以包容、公平的政策推动进城农民融入城市社会。

一是充分保障农民土地权利。土地权利是农民的基本权利,是城乡中国阶段经济社会转型的稳定基石。任何组织、任何主体不得以任何理由或任何"美好的故事"将已经到农民手中的土地权利削弱甚至剥夺。赋予农民农地和宅基地更完整、更稳定的财产权,以赋权、扩权、限公权保障农民这两类土地的基本权利,在此基础上,顺应农业功能变化和村庄转型,推进承包经营权和宅基地的转让权改革,促进稀缺土地资源的有效配置,提高土地配置效率和农民土地财产权收益；打破城乡二元分割的土地制度，实现集体和国有土地权利平等，赋予农民利用集体土地参与工业化和城市化的权利。

二是切实保障"农二代"在城市的居住权。实现城市居住权是"农二代"顺利在城市落脚扎根的前提。城市政府要将符合条件的常住人口纳入供方保障范围和住房公积金制度覆盖范围。允许城乡范围内农民在存量集体建设用地上建设集体租赁房屋并出租，让城乡接合部农民可以长期分享土地增值的好处，为"农二代"提供体面的居住空间，同时减轻城市政府财政负担。

三是落实"农三代"教育权。"农三代"的教育权关系到农民工家庭在城市的长远发展和经济社会地位的纵向向上流动。要加快推进教育公平，积极推动实现公办学校全部向随迁子女开放，放宽随迁子女在流入地参加高考的限制，切实维护随迁子女平等受教育的权利，努力让每个农民工子女都能享受到公平而有质量的教育。

四是制定实现农民城市权利的成本分担机制。加快研究建立中央政府、地方政府、企业、个人实现城市权利的成本分担机制。中央政府负责基本养老、教育、低保及跨区域流动人口的医疗资金保障。地方政府根据本地实际情况，因地制宜、量力而行，逐步提高本地区公共服务保障水平，吸引人口流入。

中国奇迹的政治经济逻辑[①]

长期经济绩效的差异并不主要取决于高增长,更取决于经济衰退的幅度和频率,后者由朝向权利开放的制度变迁中的政治与经济互动和秩序稳定性决定。实现长期经济绩效的关键是:(1)通过国家的有效治理能力、对暴力资源的控制和对外责任制等政治制度变革,保证有序的租金再分配秩序;(2)通过市场准入规则和权利再配置、产权保护以及人际规则的非人格化等经济制度变革,保证新权利规则有利于经济进步和租金绩效改善;(3)通过持续的政治经济互动,防止租金分配失衡和制度结构失衡带来的制度衰退。正是改革开放后政治制度和经济制度的阶段性互动调适,保障了中国经济从"体制转轨"到"高速增长"的跃迁。中国的"高速增长体制"不仅面临绩效困境,也面临秩序风险,要在新发展阶段保持持续的经济绩效,必须构建朝向权利开放社会的政治经济体制。

一、引 言

中国改革开放以来40多年的高速经济增长,被称为"中

[①] 此文最早发表于《学术月刊》2021年第1期,汪广龙为共同作者,收入本书时略做修改。

国奇迹"(China Miracle)。但是,对"奇迹"的典型特征及其原因的分析也蕴含着当代社会科学最值得探究的理论命题。现有对"中国奇迹"的解释主要由经济学家给出,他们立足于中国较长时段的高增长实绩,分别从比较优势、有效的制度改革(市场化与产权安排)、政府行为的独特性(特殊的政府角色、中央与地方激励合约、官员晋升)等方面进行了有价值的分析。近年来经济学研究的进展表明,无论是从历史经验还是国别经验来看,一个经济体一段时期的高增长并不少见,经济体之间长期经济绩效的差异不仅取决于高增长,更取决于经济衰退的幅度和频率,后者由朝向权利开放的制度变迁中的政治与经济互动和秩序稳定性决定。[1]

从长期经济绩效来看,中国过去 40 多年的变迁不仅仅是一个高增长的故事,更是一个衰退率减低的故事(见图 4)。支撑这一经济绩效历史性变化的是中国改革进程中朝向权利开放秩序的政治经济互动策略、经济制度变革带来的效率增进,以及面对阶段性制度衰退所做出的改革努力。与已有制度变迁的经济层面研究相比,我们更关注在阶段性体制改革中,中国如何防止权力机会主义,保障改革的"可信承诺",维护

---

[1] See L. Pritchett, "Understanding Patterns of Economic Growth: Searching for Hills among Plateaus, Mountains, and Plains", *The World Bank Economic Review*, Vol. 14, No. 2, 2000, pp. 221 - 250; S. Broadberry and J. J. Wallis, "Growing, Shrinking, and Long Run Economic Performance: Historical Perspectives on Economic Development", NBER Working Paper, No. 23343, 2017.

制度演化中秩序的持续稳定等问题。在对过去 40 多年政治经济关系分析的基础上,我们指出了中国进一步迈向权利开放社会面对的巨大挑战以及必须进行的政治经济体制变革。

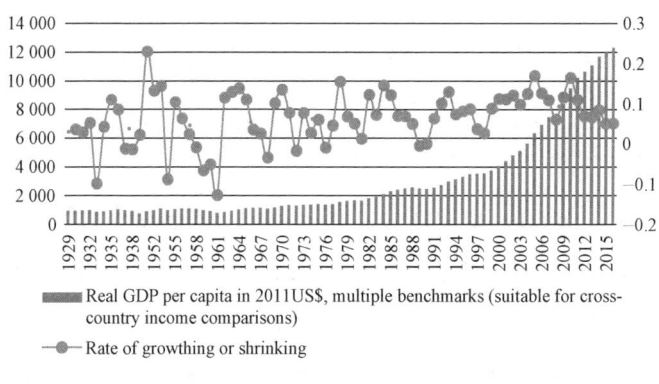

图 4　中国人均 GDP 的增长与收缩

资料来源:Maddison Project Database 2018。其中 1939—1950 年数据缺失。

二、"中国奇迹"的经济解释:一个评论

对"中国奇迹"的解释是由经济学主导的,主要可以归纳为以下三种。

解释一将其原因归结为改革开放以来朝向市场化和承认产权作用的体制转轨。[①] 尤其是通过发展国内市场和开放

---

① 参见周其仁:《体制成本与中国经济》,《经济学(季刊)》2017 年第 3 期。

国外市场、减低租值耗散、硬化预算约束,增进了对资本和技术的吸引力,营造了发挥劳动力等比较优势的环境,从而实现高投资和持续高增长。樊纲等人的测量表明,非国有经济发展、市场中介组织发育、制度环境改善、产品市场发展以及政府和市场关系的再调整等对经济增长均有显著作用。①

不过,这一解释受到两类批评。批评一认为,市场化转轨和产权作用的发挥必须依托基础制度结构与制度安排改革的路径选择。他们认为,相比于激进的"休克疗法",中国采取的"双轨制"渐进改革策略减低了改革的阻力,避免了转轨震荡,这对改革取得成功非常关键。② 但"双轨制"也带来权力机会主义的制度化,权力持有者对超额租金的攫取扭曲了资源配置的激励导向,表现为 1990 年代的国民经济运行风险与转型困境。③ 批评二认为,转轨并不是在一个完全成熟的制度环境下进行的市场结构演化与产权制度建构,它实质上直面既有权力体系的阻挠与羁绊,没有国家权力的有目的作为,转轨是难以实现的。转轨时期的企业组织就常常通过让渡、弱化甚至模糊产权权能来实现政治和经济交易,政府也通过政治身份、行政许可等正式制度以及非正

---

① 参见樊纲、王小鲁、马光荣:《中国市场化进程对经济增长的贡献》,《经济研究》2011 年第 9 期。
② 参见林毅夫、蔡昉、李周:《比较优势与发展战略——对"东亚奇迹"的再解释》,《中国社会科学》1999 年第 5 期。
③ 参见 Jeffrey Sachs、胡永泰、杨小凯:《经济改革和宪政转轨》,《经济学(季刊)》2003 年第 4 期。

式关系等提供"人格化产权保护"。① 转轨经济和建构市场经济的双重特征要求基础性制度结构在市场自发形成的新产权与维护既有利益的旧产权之间维持微妙的平衡。② 这意味着,有效市场与产权保护论者需要进一步回答:国家在发动与推进体制转轨中如何防止权力机会主义以及保障改革的"可信承诺"?

解释二认为,改革开放以来中国经济的成功,源于在发挥市场制度配置资源作用的前提下,中国政府采取了与资源禀赋相适应的各类政策,包括基础设施建设以及财政、货币、金融、外资、外贸等政策安排,匹配了比较优势战略的实施,保证了持续的技术扩散、产业升级和经济增长。③

批评者认为,此类解释没有说明为何各级政府有更大的激励、信息和能力完成正确的"增长甄别和因势利导"制度与政策设计。④ 即便如此,各级政府的正确作为假说也不能解释转轨政府在应对开放环境下国际要素进入时所处的困境。

---

① 参见周雪光:《"关系产权":产权制度的一个社会学解释》,《社会学研究》2005 年第 2 期。
② 参见 V. Nee and S. Opper, *Capitalism from Below: Markets and Institutional Change in China*, Cambridge, MA: Harvard University Press, 2012;刘守英、路乾:《产权安排与保护:现代秩序的基础》,《学术月刊》2017 年第 5 期。
③ 参见林毅夫:《新结构经济学——重构发展经济学的框架》,《经济学(季刊)》2011 年第 1 期。
④ 参见张曙光:《市场主导与政府诱导——评林毅夫的〈新结构经济学〉》,《经济学(季刊)》2013 年第 3 期;黄少安:《〈新结构经济学〉侧评》,《经济学(季刊)》2013 年第 3 期;张维迎:《产业政策争论背后的经济学问题》,《学术界》2017 年第 2 期。

面对国际资本和国内要素的不平等、资本和技术的控制能力、市场准入与开放带来的金融风险以及跨国资本的攫取等,本地政府往往凸显出"本领恐慌"。① 这一系列批评意味着,在不完全竞争的国际经济格局下,难以保证政府在持续的产业形成与升级中能"做对"。

解释三将中国增长的独特性归结为中央与地方关系的制度安排产生的有效激励结构,使地方政府充当了经济增长的"扶持者"而非"攫取者"角色,激发了各级政府自下而上的政策创新、市场保护和经济竞争。三项制度安排的作用至为关键:一是财政分权赋予地方政府剩余索取权。地方政府为了获取更多财政收入,向属地企业提供保护,以及将更多资源引向有利于经济增长的领域。② 二是行政分权赋予地方政府对资源与决策的剩余控制权,改善信息和激励结构,促进地方政府参与经济竞争和进行创造性的政策实验,在正式法律体系不完善的情况下为企业提供政策保护和资源支持。③ 三是总体而言存在的自上而下以 GDP 为导向

---

① 参见埃里克·S. 赖纳特:《富国为什么富 穷国为什么穷》,杨虎涛、陈国涛译,中国人民大学出版社,2013 年;P. B. Evans, *Embedded Autonomy: States and Industrial Transformation*, Princeton: Princeton University Press, 2012。

② 参见 G. Montinola, Y. Qian, and B. R. Weingast, "Federalism, Chinese Style: the Political Basis for Economic Success in China", *World Politics*, Vol. 48, No. 1, 1995, pp. 50 – 81。

③ 参见 Y. Qian, G. Roland, and C. Xu, "Why is China Different from Eastern Europe? Perspectives from Organization Theory", *European Economic Review*, Vol. 43, No. 4 – 6, 1999, pp. 1085 – 1094;张五常:《中国的经济制度》,中信出版社,2009 年。

的政绩考核机制,诱发地方政府官员展开GDP竞争。①

对解释三的批评认为,这个以"地方政府自主和竞争"为核心的解释并不足以保证"让政府持续稳定地做对"。首先,晋升竞争需要自上而下的清晰信号和任务激励。这要求中央政府在干部管理上是完全集权的,且有足够的绩效数据收集和判别能力,才能对地方政府官员做出奖惩。② 其次,GDP的增长动态和干部在任期间的业绩并不对应,经济增长至多是一种可被用来作为资格赛和信号机制的指标,晋升本身既受干部培养和任用体制,也受"裙带关系"等其他因素影响,地方经济增长也可能是"裙带关系"和"政治宗派"带来的自上而下的资源投入。③ 最后,这类只关注地方政府行为的研究事实上忽略了国家提供全国公共品以及处理地方政府机会主义和共谋的努力。④

中国在摆脱无效制度对增长的束缚状态、构建支撑阶段性

---

① See Hongbin Li and L. A. Zhou, "Political Turnover and Economic Performance: the Incentive Role of Personnel Control in China", *Journal of Public Economics*, Vol. 89, No. 9, 2006, pp. 1743 – 1762.

② 参见 Chenggang Xu, "The Fundamental Institutions of China's Reforms and Development", *Journal of Economic Literature*, Vol. 49, No. 4, 2011, pp. 1076 – 1151;周黎安:《转型中的地方政府:官员激励与治理》(第二版),格致出版社,2017 年。

③ 参见杨其静、郑楠:《地方领导晋升竞争是标尺赛、锦标赛还是资格赛》,《世界经济》2013 年第 12 期;S. Opper and S. Brehm, "Networks versus Performance: Political Leadership Promotion in China", in working paper, Department of Economics, Lund University, 2007。

④ 参见杨其静、聂辉华:《保护市场的联邦主义及其批判》,《经济研究》2008 年第 3 期。

分工革命的有效制度方面,进行了卓有成效的努力。遗憾的是,以上研究的视野更多集中于改革如何为中国经济的高增长奇迹提供有效的经济制度,而对保证有效制度的政治与经济制度互动缺乏关注,导致在理解如何进行改革路径选择、构建有效的制度环境、防止权力机会主义、保障改革"可信承诺"方面缺乏理论支持,而这些对于"中国奇迹"的创造至关重要。

三、权利开放中的政治经济互动与经济绩效

经济学的新近研究注意到,在要素、资本、技术进步、分工扩散和有效制度之外,制度变迁中的政治与经济互动对长期经济绩效的实现至关重要。①

(一)制度对经济绩效的影响

迄今为止,经济学对制度与经济绩效关系的研究沿着以下三个阶段递进。

第一是关注制度在经济活动中的有效性。在瓦尔拉斯(Léon Walras)范式下,由于隐含地假定经济活动中的所有权利都能完全自由转让,服务免费提供,不存在任何组织,因而

---

① See S. Broadberry and J. J. Wallis, "Growing, Shrinking, and Long Run Economic Performance: Historical Perspectives on Economic Development", NBER Working Paper, No. 23343, 2017.

有没有产权制度并没有关系,实行什么样的制度并也没有关系。科斯的革命性研究指出,在真实世界,交易费用不仅永远不为零,而且有些市场的交易费用非常高,权利的界定对资源配置的效果举足轻重。① 德姆塞茨指出,当一种交易在市场中议定时,就发生了两束权利的交换,正是权利的价值决定了所交换的物品的价值。② 对产权的界定、配置与保护是一个社会必须解决的最复杂且最困难的问题之一。③ 资源使用、交易、获利等方面的不同产权配置,对降低稀缺资源竞争中成本或收益的外部性、提升资源配置的效率至关重要。④ 有效的组织是西方世界兴起的制度根源。⑤

第二是分析无效制度长期存在的根源。对制度作用的关注引出更为繁难的问题:无论是在人类社会的演进历史中还是当今世界,"为什么只有少数国家脱颖而出,大部分国家

---

① See R. H. Coase, "The Nature of the Firm", *Economica*, Vol. 4, No. 16, 1937, pp. 386 – 405; R. H. Coase, "The Problem of Social Cost", in C. Gopalakrishnan ed., *Classic Papers in Natural Resource Economics*, London: Palgrave Macmillan, 1960.

② See H. Demsetz, "Some Aspects of Property Rights", *The Journal of Law and Economics*, Vol. 9, 1966, pp. 61 – 70.

③ See A. A. Alchian, "Some Economics of Property Rights", *Il Politico*, 1965, pp. 816 – 829.

④ See A. A. Alchian and H. Demsetz, "Production, Information Costs, and Economic Organization", *The American Economic Review*, Vol. 62, No. 5, 1972, pp. 777 – 795.

⑤ See D. C. North and R. P. Thomas, *The Rise of the Western World: A New Economic History*, New York: Cambridge University Press, 1973.

仍然在贫穷中不能自拔?"①诺斯甚至悲观地指出,导致持续有效的产权很少在历史上占支配地位。沿着制度与经济史的研究逻辑,他发现"历史上没有什么比政治经济单位导致经济衰退具有必然性",并由此提出"国家是经济成长的关键,又是经济衰退的根源"的诺斯悖论。国家导致经济绩效不佳的原因,可能是它提供有效产权保护与统治者租金最大化的矛盾、委托代理问题以及服务的供给曲线不同。为了解决此问题,跟进的研究提出的解决方案是建立包括法治和民主在内的有效政治制度,以解决政府在保障产权、获取税收、处理债务等方面的"可信承诺"。② 通过对比经济成功或失败的案例,阿西莫格鲁和罗宾逊认为,长期经济绩效的取得不仅在于有效的制度安排,更在于政治-经济制度在整体结构上是"包容型"的(inclusive)而不是"攫取型"的(extractive)。③ 这不仅需要在经济制度上保护产权和市场自由进入、防止垄断的制度安排,通过国家的公共物品供给提升人力资本、促进科技进步,以鼓励投资、推动"创造性的破坏";还需要相应的政治制度来配合,通过对政治家的制约与问

---

① See D. C. North, J. J. Wallis, and B. R. Weingast, *Violence and Social Orders: A Conceptual Framework for Interpreting Recorded Human History*, New York: Cambridge University Press, 2009.
② See D. C. North, *Structure and Change in Economic History*, New York: W. W. Norton & Company, 1981.
③ See D. Acemoglu and J. A. Robinson, *Why Nations Fail: The Origins of Power, Prosperity, and Poverty*, New York: Crown Business, 2012.

责,保障各类组织的广泛参与,避免权力精英制造进入壁垒;并通过"用手投票"机制,更好地达成政府与市场的合作,保证财政资源的汲取和公共物品(特别是教育)的改善。①

基于以上逻辑,有效制度要不就是在一个国家的土壤中自然生成的,要不就是通过成功国家的制度移植而来的。但第二次世界大战后大多数发展中国家面临的情况往往却是,它们一方面难以从内部"自下而上"自然生长出适应现代斯密型增长的制度,另一方面"自上而下"引入外来的产权、市场、选举、法治等"成功"制度经验,不仅没有带来发展,反而导致政治不稳,难以摆脱低收入和贫困状态。在这个意义上,即便我们理解了促进增长的制度结构,仍然无法理解长期经济绩效如何发生,也即"有效"的制度安排如何可能出现。

第三是探寻权利变动秩序中政治经济互动的真实逻辑。诺斯、沃利斯和温加斯特新近的分析②表明,权利限制秩序而非权利开放秩序才是人类社会的普遍状态;制度变迁的初始状态是少数精英垄断着政治与经济权力,他们为了获取超额租金,达成防止暴力的契约,以保持联盟的稳定和社会秩序。

---

① See H. Doucouliagos and M. A. Ulubasoglu, "Democracy and Economic Growth: A Meta-analysis", *American Journal of Political Science*, Vol. 52, No. 1, 2008, pp. 61–83; D. Acemoglu, S. Naidu, P. Restrepo, and J. A. Robinson, "Democracy Does Cause Growth", Nber Working Papers, 2014.

② See D. C. North, J. J. Wallis, and B. R. Weingast, *Violence and Social Orders: A Conceptual Framework for Interpreting Recorded Human History*, New York: Cambridge University Press, 2009.

贸然打破这种结构不但不一定能达成竞争性秩序,反而可能造成社会混乱,甚至引发暴力,导致经济收缩和经济增长过程中断。因此,从权利限制到权利开放的制度演进不是简单的制度移植或者制度革命,而是如何妥善处理超额租金重新分配过程中的暴力陷阱与社会秩序问题,防止暴力被用于争议解决,保证权利开放的"可信承诺"。为此,他们给出了迈过这道坎的三个"门阶条件"(doorstep conditions):一是精英内部关系的制度化和非人格化,精英特权被制度化为精英权利;二是存在永续性的、公共的或私人的精英组织(也包括国家本身);三是对暴力和军队的统一控制。

(二) 朝向权利开放的政治经济逻辑:一个理论框架

由上可知,长期经济绩效的取得,不在于设计或移植有效的制度结构与安排,而在于能够保证朝向权利开放制度变迁进程的秩序稳定,防止政治经济互动中的制度衰退,减低经济衰退的幅度和频率。制度不仅仅只是游戏规则(rules of the game),更是"社会博弈所商定的规则"(agreed upon rules)。[①] 一个社会维持规则的能力取决于组织服从和支持这些规则的意愿。关键是要在军事、政治和经济权力精英之间实现稳定的权力更替,并维持规则形成与演进中的"可信

---

① J. J. Wallis, "Why a Theory of Institutions Cannot Include Both Rules and Norms", working paper, 2019.

承诺",促进政治、经济与社会转型。

1. 制度变迁的起因:旧制度衰退与租金绩效困境

为何会发生制度变迁?起因是旧制度的低效租金分配难以自动改善。凯文·墨菲等人的一篇经典研究表明,制度性寻租虽然有损于社会总收益,但寻租结构一旦确立,生产回报率下降的速度往往快于寻租回报率的下降,寻租的增加还会降低继续寻租的成本,由此导致寻租的吸引力持续高于生产的激励。① 一旦利益结构锁定,即便外生的技术进步和分工革命引发租金绩效改善成为可能,低效的寻租制度仍然可能实现高水平的自我维持,难以自动退出。变革契机主要来自衰退出现时精英之间达成租金分配的契约。在西欧,打破原有租金体制结构的是战争带来的资源汲取和资本积累需求②——战争让暴力向少数封建主集中,削弱了其他领主与武装家臣;获取战争资源的要求也促进了封建主对商人和地主的保护。这表明,精英联盟内部解决租金分配绩效低下对秩序的威胁,是制度变革得以推进的历史机遇。西欧漫长和动

---

① Kevin M. Murphy, A. Shleifer, and R. W. Vishny, "Why is Rent-seeking So Costly to Growth?", *American Economic Review*, Vol. 82, No. 2, 1993, pp. 409 – 414.

② Charles Tilly, "Coercion, Capital, and European States, AD 990 – 1990", in *Collective Violence, Contentious Politics, and Social Change*, New York: Routledge, 2017, pp. 140 – 154; Barry R. Weingast, "From 'The Lowest State of Poverty and Barbarism' to the Opulent Commercial Society: Adam Smith's Theory of Violence and the Political Economics of Development", available at SSRN 2606745 (2015).

荡的制度变迁历史也表明,如何抓住制度内生结构失衡的历史机遇,在其中嵌入权利开放的制度逻辑,而不是着眼于修复和重建旧制度的低效寻租结构,是另一个需要关注的问题。

2. 通过政治制度变革形成租金再分配秩序

对大多数国家来说,制度变革的绩效取决于能否冲破旧制度对要素租值的束缚,建立起降低交易费用的竞争性市场,为新分工模式的创新与扩散提供机会。但是,对规则的改革会弱化联盟做出"可信承诺"的能力,引发暴力和政治不稳定。如何使精英间的合作和联盟变得可信和稳定,成为达成租金再分配秩序的关键。

一是支撑租金再配置的国家有效治理能力。租金分配的变革取决于精英联盟对相关替代方案的共识。只有当那些强大的组织和个人发现朝向开放的权利规则获得的租金大于原有租金并推动这一改变时,新的规则才能被稳定协议性接受。在新分工模式可能改善潜在收益的情况下,制度变革既要保证既得利益群体的租金收益,以获取精英支持,改革原有准入结构;又要解决准入和租金重新分配中新旧精英间的争议,保护新分工模式下获利群体的融入。这需要国家建立渗透社会的、专业化的官僚体系,作为可靠第三方,承担组织不同精英团体的职能,推动新规则的形成和有效执行,[①]

[①] J. J. Wallis, "Institutions, Organizations, Impersonality, and Interests: The Dynamics of Institutions", *Journal of Economic Behavior & Organization*, Vol. 79, No. 1 – 2, 2011, pp. 48 – 64.

通过司法体系、财政、征税、金融和基础设施、国家实验室等，促进分工模式的扩散和创新试验。二是防止暴力资源被用于争议解决，导致新租金分配结构的破裂与失控。其中的关键是保证对军队、警察等暴力资源的控制。三是建立对外责任制。责任制通过拓展权力联盟的范围，使国家具备超越新旧精英个体的权威，进而变革精英集团的成员资格以及权利和租金享有规则，促进精英特权与权力租金向权利化转变；责任制也有利于确立权力的使用规范，解决通过国家重新配置租金、实施暴力控制、保护产权、提供公共物品等方面的"可信承诺"问题。

3. 通过经济制度变革建立提升经济绩效的权利规则

政治制度变革只是为重组朝向绩效导向的、非特权化的超额租金配置提供了必要条件。政治改革与规则变迁只有带来经济进步和租金绩效改善，才能促进权利秩序的不断开放。①

一个相对原有规则更加高效的租金分配规则可以激励学习、增进资本和技术积累，由此带来租金回报率的提升会促使权力精英放弃原有的暴力资源和准入特权，不断朝向权利开放性秩序。为此需要提供相关经济制度的支撑。一是

---

① G. W. Cox, D. C. North, and B. R. Weingast, "The Violence Trap: A Political-economic Approach to the Problems of Development", *Journal of Public Finance and Public Choice*, Vol. 34, No. 1, 2019, pp. 3 – 19.

变革原有的市场准入规则,重新配置权利安排,降低制度成本,为市场帕累托改进提供空间,保证社会整体租金绩效的提升。在这个过程中,精英可能仍然享受超额租金,但准入的开放和权利重置为新分工模式的扩散和创新提供了空间。二是在保证旧体制精英租金绩效的同时开放新兴市场精英的参与,核心是建立产权保护机制。有效的产权保护能有效解决权利争议,特别是防止精英重建人格化制度和租金攫取的机会主义行为。三是通过权利化、法律化、第三方执行、组织化等,促进人际导向社会规则的非人格化。规则的非人格化不仅促进陌生人之间的交易,而且还通过建立共识、责任和义务,减少身份规则对组织内个体互动的影响,实现对规则执行的分离,降低达成协议和执行协议的交易成本,从而提升组织的效率,降低通过政治身份和政治斗争攫取经济租金的可能,保障权利开放进程更加稳定。

4. 通过持续变革防止权利开放中的制度衰退

在朝向权利开放的进程中,需要根据分工革命带来的租金变化,不断进行制度调试,保证秩序的稳定和绩效改善,降低经济衰退收缩的幅度和频率。第一,分工革命是一个从简单到复杂的过程,它往往在一些具体空间或者领域展开——城市或农村、沿海或内地、要素市场或商品市场、消费品市场或生产资料市场,抑或是国企、金融、土地等其他领域。制度变革不是全面革命,而是发生在分工模式创新和扩散的具体阶段和领域,是一个逐步变革原有市场准入规则、改善权利配置的进程。因此,需要在不同阶段回应不同体制精英的超额租金,保护相关领域新兴精英的市场参与,促进人际导向规则的非人格化。第二,随着市场开放、租值竞争和技术革命,政治联盟内不同群体的租金回报发生变动。在此情况下,需要通过国家的租金再分配和暴力资源控制能力,维持开放进程中的政治稳定;通过国家能力建设,保障公共品的有效供给,防止租值耗散,促进租值竞争;通过对外责任制建设,防止经济精英与政治精英结盟,阻止重建人格化制度和租金攫取的机会主义行为。

另一方面,要努力避免制度结构失衡引发制度衰退。首先,因权利开放、经济增长、征税、要素流动、城市化等被动员起来的农民、产业工人、城市市民、新兴精英等力量,如果得不到有效组织,便会带来秩序混乱和制度碎片化,制约和问责制度也可能被利益集团利用,以降低国家权威,反噬国家能力,阻碍制度变革。[①] 因此,在制度变革过程中,一定要维持国家能力与政治联盟动员范围的适当均衡。其次,打破旧

[①] 参见塞缪尔·亨廷顿:《变化社会中的政治秩序》,王冠华、刘为等译,上海人民出版社,2008年;F. Fukuyama, *Political Order and Political Decay: From the Industrial Revolution to the Globalization of Democracy*, 1st ed., New York: Farrar, Straus and Giroux, 2014; D. Acemoğlu and J. A. Robinson, "Paths to Inclusive Political Institutions", in J. Eloranta, E. Golson, A. Markevich and, N. Wolf eds., *Economic History of Warfare and State Formation*, Singapore: Springer, 2016。

制度有两条路径:或者构建一套完全开放导向的权利规则;或者建立一个有限准入的权力联盟,国家通过庇护、行政吸纳等手段控制核心精英和政治联盟的范围,对公民有组织的、实质性的政治参与予以限制。① 研究表明,尽管前一路径中的精英集团会被配置更多权利和超额租金,但非人格化权利规则的开放性还是有利于更多民众分享权利的,从而防止租金结构的固化。后一路径虽然也可能在一定程度上解决打破旧制度的困境,但租金的人格化分配方式容易导致系统性腐败,难以有效处理分工体系不断演进与租金攫取集团的冲突,从而导致制度衰退。② 当租金分配对体制变革的效力减低时,选择该路径的国家还得再次进行艰难的制度革命,打破准入结构重新固化的循环,通过进一步的制度革命,实现权利开放和持续的经济绩效。

综上,实现长期经济绩效的制度逻辑是抓住旧制度衰退与精英谋求租金绩效改善的历史机遇,保证朝向权利开放的制度变迁的持续和稳定,防止变革进程中的制度衰退与增长衰减。制度变革中的政治经济互动逻辑如下(如图5所示):

第一,通过国家的有效治理能力、对暴力资源的控制和对外责任制等政治制度变革,保证有序的租金再分配秩序。

---

① See D. Acemoglu, J. A. Robinson, and R. Torvik, "The Political Agenda Effect and State Centralization", http://www.nber.org/paper/w22250.
② 参见塞缪尔·亨廷顿:《变化社会中的政治秩序》,王冠华、刘为等译,上海人民出版社,2008年。

第二,通过市场准入规则和权利再配置、产权保护以及人际规则的非人格化等经济制度变革,保证新权利规则有利于经济进步和租金绩效改善。第三,通过持续制度变革,降低经济收缩的频率,根据不断变化的经济绩效与租金回报进行制度调试,防止租金分配失衡引发制度衰退,保证稳定的秩序和持续的绩效改善;防止开放进程中社会力量与利益集团削弱国家权威和能力,阻止系统性腐败和租金攫取集团的固化,避免制度结构失衡引发制度衰退。

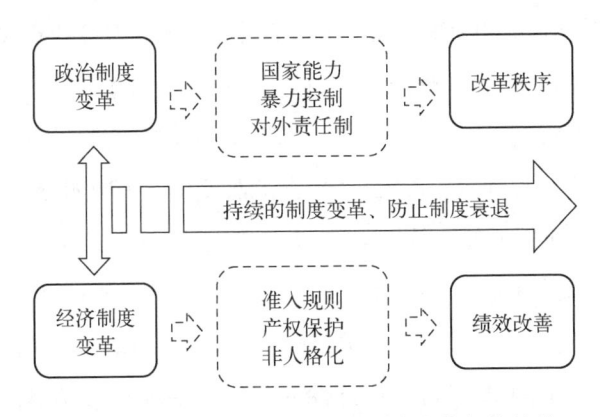

图5 制度变革中的政治经济互动与长期经济绩效

中国的改革实践提供了检验以上政治经济互动与长期经济绩效关系的独特经验。本文接下来将利用以上框架分析中国如何在权利开放的不同阶段,通过政治制度与经济制度的持续互动和变革,解决发展阶段转换与体制转轨进程中面临的改革秩序和绩效改善问题,分析制度变革推动经济持续增长的可能选择。

四、中国奇迹的政治经济学
——朝向权利开放的改革如何可能

1949年以后,面对冷战背景下的安全威胁、资本短缺、技术封锁和市场分割,中央最高决策者选择将发展重点放在关涉国家安全和民族独立的重工业。新民主主义革命对政治制度结构的改造与安排是这一经济体制得以运行的制度基础:通过革命和制度改造,建立了具有排他性权威和资源掌控力的国家政权,摧毁了帝国主义、封建主义和官僚资本主义掌控资本、要素、劳动力与市场准入的政权,实现了对资源的全面掌控和统一配置;从根本上改变了旧中国四分五裂、军阀割据混战的局面,建构了以中国共产党为核心的总体性体制来处理党内矛盾、敌我矛盾和人民内部矛盾;承诺以建设"社会主义现代工业强国"作为总目标来团结各种可能聚合的力量,争取有利于发展的环境。① 在总体性政治体制的支撑下,进一步建立了以农业补贴工业和官僚系统主导资源配置的指令性计划经济体制,这个经济体制被形象地称为"关起门来搞建设"和"勒紧裤腰带搞建设"。

---

① 参见《关于政治报告的决议(1956年9月27日中国共产党第八次全国代表大会通过)》,中国共产党新闻网,http://cpc.people.com.cn/GB/64162/64168/64560/65452/4442009.html,网页引用日期:2019年1月11日。

（一）对总体性体制的改造与转轨

1. 改革的历史起点：总体性体制的内生秩序困境

总体性体制和指令性经济在一个非常时期推进了中国的资本积累和工业体系建设。① 但是，指令性经济体制缺乏价格机制的作用，难以实现市场出清，经济活动中所有者的缺位、软预算约束导致企业投资低效。② 自上而下的行政管制难以同时保证有效控制、激励和适应地方灵活性。与周期性收权与放权、变通与共谋、运动和纠偏一同出现的是经济过热、重复建设、地区保护和浮夸风。经济体制的运行面临高昂的制度成本，国民经济无法摆脱"一管就死、一放就乱"的困境，供给短缺、结构失衡以及技术停滞带来周期性的经济波动，人民生活水平未能得到改善。③ 更为重要的是，总体性体制还面临政治稳定与制度衰退的风险：（1）新建立的国家权威面临贪污、浪费和官僚主义的威胁。④ （2）由于在相

---

① 相关数据可参见匡家在：《速度·效率·增长方式——1949—1979年中国经济增长透视》，《中国经济史研究》1998年第1期。
② 参见科尔奈：《社会主义体制：共产主义政治经济学》，张安译，中央编译出版社，2007年。
③ 详细数据可参见赵德馨：《中国经济50年发展的路径、阶段与基本经验》，《中国经济史研究》2000年第1期。
④ 《〈中共中央关于实行精兵简政、增产节约、反对贪污、反对浪费和反对官僚主义的决定〉的通知》，http://dangshi.people.com.cn/n/2013/1202/c85037-23718932.html，网页引用日期：2019年1月14日。

当长时间内认为"社会主义不需要法制"①,用阶级斗争的方法处理各类矛盾,导致了大量冤假错案。②(3)民主集中制没有得到有效实施,对党内外矛盾采取"抓辫子、扣帽子、打棍子"的解决办法,党内滋生个人专断和个人崇拜,领导者错误发动"文化大革命",使国家陷入社会动乱。③

总体性体制的秩序困境与指令性经济下普遍的低水平回报是中国启动改革开放的历史起点。虽然中国在经济制度层面并未建立起像苏联一般由国家计划体制严密支配的庞大分工网络,而是充满了行政分权、占支配地位的农业经济、落后的基础设施、区域专业化低和众多的中小企业,④但这并不能否定中国总体性体制的准入垄断特征。这一体制特征决定了简单的体制内分权和帕累托改进无法使其松动,必须是一个通过"权利开放"进行自我革命的过程。正是在

---

① 中央政法小组:《关于人民公社化后政法工作一些问题向主席、中央的报告》,http://cpc.people.com.cn/n/2014/0118/c64387-24158447.html,网页引用日期:2018年11月14日。

② 据最高法统计,"文化大革命"期间全国共判处了刑事案件120余万件,各级人民法院在1980年复查了113万多件(其中27万件是反革命案件),从中改判纠正了冤假错案25.1万多件,反革命案件中冤错案达到64%,普通刑事案件中冤错案达到9%。参见《最高人民法院工作报告(1980年)》,http://www.gov.cn/test/2008-03/27/content_929805.htm,网页引用日期:2018年10月4日。

③ 参见《中国共产党第十一届中央委员会第三次全体会议公报》,《实事求是》1978年第4期。

④ 参见Jeffrey Sachs、胡永泰、杨小凯:《经济改革和宪政转轨》,《经济学(季刊)》2003年第4期。

这个意义上,"改革是中国的第二次革命"①。不过,早期启动的改革事实上并没有清晰地提出以市场化为导向的目标,更多是一些为摆脱僵化、低效指令性经济采取的实用主义变通性经济措施,②即通过"放权让利"和指令的逐步退出,以此强化激励机制和价格信号,改善体制租金的分配效率,提高各个经济主体的自主性和积极性。

2. 为租金分配革命提供支撑的政治制度重塑

首先,进行思想路线、政治路线和组织路线的拨乱反正,确立改革型国家权威。一是统一思想和政治路线,进行"真理标准大讨论",通过《关于建国以来党的若干历史问题的决议》,确立"以经济建设为中心",强调"和平与发展是当今世界的主题",充分利用国际和平环境发展自己。二是对党和国家的各级领导班子进行调整、整顿和加强,使各级组织的领导权掌握在支持改革开放的干部手中。当改革面对意识形态和已有权力体系的阻碍时,改革型国家能运用自己的集中权威对底层的变革予以保护,让改革可以"大胆地试、大胆地闯"和"摸着石头过河"。③ 三是国家利用其权威处理"双轨制"下的经济过热、通货膨胀问题,一方面通过控制财政支

---

① 《改革是中国的第二次革命(1985年3月28日)》,载《邓小平文选》第3卷,人民出版社,2001年,第133页。
② 参见吴敬琏:《中国经济改革进程》,中国大百科全书出版社,2018年。
③ 参见周其仁:《体制成本与中国经济》,《经济学(季刊)》2017年第3期。

出、信贷投放、整顿和关停等传统方法进行宏观调控;另一方面通过政府机构改革逐渐削减计划干预职能,加强宏观调控、经济监督、社会管理以及资产、资源和环境管理等部门的职能、机构与编制,逐步引入财政和货币政策等现代宏观政策工具。①

其次,保障党内安定团结,解决改革争议。邓小平提出,安定团结的政治局面是进行经济建设和实现四个现代化的基本前提。② 一方面,强调纠正党内斗争的缺点和错误,平反了一大批冤假错案,恢复和健全党内政治生活,端正党风,重申党内政治生活的准则,强调"既有民主又有集中,既有自由又有纪律,既有个人心情舒畅、生动活泼,又有统一意志、安定团结的政治局面"③。另一方面,改革党的领导制度、组织制度和监督制度,着重解决"官僚主义现象,权力过分集中的现象,家长制现象,干部领导职务终身制现象和形形色色的

---

① 参见陈东琪、宋立等:《改革开放以来的宏观调控及主要措施》,载邹东涛主编:《中国经济发展和体制改革报告——中国改革开放30年(1978—2008)》,社会科学文献出版社,2008年。

② 参见《目前的形势和任务(1980年1月16日)》,载《邓小平文选》第2卷,人民出版社,1994年。

③ 要求坚持党的政治路线和思想路线;坚持集体领导,反对个人专断;维护党的集中统一,严格遵守党的纪律;坚持党性,根绝派性;要讲真话,言行一致;发扬党内民主,正确对待不同意见;保障党员的权利不受侵犯;选举要充分体现选举人的意志;同错误倾向和坏人坏事做斗争;正确对待犯错误的同志;接受党和群众的监督,不准搞特权;努力学习,做到又红又专。参见《关于党内政治生活的若干准则》,引自中国共产党新闻网,http://cpc.people.com.cn/GB/64162/71380/71387/71588/4854595.html,网页引用日期:2018年9月30日。

特权现象"①;维护党规党纪,强化纪委和组织部门的作用,按照"革命化、年轻化、知识化、专业化"的标准选拔干部,促进体制内精英行为的制度化、法规化。

最后,实行以经济建设为中心的责任制,做出改革开放这一"不可逆转"的"可信承诺"。随着革命领导人的去世和运动热潮的消退,加上发展绩效与日本和亚洲四小龙的强烈反差,发展经济、实现现代化成为执政党绩效责任和维护正当性的基础。② 面对反对改革的思潮,邓小平多次强调"改革开放政策不会变,现行政策不可逆转",因为"不坚持社会主义,不改革开放,不发展经济,不改善人民生活,只能是死路一条。基本路线要管一百年,动摇不得。只有坚持这条路线,人民才会相信你,拥护你。谁要改变三中全会以来的路线、方针、政策,老百姓不答应,谁就会被打倒";③并提出"解决温饱""达到小康"与"基本实现现代化"的"三步走"战略,该战略成为执政党维持合法性和权威性的执政目标和责任。

3. 经济体制转轨与经济绩效改善

第一,通过对外开放和对内搞活,实行经济权利开放。一方面以放权让利调动地方政府、农民和国营企业的积极

---

① 《党和国家领导制度的改革(1980年8月18日)》,载《邓小平文选》第2卷,人民出版社,1994年,第327页。
② 参见林尚立:《在有效性中累积合法性:中国政治发展的路径选择》,《复旦学报(社会科学版)》2009年第2期。
③ 《在武昌、深圳、珠海、上海等地的谈话要点(1992年1月18日—2月21日)》,载《邓小平文选》第3卷,人民出版社,2001年,第371页。

性。逐步推行家庭联产承包责任制,调动农民积极性,改革农产品购销制度,提高粮棉油等收购价格,放开水果、蔬菜、肉禽的价格,允许农民外出搞副业;通过放权让利、利改税,扩大企业自主权;向地方政府下放干部管理权限以及招商引资、税收优惠、土地、贷款、规划等审批权;逐步确立财政包干办法,赋予地方更大的财政管理自主权,同时硬化了地方政府预算约束。另一方面逐步开放个体经济,通过建立经济特区,开始逐渐扩大对外开放,利用外资、引进技术以发展对外贸易;恢复建立商业银行、金融证券市场,放开小商品市场和小商品价格。依托被短缺经济抑制的庞大的潜在市场空间,通过开放政策,迅速实现社会的普遍获利,促进经济增长。

第二,将建立产权保护制度纳入议事日程。通过修订宪法,允许私营经济出现,并准许土地使用权转让;颁行《民法通则》《专利法》《商标法》《中外合资经营企业法》等一批基本法律来保障各要素的基本权利。

第三,确立公民在法律面前一律平等的原则,保障公民的基本权利。强调人民内部的思想政治生活只能实行民主方法,不能采取压制、打击手段,保障宪法规定的公民权利,使民主制度化、法律化,使制度和法律具有稳定性、连续性和权威性。[①]

[①] 参见《中国共产党第十一届中央委员会第三次全体会议公报(1978年12月22日通过)》,载《改革开放以来历届三中全会文件汇编》,人民出版社,2013年。

恢复健全政法机关,确立了公检法"分工负责,互相配合,互相制约"的体制,修订完善《刑法》《刑事诉讼法》《民事诉讼法》等基本法律。严厉打击杀人、抢劫等严重犯罪,严厉打击败坏社会风气的"六害"现象①。在全国范围内开展普法运动,制定《行政诉讼法》并推进信访制度的组织规范化。

(二)"双轨制"并轨与高速增长体制打造

1. 转轨体制陷入内生结构失衡与秩序困境

虽然存在意识形态争论、通胀等问题,这一阶段的体制革命还是保障了转轨的推进,刺激了经济的迅速复苏,带来乡镇企业、个体经济、外资经济等的崛起。但体制内的放权让利并没有改变体制本身的封闭特征,僵化的传统体制与自发成长的新兴市场之间产生了新的矛盾。

首先,转轨体制面临制度衰败的风险。(1)市场轨和计划轨形成的巨大价差,使下放的租金权利滋生严重的特权化、体制性腐败和社会不公。(2)权利开放虽然显著改变了农村面貌,但城乡隔绝、城市优先的制度架构并未得到根本改变,农民仍被束缚在乡村空间,农民因负担加重而不满情绪愈强,影响乡村稳定和政权在农民中的威信。(3)租金落

---

① 指卖淫嫖娼,制作、贩卖、传播淫秽物品,拐卖妇女儿童,私种、吸食、贩运毒品,聚众赌博和利用封建迷信骗财害人等。参见《最高人民法院工作报告(1990年)》,http://www.gov.cn/test/2008-03/27/content_929880.htm,网页引用日期:2019年1月17日。

差加上部门化权力结构导致部门、企业和个人更关注如何攫取价格双轨制下的巨大价差,财政包干制导致中央与地方间经常性"讨价还价"和地方政府"藏富于民",国家财政收入占GDP的比重和中央财政收入占全国财政收入的比重双双下降,严重影响了中央政府的运行和国家治理能力。

其次,旧体制内的放权让利没有从根本上改变产权不清和软预算约束问题,经济体制陷入经济绩效困境。(1)国有企业通过价格差、行政补贴和银行贷款等租金来维持运行,地方政府借助信贷扩大投资规模,加之金融权下放后地方政府对银行的人事控制以及大量出现的银行、信托、证券等融资机构,信贷规模出现失控,带来系统性债务风险和金融风险,加剧了物价的猛涨和通货膨胀。[①] (2)随着告别短缺经济和居民消费水平的提升,大量商品出现供过于求的状况,市场约束明显增强,企业产品的价格、质量和服务越来越不能满足居民需求,国企社会负担重、成本高、效率低下,乡镇企业规模小、技术水平低、产品粗糙、管理混乱等问题暴露,出现大面积的经营困难、产品积压、恶性竞争。

体制转轨中出现的制度衰退表明,以提高体制内租金效率为核心的转轨路径出现运行成本上升、风险加大的问题。要保障经济绩效的持续提高,必须实行双轨经济的并轨。在

---

① 相关数据参见国家统计局网站,http://data.stats.gov.cn/easyquery.htm?cn=C01,网页引用日期:2017年9月27日。

此情况下，国家决定实行"价格闯关"，放开价格，实现双轨体制并轨。但是，"价格闯关"不仅影响了转轨体制的租金分享结构，而且引发了巨额的高通胀，导致1980年代末期对改革的质疑和旧体制复归的危险。① 体制并轨和转型既是"地雷阵"又如同"万丈深渊"，②如何在解决经济困境的同时，保证"出现若干个发展速度比较快、效益又比较好的阶段，每隔几年上一个台阶"③的局面，成为1990年代中国面临的关键问题。

2. 保障改革开放不可逆的政治方位与制度架构

首先，重申改革权威并提升国家能力，保障并轨改革的推进。(1) 1992年邓小平南方谈话维护了继续改革开放的绝对权威，解决了改革道路何去何从的问题。(2) 在组织上强调加强党中央权威，特别强调"高级干部……一定要讲政治……包括政治方向、政治立场、政治观点、政治纪律、政治鉴别力、政治敏锐性"④，强调"谁不改革谁下台"，改革开放、经济建设和"党建""反腐倡廉"等工作要"两手抓、两手都要

---

① 参见周其仁：《体制成本与中国经济》，《经济学（季刊）》2017年第3期。
② 参见《在国务院第一次全体会议上的讲话（1998年3月24日）》，载《朱镕基讲话实录》第3卷，人民出版社，2011年，第3页。
③ 《加快改革开放和现代化建设步伐，夺取有中国特色社会主义事业的更大胜利（1992年10月12日）》，载《江泽民文选》第1卷，人民出版社，2006年，第222页。
④ 《领导干部一定要讲政治（1995年9月27日）》，载《江泽民文选》第1卷，人民出版社，2006年，第457页。

硬"。(3)通过机构改革减少干预、加强调控、降低负担,重构国家主导的租金监管结构。例如,建立金融业监管制度,加强对政策性银行、财政、税收、国有资产管理、海关等系统的建设,改进投资信息和统计,引入更多间接调控方式,发挥财政、货币政策的作用。(4)重新配置央地间的剩余控制权和索取权,调整政府内部激励结构。在继续赋予地方人事、审批和资源控制权的同时,强化中央政府的控制能力。具体措施包括:推行"三定"制度,严控"吃财政饭",完善公务员的录用、任职、考核、奖惩等制度,规范党政领导干部选任管理;在招商引资、经济发展、社会管理等领域建立目标管理责任制,改进地方政府约束和激励机制;增强国家财政汲取与调配能力,推行"分税制"改革,加强税收征管,改革央地间财力转移方式,强化财政纪律,增强中央政府支持科研和教育、应对自然灾害、加强国防、协调区域经济发展、调控地方政府行为等方面的能力,保障国家"集中财力办一些必须办的大事情"①。

其次,以"从严治党"来保障党的凝聚力与党内团结。在制度和机制层面进行党内思想、政治、组织、作风建设和反腐败。例如,开展先进性教育,完善党内选举制度、党委议事规则和决策机制、党内情况通报和情况反映制度、重大决策征

---

① 《建立稳固、平衡、强大的财政(2000年1月19日)》,载《江泽民文选》第2卷,人民出版社,2006年,第515页。

求意见制度;在领导干部收入、重要情况通报和报告、述职述廉、民主生活、谈话和诫勉、询问和质询、纪律处分等方面进行制度建设;推进军队、武警部队、政法机关与经营性公司脱钩,努力阻断一些人利用国家公器与民争利、与地方争利。①

最后,完善责任制与传导继续改革的"可信承诺"。改革的整体目标逐渐从经济总量增长过渡到满足多样化的民众需求。中国共产党这一时期提出了国民生产总值比2000年翻一番、全面建设小康社会、基本实现现代化的新"三步走"战略,并提出"以人为本,全面、协调、可持续的科学发展观"②。同时,不断扩大不同群体制度化参与渠道,处理日益多元复杂的利益诉求,逐渐形成了一个政党系统、人大和政协、行政系统、社会舆论等相结合的参与和回应体系——强调把新的社会阶层中符合党员条件的优秀分子吸收到党内来,扩展党的阶级基础和群众基础;强调通过人大和政协吸收优秀党外人士,提升政协协商、监督、合作、参与的作用,规范人大选举以及代表与民众的联系,强化人民代表大会对行政机关的法定监督功能;发展行政民主,建立政务公开和信息公开、专家咨询、论证评估、社会听证公示和网络问政等制度。

---

① 参见《军队必须停止一切经商活动(1998年7月21日)》,载《江泽民文选》第2卷,人民出版社,2006年,第181—182页。
② 胡锦涛:《构建社会主义和谐社会(2005年2月19日)》,载《胡锦涛文选》第2卷,人民出版社,2016年,第286—287页。

3. 进一步开放经济权利与高速增长模式的形成

第一,进一步开放准入,打造高速增长体制。一方面,整顿经济秩序,实行财政和货币"双紧"政策,清理整顿各类依靠生产资料价格"双轨制"牟取暴利的皮包公司,规范和整顿市场秩序,规范财政纪律和金融秩序,整顿海关和税务,清理三角债,打击走私、制假售假、黑恶势力、商业欺诈和内幕交易,以改善投资和经营环境。另一方面,虽然整顿使国民经济增长速度、通货膨胀、价格混乱等得到控制,但并没有完成发展方式的转型,企业的亏损面和亏损额仍在增加。速度上不去,效益提不高。[①] 为此,必须进一步推行国家主导下的开放经济权利改革,构建"高速增长体制"。一是放开绝大多数商品和服务价格,实行绝大多数生产资料的自由购销;对国企实行"抓大放小",择优扶强,优胜劣汰,推动国有企业建立现代企业制度,硬化预算约束和价格约束。二是国家在资本积累、投资、分工扩散、技术创新中发挥重要作用,特别是通过中央财力集中、地方财源开辟、存款政策等各种行政、税收、货币手段,获取更高的资本形成率(见图6、图7[②]);通过住房、教育、医疗以及养老等公共服务市场化、单位制改革、

---

① 参见彭森、陈立:《中国经济体制改革重大事件》,中国人民大学出版社,2008年。

② 图6、图7均来源于世界银行 World Development Indicators-gross Capital Formation。由于数据来源的原因,"亚洲四小龙"中缺乏香港和台湾的数据。

户籍制度改革、国企关停破产等，降低财政负担，压低经济运行成本；通过补贴、转移支付、项目制、银行贷款、债券等财税金融杠杆促进投资和再生产的扩大，依靠成本优势扩大出口，参与国际贸易体系下的国际分工，促进经济高速增长。

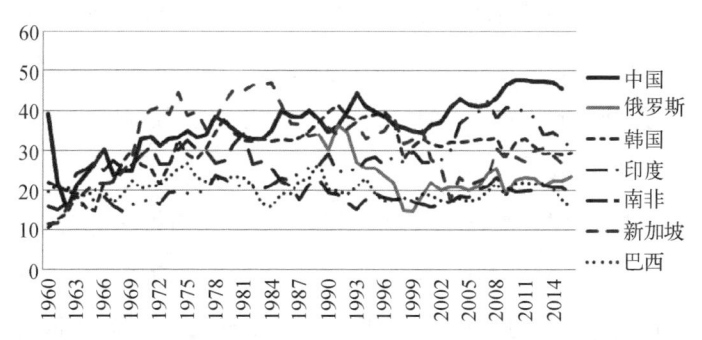

图 6　金砖国家与韩国、新加坡的资本形成率（% of GDP）比较

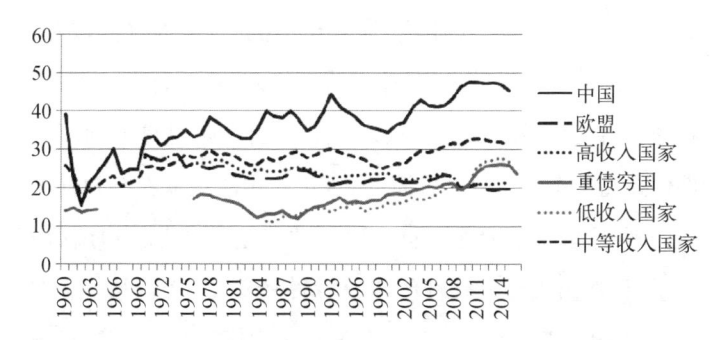

图 7　中国与不同收入水平国家的资本形成率（% of GDP）比较

第二，完善产权保护制度与维护市场经济秩序。通过修订宪法确立了市场经济体制，"公民的合法的私有财产不受侵犯"，"国家尊重和保障人权"，明确"国家保护个体经济、私营经济等非公有制经济的合法的权利和利益"。在具体法律层面,国家把财产权的确认、变更、行使、流转、消灭和保护规则作为民事法律制度的核心;通过《合同法》和《物权法》等一系列法律,建立健全了债权制度和包括所有权、用益物权、担保物权在内的物权制度;通过《公司法》《合伙企业法》《个人独资企业法》等法律,确认各类市场主体的合法地位和合法权益;建立起比较完善的专利权、商标权、著作权等知识产权保护法律制度。①

第三,建立国家主导、法制制约的多元纠纷解决规则。一方面,完善法律和司法制度,使司法途径逐渐成为解决争议的重要方式(见图8)。1997年中共十五大明确提出"依法治国,建设社会主义法治国家",完善民商法、刑法和行政法等正式法律;完善司法制度,提高司法能力,加大普法教育、司法救助和法律援助力度;加强依法行政,规范行政许可、行政征收、行政处罚、行政执法,约束行政权力;对重大刑事案件保持高压态势。另一方面,面对正式司法制度在有效性方面的不足,国家采取建立自上而下、"稳定和谐"的秩序保障体系,创造出大量替代性的纠纷"解决"渠道,实行结果导向的"定纷止争""案结事了"。(1)对正式法律程序、标准进行

---

① 参见中华人民共和国国务院新闻办公室:《中国特色社会主义法律体系》(白皮书),http://www.scio.gov.cn/zfbps/ndhf/2011/Document/1034943/1034943_1.htm,网页引用日期:2019年7月15日。

调试,①利用思想工作、信访、仲裁、调解等替代性方式解决争议。(2)以严格的考核制度驱动各类政府部门主动运用综合手段,从源头上预防、减少矛盾纠纷的发生,把争议双方的诉求和行为纳入可控范围内。②

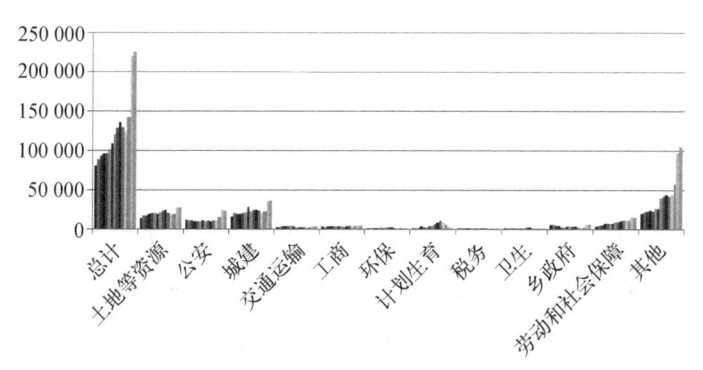

图 8　2002—2016 年全国法院审理行政一审案件收案变化情况

资料来源:国家统计局网站,http://data.stats.gov.cn/easyquery.htm? cn＝C01,网页引用日期:2019 年 6 月 1 日。

五、 迈向权利开放社会的政治经济发展

改革开放以来,中国成功迈过了经济"转轨"与"并轨"的"地雷阵",打造的高速增长型政治经济体制成为创造经济奇

---

① 参见苏力:《送法下乡:中国基层司法制度研究》,北京大学出版社,2011 年;汪庆华:《中国行政诉讼:多中心主义的司法》,《中外法学》2007 年第 5 期。

② 参见吴清军:《集体协商与"国家主导"下的劳动关系治理——指标管理的策略与实践》,《社会学研究》2012 年第 3 期。

迹的制度基础,实现了一个规模巨大的国家快速赶超他国、进入中等收入国家行列的目标。但是,在新发展阶段,能否应对好高速增长体制内生的秩序风险和绩效困境,实现从权利限制社会向权利开放社会的根本转型,是中国在建成现代化强国过程中遇到的历史性挑战。

(一) 高速增长体制的秩序风险与绩效困境

1. 权利限制体制的内生秩序风险

其一,高速增长体制赋予了国家庞大资源提取能力,但同时也出现了党的观念淡漠、组织涣散、纪律松弛,管党治党"宽松软",党内政治生活不严肃、不健康等问题。[①] 在各级领导干部中出现买官卖官、以权谋私、腐化堕落、失职渎职等现象,或者结党营私、培植亲信、拉帮结派,自行其是、另搞一套、阳奉阴违。[②] 这不仅严重损害以党为核心的国家改革权威,也加剧权力寻租和租金特权化的回归,带来塌方式腐败和租金革命的停滞。其二,地方政府更关注招商引资和发展经济,对完善基层社会治理和供给公共服务缺乏动力和财力,更多借助赢利型经纪人处理基层治理事务,导致帮派势

---

① 参见《十八届中央纪委向党的十九大的工作报告》,http://news.xinhuanet.com/mrdx/2017-10/30/c_136714263.htm,网页引用日期:2018年11月1日。
② 参见《各省(区、市)纪委召开全会部署2015年党风廉政建设和反腐败工作》,http://news.xinhuanet.com/lianzheng/2015-01/28/c_1114162790.htm,网页引用日期:2018年10月7日。

力、黑恶势力等沉渣泛起,造成基层社会秩序的动荡和执政根基的松动。其三,各级政府常常为了经济增长在土地征用、城市建设、环境生态中"与民争利",甚至导致地方司法保护主义和司法腐败,制造大量矛盾纠纷;以"维稳"为核心的策略难以公平地满足不断增加和多元化的权利需求与纠纷解决需求,甚至常常将多样的民商事纠纷转换为一般性的官民冲突,加剧了社会冲突。

2. 高速增长体制面临的经济绩效困境

其一,高速增长体制下保留的大量杠杆、垄断和准入壁垒,给地方政府产生巨大的租值分配激励,也为其深度介入经济活动提供了充足的资源和权力,带来市场分割和价格信号扭曲;地方政府为经济增长而放松了在法治、环境、安全生产和劳动条件等方面的管制,软预算约束下地方政府对GDP、财政收入的追求使其更加关注钢铁、水泥、有色金属等重工业和大项目,谋求信贷、土地、债券、投融资平台等财政外发展资金,导致投资过热、无序竞争、资源浪费、环境污染,引发债务膨胀、通货膨胀和物价水平过高等经济风险。其二,高速增长体制在要素价格、福利待遇、公共服务和公共设施、农产品价格方面的城乡二元分隔,促使大量劳动力、土地、资本等生产要素单向度向城市集聚,制约了现代农业与乡村转型发展,加剧了农村的衰落。① 其三,高速增长体制压

---

① 参见刘守英、熊雪锋:《我国乡村振兴战略的实施与制度供给》,《政治经济学评论》2018 年第 4 期。

成本、促积累的体制结构使初次分配和再分配有利于权力和资本、城市和经济发达地区,不利于劳动力、农村和欠发达地区,不利于包容的市场参与、人力资本再生产、创新活动和持续增长。

(二) 高质量发展阶段与全面深化改革的体制建设

中共十八大以来,党中央根据中国经济的趋势性变化,做出了"中国经济进入新常态"的判断,提出模仿型排浪式消费阶段基本结束,出口和国际收支环境发生变化,环境承载能力达到或接近上限,传统产业相对饱和,农业富余劳动力减少,人口老龄化日趋加剧,以及市场竞争逐步转向以质量型、差异化为主的竞争。[①] 成本上升、市场萎缩,以及分工模仿和技术引进的空间越来越小,意味着通过制度化压低劳动力、环境等经济成本获得产品竞争优势、提高资本积累率和再投资水平的高速赶超体制难以为继。为促进经济发展从高速增长阶段转向高质量发展阶段,党中央做出了全面深化改革的重要决定。

1. 全面整肃政治秩序,为新发展阶段保驾护航

一是维护全面深化改革的权威与能力。强调维护党中

---

① 参见《中央经济工作会提 2015 年经济工作 5 项任务》,http://politics.people.com.cn/n/2014/1211/c70731-26191767.html,网页引用日期:2018 年 7 月 18 日。

央权威和党的集中统一领导,坚决防止和反对宗派主义、圈子文化、码头文化,保证党中央对政治体制改革重要工作的直接领导力度和统筹协调能力,提高决策和执行机制的权威性和效能;提升各级政府税收征管和财政资金使用效率,加强政府通过市场监管、财政和货币政策、贸易规则等调节市场运行的能力;建立干部容错纠错机制,提高地方进行制度创新的激励与能力。二是重塑党内秩序。加大力度从严治党、制度治党、依规治党,"以猛药去疴、重典治乱的决心,以刮骨疗毒、壮士断腕的勇气,坚决把党风廉政建设和反腐败斗争进行到底"[①];改革党的组织制度、干部人事制度、基层组织建设制度,实现纪律监督、巡视监督、派驻监督、监察监督"四个全覆盖";从严治军,全面停止军队有偿服务,确保部队忠诚可靠和纯洁稳固。三是提出创新、协调、绿色、开放、共享的新发展理念,开展脱贫攻坚、个税改革、户籍制度改革,促进教育公平,补齐医疗短板,给老百姓带来实实在在的利益;加强对权力运行的制约和监督,进一步健全民主制度,丰富民主形式,拓宽民主渠道,让权力在阳光下运行,增强体制对社会和市场主体的政策供给与政策回应。

---

① 习近平:《强化反腐败体制机制创新和制度保障 深入推进党风廉政建设和反腐败斗争》,《人民检察》2014年第2期。

2. 进一步扩大权利开放,促进市场在资源配置中起决定性作用

一是进一步放宽市场准入。着力加强结构性改革,去产能、去库存、去杠杆、降成本、补短板,减少地方政府对微观经济的直接干预;通过压减行政审批事项,减税降费,减轻市场主体负担,激发企业活力和消费者潜力;通过深化商事制度改革、市场准入负面清单制度、信用监管等营造公平竞争环境。二是进一步完善产权保护制度。清晰界定物权、债权、股权以及知识产权等权利结构;完善平等保护产权的法律制度,促进产权争议解决;特别规范政府在产权纠纷、财产征收以及合约履行方面的行为。三是进一步完善法律体系,确保司法机关依法独立行使审判权和检察权,健全权责明晰的司法权力运行机制,提高司法透明度和公信力,纠正大量重大冤错案件,提升司法体系解决矛盾纠纷的能力,将各种争议、冲突纳入法治化轨道。

(三) 构建朝向权利开放社会的政治经济体制

新的国际国内环境预示着,自主研发和创新转型是维持要素报酬、保证中国经济继续增长和人民生活水平继续改善的必由之路。从拉美等经济体的经验来看,这些国家之所以普遍难以跨越所谓的"中等收入陷阱",表面源于这些国家技术进步率大幅下滑并进入收敛状态,收入增长率过早过快地

进入类似高收入经济体的收敛状态;①但根本原因在于制度变革的停滞与制度衰退让经济丧失了绩效改善和技术跃迁的可能——低收入阶段的增长模式导致的群众普力夺(praetorian)政治或权贵政治破坏了国家的改革权威和能力,政府难以提供有效的教育、科技投入和产权保护,权力集团重新建立分割的准入结构以攫取超额租金,使这些国家难以保障知识密集型的技术进步和创造性毁灭的持续,难以形成新阶段的现代可持续增长。国际经验表明,要推动中国稳步进入高收入国家行列,防止陷入"中等收入陷阱",仅仅着眼于修复高速增长体制是难以达成的,必须继续吸取改革开放以来积累的以制度变革支撑经济改革的经验,进行更彻底的制度变革,真正实现国家治理体系和治理能力的现代化——在政治制度方面,通过国家的有效治理能力、对暴力资源的控制和对外责任制等制度变革,保证深化改革的秩序;在经济制度方面,进一步放宽市场准入,重新配置经济权利,提升产权保护以及规则的非人格化水平,让分工体系真正具备自发演进能力。

---

① 参见黄先海、宋学印:《准前沿经济体的技术进步路径及动力转换——从"追赶导向"到"竞争导向"》,《中国社会科学》2017年第6期。

六、基本结论

经济体之间长期经济绩效的差异不仅取决于高增长,更取决于经济衰退的幅度和频率,后者由朝向权利开放的制度变迁中的政治与经济互动和秩序稳定性决定。权利开放的实质是打破被国内外政治权力垄断的超额租金分享结构,确保技术、资本、要素都能公平参与竞争,建立起降低交易费用的竞争性市场,为新分工模式的创新与扩散提供机会。本文提出,要实现长期经济绩效,需要制度变革中政治经济的持续稳定互动,以提供基础性制度支撑:首先,要保证有序的租金再分配秩序,这需要国家的有效治理能力、对暴力资源的控制和对外责任制等政治制度变革。其次,要保证新权利规则有利于经济进步和租金绩效改善,这需要市场准入规则和权利配置、产权保护以及人际规则的非人格化等经济制度变革。最后,还需要通过持续的制度变革降低经济收缩的频率,根据不断变化的经济绩效与租金回报进行制度调试,防止租金分配失衡引发制度衰退,保证稳定的秩序和持续的绩效改善;防止开放进程中社会力量和利益集团削弱国家权威和能力,避免制度结构失衡引发制度衰退。

本文的分析表明,正是改革开放后中国政治制度和经济制度的阶段性互动调适,保障了经济从"体制转轨"到"高速增长"的持续跃迁式增长。进行新一轮更彻底的制度变革，是推动中国稳步进入高收入国家行列、防止陷入"中等收入陷阱"的制度基础。

哈佛大学何以一流[1]

哈佛大学是无可争议的世界一流大学,但哈佛何以一流?没有零距离接触,可能很难真正了解。笔者围绕"哈佛何以一流"分享了自己观察所获的第一手资料,从中可以窥知哈佛的自由氛围、人文精神、全球视野、一流教授的研究方法以及哈佛年轻学子的质疑精神、创新精神和超越优秀前辈的雄心。了解哈佛,是为了解中国大学和"世界一流"的差距,为我国的大学教育能迎头赶上提供某种参考和鞭策。

从哈佛回北京近一个月,好友张进催我写点什么。也许是由于年龄和工作性质的原因,我对这次哈佛半年访问的机会特别珍惜,几乎全部时间都用在了泡图书馆、听讲座、与大牛们交流与写作上。当然,这次访问的充实也与走之前给自己定的任务有关。一是针对近年来"一流"的热词满天飞,如建世界一流大学、国际一流智库,观察、体验和思考哈佛何以一流。二是深入哈佛这个中国研究大本营,看看中国问题到底有多热、他们在说些什么,思考我们应该如何讲中国故事。

---

[1] 此文最早发表于《中国改革》2015年第3期,收入本书时略做修改。

本文是对第一个问题的初步答案。

　　一流国家一定有一流大学。一流大学是一流政治、一流思想、一流研究、一流创新的战略高地。哈佛大学之为世界一流大学，应该没有多少人质疑。这不仅体现在一系列骄人的数据——世界大学学术排行榜第一，泰晤士高等教育世界声誉排行榜全球第一，《美国新闻与世界报道》全美大学（本科）排行榜第二，还因为她的历史、影响力和财富为世人景仰。哈佛创立于1636年，比美国建国还早140年，是美国最老的高等教育机构。这里诞生过8位美国总统、20多位国家元首和诸多国际组织领导人。她取得的学术成就也无与伦比，产生过150位诺贝尔奖获得者。当然，还有她的财富影响力，她诞生过62位还健在的亿万富翁，比尔·盖茨（Bill Gates）、扎克伯格（Mark Zuckerberg）都是在这里横空出世的。如同到北京的旅游者必造访北大、清华一样，前往波士顿的全球旅游者，大多也会到哈佛校园留影，摸一下那位以学生模特铸成的哈佛创始人约翰·哈佛（John Harvard）的脚。亲历哈佛，对哈佛大学何以一流有了更深的感受。

一、自由、包容的空气

　　走进哈佛校园，最让人羡慕的是，这里有一种让人释放的空气，学子和学者沐浴在一种未被禁止和排斥的气氛中。

在这里思考一件事,求解问题的答案,是不预设前提的,是不会被按阵营划分的。自由的空气,是一种让思想活跃的、不被障碍阻断的氛围,一种不受禁锢的、未被人为过滤的吸收知识的环境。只有在这样的空气下,思想才会自由放飞,创新才会奔涌迸发。如果我们的大脑被设了很多限,进行了很多过滤——该想不该想,该做不该做,那些最原创的东西就自然被挡在外面了。只有自由的空气,才使一个机构、一所大学、一个国家成为一流。

 自由的空气,实实在在表现为对权威、权力的警惕。在哈佛,不会因为你被树为权威,你身谋到高官位置,你成了亿万富翁,就受到特别的对待。我在进肯尼迪学院的第一天就领教了这里对特权的排斥。在发给我们的指南中,就明确标示了一条条的规矩,用来约束那些特殊化行为和特权意识。在哈佛,挑战权威的场面比比皆是。我到哈佛第三天,就去听当今制度研究的领军人物、《国家为什么会失败》的作者阿西莫格鲁举办的哈佛-MIT发展经济学讲座,大名鼎鼎的阿氏在一个小时的讲座中,就被学生打断 4 次,一位学者还与他展开了针锋相对的辩论。只见他一堂课下来全身是汗,不知是因为天热,还是因为这么大牌也得接受这种气氛的烘烤。这种场面在另一位经济学权威的课堂上演得更烈。去过哈佛的人可能在桑德斯剧场(Sanders Theatre)前面留过影,在这座类似城堡的建筑里,最让人神往的是一些听众过千的大牛讲座,如著名中国问题专家麦克法夸尔(Roderick MacFarquhar)就在这里讲过中国专题,当今最火的伦理学家桑德尔(Michael Sandel)的"公正"公开课也在这里开讲。大红大紫的经济学教授曼昆(N. Gregory Mankiw)的"经济学"课就在这里上。即便是曼昆的课,也曾遭遇70个学生有组织地背包离开的尴尬,原因是学生们抗议他只重视增长,不重视收入分配,不正视贫困。

自由的空气里充满辩论和质疑。这里无法只有一种声音,也不可能有唯一答案,无论是在课堂、讲座还是交流中。在哈佛-燕京中国研究专题讲座上,来自彼得森研究所(Peterson Institute for International Economics)的著名中国问题专家尼古拉斯·拉迪(Nicholas Lardy)推销他新近出版的《民进国退》(*Market over Mao:The Rise of Private Business in China*)的观点,拉迪用40分钟时间依靠中国官方统计数据论证中国没有国进民退,没有民营企业得不到贷款,不存在过高的公务员比重,等等。当他讲完后,哈佛的中国问题专家和学生们用事实和观察对他的观点质疑了近40分钟。看着拉迪红着脸、气冲冲地离开教室奔往机场,心里觉得这里的人未免有些不给面子,但这就是哈佛的学术气氛。同样遭到质疑的还有NBC记者布罗考(Tom Brokaw),当这位曾报道过柏林墙倒下的风云人物侃侃而谈地回忆完东欧剧变的历史场景后,两位原东德籍听众就非常执着地严词质疑了他的讲述,硬是没有配合在场一些人的津津乐道。

自由的空气孕育出平等的氛围。在我听的各种哈佛讲座中,主讲人发言的时间不长,提问和交流的时间更多,一些牛人如时任美国副总统的拜登(Joseph Robinette Biden)、《政治秩序与政治衰败》的作者福山的演讲都只有30多分钟,讨论的时间占一半以上。而且讲座的形式和方式多种多样,营造出讨论和交流的良好气氛。当主讲人人气太旺时,他们就采取注册登记和随机抽签方式,中签者去。在哈佛我就遇见了两次,一次是拜登的演讲,还有一次是莫言在哈佛一所教堂的演讲。

充分的公共空间为交流提供方便,为自由空气的流动提供通道。我发觉,在哈佛这样的名校,被个人占据的私的空间很小,反而公共的空间非常大,不仅体现在图书馆、教室等,甚至只要在有空隙的地方就会摆上桌椅,供学生之间及学生与老师之间交流。好学校的学生是靠这种自由、方便的交流提升水准的。一些哈佛学生私下跟我说,在学生知识成长的过程中,除了跟教授之间的交流,更多的是学生之间交流带来的启发。有时年轻脑袋之间交流所带来的启发,往往比与一些教授之间交流所带来的启发更有价值。

自由的空气还意味着包容。当哈佛教育学院邀请科罗拉多州参议员迈克尔·约翰斯顿(Michael Johnston)发表演讲时,有些学生就要求校方撤回对约翰斯顿的邀请,因为他们反对他的一些教育政策。所幸的是,福斯特(Drew Faust)

校长和教育学院院长的立场都非常坚定。莱恩（James E. Ryan）院长在写给这些学生的信中这样说道："我遇到过很多真诚的人，他们和我都有相同的目标，不过在如何改善教育的问题上，我们的观点存在分歧。在我看来，这些分歧应当经过探究、辩论、挑战和质疑。同时这些分歧也应获得尊重，确实应该被称颂。"

哈佛大学2014年毕业生典礼邀请从哈佛商学院毕业的纽约前市长布隆伯格（Michael Bloomberg）来演讲，他的演讲重点阐述了大学精神的本质。他认为："顶尖大学是让各种背景、各种信仰、探寻各种问题的人，能自由开放地学习和探讨想法的地方。""包容他人观点，以及表达自身言论的自由，是顶尖大学不可分割的价值。""一所大学的职责并非是教学生思考什么，而是教学生如何思考，这就需要倾听不同声音，不带偏见地衡量各种观点，冷静思考不同意见中是否也有公正的论点。在每个问题上，我们都应该遵循有理有据的原则，倾听他人的不同意见，只要我们这样做，就没有不能解决的问题，没有打不破的僵局，没有达不成的妥协。"

二、人文精神的浸染

真正让我感到哈佛之为哈佛的，是她的人文环境。办理完注册手续，领到ID卡以后，我第一件事就是去位于哈佛园

（Harvard Yard）北面的主图书馆——怀德那图书馆（Widener Library）借书。哈佛大学图书馆由80个图书馆组成，有1 800万册以上的图书。按照美国图书馆协会的标准，它是美国最大的学术图书馆，也是世界上最大的图书馆之一。我在哈佛期间去过的图书馆有怀德那图书馆、拉蒙特图书馆（Lamont Library）、肯尼迪政府学院图书馆（John F. Kennedy School of Government Library）、法学院图书馆（Harvard Law School Library），当然还有最大的东亚图书馆——哈佛-燕京图书馆（Harvard-Yenching Library）。进入图书馆，你一下子就能忘掉一切，恢复人的单纯和天真，这里的氛围会让你觉得可以用知识藐视一切。

图书馆的服务就让你想搞研究，否则你都觉得对不住这套系统和这里的图书服务人员。听20世纪90年代曾在这里读书的朋友讲，那时的信息化技术还不是很发达，为了方便哈佛的教授做研究，图书馆是给哈佛最牛的教授留座位的，比如主图书馆藏书室就为费正清专门留了一张桌子，供他平常做研究用，他可以调用任何一本书，可以无穷多地堆在那里，没有他的允许，图书馆员是不会清理的。我在哈佛期间占的最大便宜就是可以不受限制地借阅图书。这里的任何一个图书馆都可以借阅，不仅可以随时调用哈佛所有图书馆的书，甚至可以调用波士顿乃至美国所有图书馆的书。我在哈佛期间曾经对规划问题下过一些功夫。当时有两本书我在肯尼迪学院没有借阅到,再查总馆也没有,最后到设计学院去借也没有,图书服务人员就直接到MIT规划学院图书馆调书。有这么好的服务,你怎么好意思将借来的书束之高阁!

图书借阅的方式也很简单,你先在图书馆系统里查好,将信息传到图书服务中心,他们找到以后就通知你,你可以到离你最近的任何一个图书馆去提取。看完后还书也是到离你最近的图书馆去就可以了。除了借阅整本纸质书,许多书已经有电子版,图书馆就直接将电子版发给你了。还有些书,你如果要复印,你可以将要复印的部分告知图书馆,有专门的人员为你复印,当然为了保护知识产权,你只能复印其中的某个章节。离开哈佛时,我最歉疚的人是图书馆员。走之前一天,我还叫来同在肯尼迪学院访问的博士生汪广龙,我们俩一人装一书包,另加每人拎一大包,几十本书摆在我们学院的图书馆员面前,看着他一本本认真清理的样子,心生敬意也存歉意。为知识寻求者的服务比比皆是的人文环境,让你在这里如果不好好学习会产生一种犯罪之感。

哈佛大学之所以一流,还在于她为学生开设课程之独具匠心。四年本科的入学申请人数其实只占了整体学生数的很少一部分,本科课程主要为艺术及理学范畴(美国大学中不少专业课程只供本科毕业生修读)。在1978—2008年间,所有本科生需完成主修以外的7门课程,作为核心课程的一部分;之后课程有变动,在2008年之后,所有本科生除了主修课程,还需完成8类大学通识教育课程,它们分别是:美学与解释性理解(Aesthetic and Interpretive Understanding)、文化与信仰(Culture and Belief)、经验与数理(Empirical and Mathematical Reasoning)、伦理(Ethical Reasoning)、生命科学体系(Science of Living Systems)、物理宇宙科学(Science of the Physical Universe)、世界与社会(Societies of the World),以及美国与世界(United States in the World)。其宗旨是使每个哈佛的学生既接受广博的教育,又接受特定的学术专业和集中的训练。为了使学生达到这一目标,教师有义务指导他们掌握知识、智力技能和思考的习惯,使他们拥有成为有教养的男人和女人的特质。

这种知识架构,对于很多中国家长来说是难以理解的。在他们看来,我们送孩子来美国的名校,就是为了学工作中用得上的知识,出去后能找一份好工作,能挣体面的薪水。后来和一些本科生聊过以后,就发觉了这套知识体系的重要:它让你接受了基本伦理和价值的教育,使你有更坚定的信念,不会被人生的挫折打败;让你接受了常识性和真理性知识的熏陶,使你不会那么短视,因而可以走得更远;让你浸染了人类最普遍的人文知识,使你变得有教养;让你接受了哲学、生命、数学、物理、伦理、世界等的全面教育,你就不会那么单薄和有缺陷。这些基本的教育,建立了学生对人类的基本认识，而不是一种技术的、功利的技能。过于技术的教育只能培养工匠型人才，过于功利的教育难以建立学生的道德感和对人类的责任。

了解了他们的知识体系以后，你才能理解你所看到的哈佛学生为何那么充满天真，对一切具有好奇心、怀疑心，为何那么执着和坚定，为何胸怀远大，充满正义感和责任感。

三、全球视野与人类责任

随着中国经济总量跃居世界第二，以及智库热的兴起，我们每天都能听到"国际化""全球视野"之类的大词汇。在我看来，所谓"国际化"，是用国际比较的眼光看中国、看他国，而不是以中国为参照看世界；所谓"全球视野"，是分析中国问题和讲中国故事时，脑袋里必须先有全球背景，有一个关于全球的框架，有一张全球地图，有一套立足全球的知识体系，有一种以全球为立足点看问题的角度。

我曾利用在哈佛访学的间隙到世界银行访问。在世行的中国朋友给我讲的一件事，对我理解全球视野很有帮助。世界银行为了增进员工解决全球问题的能力，往往不让某一国籍的员工做本国的项目，比如，现在很多中国人就在做非洲项目、柬埔寨项目、拉美项目，而很多美国人等则在做中国项目、印尼项目、越南项目等等。这样做的好处，一是避免在做项目时先入为主，不去花功夫发现受援国所要解决的真正问题。二是有利于国别之间经验教训的借鉴，比如，中国人去做拉美或非洲项目，自然会想同样的项目在中国是如何实施的，如何将一些行之有效的政策和措施引入自己所承担的项目。

哈佛学生和研究者的全球视野是天然的，当然这里也具有得天独厚的条件。由于她的地位，国际上哪怕是最牛的学者、教授和政治家也以在这里露一脸为荣。以我在哈佛期间常去听的两个系列讲座为例。一个是哈佛-燕京中国问题讲座，在短短半年时间就有美国著名中国法专家科恩（Jerome A. Cohen）的"美国的中国观受自由主义思想所蛊惑？"，哈佛大学东亚语言文明系主任裴宜理（Elizabeth J. Perry）的"中国的高等教育：一次新的'大跃进'？"，哈佛大学费正清中心前主任麦克法夸尔教授的"中国的转型：习近平的影响"，研究中国经济的著名学者拉迪的"毛以后的市场经济：中国私营经济的兴起"，著名历史学家米尔斯海默（John Joseph Mearsheimer）的"为什么说中国不能和平崛起：对日本的意义"，著名中国政治学专家黎安友（Andrew J. Nathan）的"中国的崛起与国际秩序"。

另一个是肯尼迪学院的品牌系列讲座"J. F. K. Forlum"，这一讲座每周三晚六点在肯尼迪学院的立陶尔（Littauer）楼举行，短短一学期共举办了 25 期，罗列一下主要的演讲题目:"政治与幽默""见证柏林墙的倒塌""中东的不稳定""'一战'会重演吗?""香港问题的起源""美俄关系危机""政治发展中的亨廷顿遗产""共和党的未来""美国外交政策""中国的气候变化与金融危机""伊朗政策""政府政策与互联网企业发展"。邀请过来进行演讲和访谈的嘉宾都是国际组织官员如联合国国际防务高级官员,美国著名政治家如拜登及白宫要员、前财长保尔森(Henry Paulson),美国学者如福山,各国政治家或学者,等等。看看涉猎的主题和参加讲座的人,你就可以管窥哈佛学生是在一种怎样的环境下培养国际视野的,他们是在一种怎样的气场中养成自己的定力的。

至于对人类的责任,还是以我待过的肯尼迪学院为例。肯尼迪学院创办于大萧条之后的 1936 年,因收到哈佛学院校友卢修斯·立陶尔(Lucius N. Littauer)的 2 000 万美金捐赠而建成。学院的院训为"Ask What You Can Do",来自于美国前总统肯尼迪的名言"不要问你的国家能为你做什么,而应该问你能为你的国家做什么",旨在培养学生的公共服务意识和能力。这可以与当下的反腐相对照:政府人员是为人民服务的,给你权力是要你提供公共服务的,不是给你用来敛财的。

在院训下面对应的几个词构成了肯尼迪学院学生的责任:一是"Knowledge",即用你的知识做什么;二是"Local and

Global",即你能为地方和全球做什么;三是"Urban",即你能为城市做什么;四是"Perspective",即你能为未来做什么。为了培养学生履行责任的能力,肯尼迪学院的课程分为:政策与制度分析;管理、领导力与决策科学;民主、政治与制度;国际与全球事务;国际贸易与金融;非利润部门;卫生政策;犯罪与刑事法;人力资源、劳动与教育;住房、城市发展与交通;政治经济与发展;新闻、政治与公共政策。肯尼迪学院还设立了15个中心:艾什民主治理与创新中心(Ash Center For Democratic and Innovation),贝尔弗科学与国际事务中心(Belfer Center for Science and International Affairs),卡尔人权政策中心(Carr Center for Human Rights Policy),国际发展中心(Center for International Development),公共领导力中心(Center for Public Leadership),政治所(The Institute of Politics),爱德蒙·J.萨夫拉基金会伦理中心(Edmond J. Safra Foundation Center for Ethics),索伦斯坦媒体、政治与公共政策中心(Shorenstein Center on Media, Politics and Public Policy),莫萨瓦-拉曼尼商业与政府中心(Mossavar-Rahmani Center for Business & Government),拉帕波特大波士顿研究所(Rappaport Institute for Greater Boston),陶布曼国家与地方政府中心(Taubman Center for State and Local Government),马尔科姆·维纳社会政策中心(Malcolm Wiener Center for Social Policy),住房研究联合中心(Joint Center for Housing Studies),妇女与

公共政策项目（Women and Public Policy Program），哈佛-MIT 经济复杂性观察实验室。

四、一流教授研究一流的真问题

哈佛教授的名头是各院系学生最引以为傲的。走进每一个院系，他们的墙上都挂着他们建院建系以来最牛的教授的肖像。经济系的走廊两边就摆满了一长串的大牌教授像，如熊彼特、森（Amartya Sen）、曼昆、巴罗（Robert J. Barro）、马格林（Stephen Marglin）、费尔德斯坦（Martin Feldstein）等。在肯尼迪学院，就有艾利森（Graham Allison）、布克（Derek Book）、伯加斯（George Borjas）、克劳福德（Susan Crawford）、格莱泽（Edward Glaeser）、戈德史密斯（Stephen Goldsmith）、乔根森（Dale W. Jorgenson）、奈（Joseph Nye）、帕特南、萨默斯（Lawrence Summers）、泽克豪泽（Richard Zeckhauser）等。学生每天沿楼梯走上去，就相当于每天跟这些大师道早安，也激励起他们向前辈挑战的心。这种感觉我想是会使每个学生"内化于心，外化于行"的！

也有人对哈佛的名教授多鸣不平，抱怨她的很多教授是在其他学校出名以后，用重金和优厚的条件挖过来的。不管他们怎么来的，在我接触了许多教授以后，发现他们确实配得上一流。他们肯定是在思考全球最前沿、最重要的问题。

现在全球和国别问题那么多,你整天为琐事和枝节的事情缠绕,怎么可能一流?光盯着这些问题还不够,你还必须无所顾忌地思考。有很多杂念,受很多制约,即便幸运地触碰到了一流的问题,但由于你的不专注,也只能做出二三流甚至不入流的东西。

通过与哈佛一些教授的交流与观察,我对这些教授何以一流得出以下几点感悟。

一是选定真问题。大量的研究看上去是问题,但不一定是真问题,或者不是重大问题,过几年就成为不是问题的问题了。这里的教授在选定研究问题时,我想他们一定是非常谨慎的,是经过反复权衡的,也绝不会为了钱去做研究。在这方面,傅高义(Ezra Feivel Vogel)堪称典范。当20世纪80年代日本经济高速增长、日本大量产品输出到美国市场时,大多数美国人对此根本不屑一顾。傅高义经过多年研究写成的《日本第一》(Japan as No. 1)在美国出版,引起美国人对日本的重新审视,加大对日本为何成功的研究和政策应对。同样,在美国人对中国近30年的奇迹傲慢地以老套范式看待时,傅高义"十年磨一剑",出版了在美国引起轰动的畅销书《邓小平时代》(Deng Xiaoping and the Transformation of China)。这样的例子在哈佛比比皆是。他们靠自己的远见、对真理的追寻、对事实的分析,改变社会的偏见,矫正政策的偏差,推动人类的进步。

二是不受干扰地、神经质地专注于一项研究。这些大牌教授一旦确认了自己所研究的大问题，就会心无旁骛地追踪下去，会盯着一个问题不放。这一点差不多成了我所见的一流教授的共同学术品质。比如，珀金斯（Dwight Perkins）在写作《中国农业的发展（1368—1968 年）》（*Agricultural Development in China, 1368–1968*）时，中美还没有建交，他只能到香港去收集资料。当他在资料的故纸堆里迷惑不解时，就会跑到香港最高的大楼上遥望，建立起资料、理论与事实之间的联系。再举傅高义教授为例，为了写作《邓小平时代》，尽管他已 70 多岁的高龄，仍每年到中国多次，访问了与邓小平多有交集的几乎所有人士，到过邓小平所有工作、学习、生活过的地方。我去拜访他时，他说话仍带着四川口音，感觉他到现在还没有从研究邓小平的情景和情感中解脱出来。

三是不轻易相信已经给出的结论。我在与这些教授交流时，这一点感觉非常明显。有许多问题，我们以为是有定论了的，是基本事实的东西，但是这些教授不会轻易相信这些结论，他们会穷尽所有的文献，重新审视每一种说法，掌握充分的事实，经过客观严谨的分析给出自己的结论。跟他们交流的过程，就是一个提升自己思维的过程，你不敢轻易说这个就是事实，那个就是定论。在聊到他们关心的问题时，他们一定会跟你从头往下刨的，会关注你讲的事实，但绝对不会相信你说的结论。如果他觉得你的研究已经有正确的结论，他们就觉得这个问题没有必要研究了。

四是对所研究的问题刨根问底。与我们很多大牌善于给出大判断不同，这些大牌教授更加注重细节，善于从细节中发现独特的看法。这里的一流教授在交谈中会对细节痴迷，不轻易放过每一个旁枝末节、每一个细小现象。他们会不断地问，不断地跟你讨论，有时候还会再回过来求证。

五是"小题大做"。尽管是大牌教授，但他们研究的很多问题都是从小处着手的。在哈佛乃至美国的学者里面，没有多少学者会在年纪轻轻时就问那些终极的大问题。这些大牌的成名作都是非常小的题目，比如裴宜理就以研究华北的叛乱者和革命者而立于学术界。再比如我所在的肯尼迪学院艾什中心主任安东尼·赛什（Anthony Saich）教授，他于20世纪70年代就作为第一批中英交流学者到中国学习，并因"开门办学"到扬州的一个人民公社锻炼，到现在，他还每年至少7—8次到中国的乡村进行调查，并于2012年出版新书《中国村庄与全球市场》（Chinese Village, Global Market: New Collectives and Rural Development），以东莞一个村子的变迁研究中国的全球化。这些大牌教授善于通过对非常细小问题的研究得出一些基本结论。我在与他们的交流中，就经常被这样善意地提醒："这个问题很重要，但似乎面太宽了，能否聚焦一下？"好的研究一定是可实施、观测、度量和检验的。我们提了很多大题，但是小做，而哈佛这些大牌往往是小题大做的。我们经常是十分武断地说"我判断,我觉得",这些判断和觉得的东西是怎么出来的?研究过吗?证伪过吗?如果这种风气用在政策研究中,将是十分危险的。

六是好作品是写出来的,不是说出来的。在哈佛,好教授都是勤于笔耕的。我到哈佛不久,80多高龄的珀金斯教授请吃饭。我见他时第一句就是问他在忙什么。他告诉我,刚刚完成《东亚经济发展》(East Asian Development: Foundation and Strategies)这一专著,已由哈佛大学出版社出版,接下来还要将三本旧著进行修订再版。之后见赛什教授时,我也问他在忙什么,他也告诉我在写书,只是被太多的行政事务打断,并叮嘱我在哈佛期间利用难得的清净多写作。去见裴宜理时,她也纳闷中国学者为什么一出名就只说不写了。她非常严肃地说:"一定要写!"我现在也越来越觉得写和说是不一样的!写是要落到纸上的,是有逻辑的,是需要严谨思考的。不写是不会严谨的,不写你的思维会越来越僵化,会越来越变成主观主义者。

七是与年轻人的代际交流。在哈佛,我也跟一些教授讨论过为何招博士生。他们说,更重要的是学术的交流,博士生对教授的作用是会开拓他的领域,每个人由于局限性,可能只有你自己这个领域系统的知识,但是不会有另外一个领域系统的知识。博士生的好处是会就一个新的领域开拓,就该领域的最新知识进行完整的梳理。学生可以帮助老师更新知识。哈佛教授非常注重和学生之间的交流。肯尼迪学院的老师不大愿意陌生的人去拜访,但是非常愿意和学生交流,原因就是学生能给老师充电。一流的教授,一流的学者,必定善于跟比他小的年轻人交流。

五、 聚集全球最聪明的年轻脑袋

哈佛最可爱的地方,是她能招收到全球最优秀的年轻脑袋。以 2013 年为例,哈佛学院接收到 27 500 份入校申请,有 2 175 名得到许可(占入校申请者总数的 8%),1 658 名可以注册(占得到许可者总数的 76%)。一年级新生中有 95% 是高中阶段排名在前 10% 的毕业生。人们称哈佛学生时,一般指 6 400 名在哈佛学院的学生。像我们这种在哈佛访问的,是不算哈佛人的,我们属于"农民工"。每年能进入哈佛的中国本科生差不多就只有 8—10 名。这些本科生中 60% 的学生是有奖学金的。这些学生是哈佛的"皇上",受到特殊的"关照"。为了保证对他们教学的质量,不管教授的学术水平多高,都必须给本科生上课,一些专门给本科生开的课程,其他人是注册不进去的。他们的学习、生活都在哈佛园里面,本科生住在 12 个学生宿舍中。还有吃也是,桑德斯剧场里的学生食堂只向这些本科生开放,我们这些人想进去混一顿吃的都会被请出来。既然有这么好的条件,学校对他们的要求自然也非常严苛。每一门课上老师都布置学生阅读10本以上的图书。学生们需老老实实把书借来，认真阅读，否则就跟不上课程，在讨论课上插不上嘴，也难以完成课程论文的撰写。读书对所有哈佛学生来说，都是很"辛苦"的一件事，在图书馆里读书到通宵，是不少学生都曾有的经历。

与哈佛学生的交流过程中，你能感受到，他们的聪明睿智是没的说的，你跟他们讨论问题，不需要太多的"前奏"，不需要说很多，基本上是你一点他们就知道你想说什么。学生的思维逻辑非常缜密而富有条理，这一方面与他们的智商有关，更主要是因为他们接受了系统而严谨的知识训练。这里的学生问问题不会是那种让你无法回答的"大问题"，也很少有那种偏激或偏执的问题，而是那种一听就是做好了功课的问题，他们不会随意浪费你和他们自己的时间。这里的学生非常善于倾听，在和你交流时，他们都非常专注，注意从交流中吸取他们想要的东西。

在与哈佛学生的交流中，我也感觉到中美学生的一些差异。跟哈佛的美国学生交流，你会觉得他们有一种发现的天性，你跟他们聊天会很诧异，同样一个问题他们为什么这样想，让你感到任何一个问题都没有唯一解。你跟他们的交流是一种智力的激荡，每次交流过后总能受到启发。与美国学生相比，在哈佛的中国学生无疑也是很优秀的。他们在那里非常刻苦用功，但是在接触和交流中，总觉得我们的学生在质疑和另辟蹊径上缺那么一点。同样是讨论中国问题,西方学生的天性里是不相信定论的,不管你是不是权威,天性觉得这个东西不会有既成的答案。美国学生总能在他们的知识框架下提出不一样的看问题的角度,我们的学生问的问题和思考的逻辑总让你有似曾相识之感,多陈述少疑问,多套路少分岔,说几分钟后你就明白他们想说什么、知识背景从哪里引出来的。

这种发现天性的差异是怎么导致的?我没有深入研究过。但我觉得可能跟中美两国小学及中学的教育方式有关。美国的学生在幼儿园、小学、初中、高中,一直玩着学,到大学开始灌输系统的知识。在美国大学里面,本科生、硕士生和博士生是非常辛苦的,一级一级往上,越往上越辛苦,训练非常严格。很小的时候是天性的,然后是灵感的、肆无忌惮的。这样,一个人基本的大脑是没有任何顾忌的。进到大学以后,在这份灵感和天性的基础上,再开始进行严格的训练,然后再往上,比如说要读博士就要受更严格的训练,因为你要从事那个专业领域的研究,成为这个领域最专业的人才。反观我们的教育,孩子从小学到初中再到高中,就是做题、考试,基础训练是严格了,但发现的能力和灵感被磨灭了。还有就是考试的名次,一次次的考试排名只让前 10—15 名的学生觉得自己是成功者,其他学生会觉得自己是失败者,这使很多学生从小在挫折中度过,因分数失去向上的希望,将自己当成一个失败者。我们的教育现在存在着一个非常大的问题,就是学生的发现的能力基本被泯灭了。如果不在这上面下大功夫改进,还谈什么创新?!

六、最充沛的礼物和资金池

哈佛大学受捐资金居于世界科研机构之首,在 2013 年已经累计达到 320 亿美元,是仅次于比尔与梅琳达·盖茨基金会(Bill & Melinda Gates Foundation)的最大捐赠基金组织。哈佛年平均科研经费超过 7 亿 5 千万美元,为 14 个学院、上百个研究机构提供支持。2014 年 9 月,香港恒隆集团及恒隆地产陈曾熙家族旗下的晨兴基金会(The Morningside Foundation)宣布向哈佛公共卫生学院捐赠 3.5 亿美元,这是哈佛大学创校以来获得的金额最大的单笔捐赠。公共卫生学院为此更名为"哈佛陈曾熙公共卫生学院"(Harvard T. H. Chan School of Public Health),以纪念已故的陈曾熙。陈曾熙的儿子陈乐宗于 1975 年和 1979 年在哈佛公共卫生学院取得了硕士和博士学位。从 2007 年开始,收入在 6 万美元以下的家庭不需要为进入哈佛的孩子支付任何费用,收入在 6 万—8 万美元的家庭一年只需支付几千美元,收入在 12 万—18 万美元的家庭只需支付他们年收入的 10%。

在校长和各学院院长、各中心主任的功劳簿上,最为荣耀的事是弄到了多少钱，搞钱是他们在任期间最重要的一件事。所以，你进到哈佛校园和各院系，大到大楼、图书馆，小到教室，都以捐助者的名字命名。比如哈佛法学院的 101 教室就是美国最大的律师事务所捐款而建成的，因此就标上了这个律师事务所的名字。

"有钱就是任性"，但比金钱更"任性"的是声誉。我在哈佛的时候亲历了 MIT 规划学院得到一位香港企业家 1.18 亿美金的礼物。这位捐助者最初从香港到 MIT 规划系读书，因为太穷了，为了在那个地方住得起房子，不得不节省租金，原来的床是一层的，后来就改成两层，自己睡上面一层，把下面一层租出去，用出租下面一层所得的钱来支付上面一层的租金。他说他永远记得这件事，说要把钱捐赠给 MIT 规划系，用于资助该系在中国的研究和培训。捐钱也是很有讲究。捐款人不能以此干预学校如何使用资金，不像国内的一些捐款人，拿了点钱就每天盯着学校的业务，甚至亲自下指示。美国的学校是不接受这样设置附加条件的捐助的，你捐款是看重学校的声誉，相信它能用好，也有用钱的能力，学校对这种附加条件会非常警惕，怕金钱影响学校的独立性。所以，MIT 这笔礼物来来回回就在这件事上谈。MIT 很牛，说你提很多条件我们就不干了，我们也需要钱，但是不能让你这样。大学接受捐助是非常牛的，大学想要这个钱，但决不会为了要这个钱而低三下四。最后，MIT 为这笔钱专门成立一个委员会,主席是现在香港大学的校长,委员会监督这笔钱的使用,MIT自己也不管这笔钱,自己不会使用这笔钱,就直接报这个委员会监督。

不同的人,会从不同的角度谈哈佛。我观察哈佛的目的是期望这些能对我国建一流大学、一流智库有所启发和借鉴,在比较的基础上,提高我们的软实力,从而使我们这个正在崛起的国家受到全世界的尊重。

鼻烟壶的诱惑[1]

> 美国的开国者对腐败最为痛恨和诟病,从收礼着手立下最为严厉的规矩,而且制度一旦定下,就一视同仁,连他们的开国元勋本杰明·富兰克林也不能例外。

在举国上下对中央政府大刀阔斧的反腐行动一片叫好的同时,有识之士也在期待更具根本性、长远性的制度出台。只有建立强力、有效的防腐、反腐制度,立下明确的规矩和行为规范,完善非人际的实施机制,才能真正将权力这头猛虎关进制度的笼子。

200多年前,一批怀抱理想、憧憬自由的人士聚集到初生的美国,他们立志要洗净存在于母国的不良习惯和坏制度,为建立一个全新的国家而努力。这些开国者对腐败最为痛恨和诟病,从收礼着手立下最为严厉的规矩,而且制度一旦定下,就一视同仁,连他们的开国元勋本杰明·富兰克林(Benjamin Franklin)也不能例外。

---

[1] 此文最早发表于《财经》2014年第37期,收入本书时略做修改。

一、划清与旧世界的界限

在18世纪的欧洲,向离任的外交官赠送礼物是一种礼节,也是一种传统。欧洲人将礼物视为可以增进联系和强化交往的工具。法国等国家赠送给外交官的礼物往往非常贵重,这既表明对外交官的尊重程度,也表示对于两国关系的重视程度。然而,这样一来,礼物也隐含了贿赂的成分。按照当时惯例,这种外交礼物由外交官留存,实际上形成了其薪水的一部分,有时甚至占一大部分。

这一做法受到美国人的痛恨。开国之父们不想让这些旧世界的陋习侵入年轻美国的肌体。在他们看来,珠宝等贵重礼品象征着奢侈,而奢侈本身就代表一种内部腐蚀——即便没有外部的相互依赖和权钱交易,收受贵重礼物的人也会被诱惑,以至只关心自己的私事和个人利益,而将公务搁置一边,这在某种程度上就是一种自我腐败。

从美国建国者对当时法国和英国的评价,就可以看出他们对腐败是多么警惕。他们认为,法国和英国代表了两种不同的腐败模式。英国只是口头承诺要廉政,政府一边唱着高调,一边却是公民道德和政府机构的退化。法国存在的腐败则更具实质性,在他们心目中,这个国家没有真正的政体,只有权力的奢华交易,简直就是一个公民的污水池。约翰·亚当斯(John

Adams)鄙夷地形容法国:"这里的每件事都可能是勾引、欺骗、腐败和道德败坏的。"当托马斯·杰斐逊(Thomas Jefferson)于1801年成为美国总统时,他也对美国这个年轻国家深受法国影响因而容易受到旧世界污染表示出极度忧虑。

为了防止腐败的侵入,美国人采取了扩大腐败界定范围的做法。他们拉出了一张长长的礼品单子,明确接受礼品者将被视为腐败。他们认为,礼物背后存在不为人知的负面联系,是一种不适当的接触,会产生相互的依赖性。他们视礼物为对政治的威胁,即便这些礼物在表面上没有明显的交易。他们还认为,欧洲人将政治、权力、亲密与友谊混为一谈。因此,盛行于欧洲的贵重礼物——鼻烟壶在欧洲大陆代表着友谊和尊敬,但在美国则被视为诱惑的象征,是一种奢侈文化,可能成为贿赂的工具。

美国的开国之父们致力于建立一个公正、干净的合众国,规定对收受礼物等可能产生腐败的行为在国内没有例外。但是,欧洲人并不理睬他们的规定,外国王室继续按惯例赠送美国外交官贵重礼物,接收礼物的美国人不得不考虑如何应对。

年轻的美国要成为国际共同体的一部分,不仅需要得到有关国家的尊重,还需要得到支持。所以,美国人只能想办法两者兼顾,既尊重各国的法律和习俗,又要拒绝欧洲的习俗性腐败。

因此,一方面,他们在《邦联条款》中规定公职人员不得接受馈赠;另一方面,《邦联条款》的反腐败规则规定:"所有外交官员收受礼物都必须得到国会的同意。"

二、三个鼻烟壶和一匹马

第一起礼物事件在美国《独立宣言》签署后就发生了,当事人是美国政治家迪恩(Silas Deane)。迪恩一度化名为蒂姆·琼斯(Tim Jones),以商人身份在法国私下购买军事物资,用于美国的独立运动。当他摸清法国愿意与寻求独立的美国进行公开交易的底细后,便脱下了伪装,以一个即将诞生的合众国的正式代表身份在法国继续活动。

不久,本杰明·富兰克林和阿瑟·李(Arther Lee)也加入迪恩的行列。但是,这三个人彼此合不来,并不断相互指责。迪恩抱怨李没有信誉,李认为富兰克林腐败,富兰克林则认为李是个疯子。

迪恩的任期从一开始就遇到麻烦,并一直面临信任问题。他被指控在利用公权力采购物品时操纵佣金,谋取私人利益,他的金融账户也被认为是有问题的,他给人以野心勃勃和狡猾的印象。美国开国之父之一的约翰·亚当斯也觉得他不值得信任且令人反感。1778年,迪恩因账户不清和信任问题被美国国会召回。离开法国时,迪恩收到了法国国王路易十六(Louis XVI)赠送的珠宝鼻烟壶。迪恩本以为这件厚礼可以为他换来一份尊重,以此证明他为新生国家所做的一切。但是,不仅他的对手威廉·李(William Lee)严词指控他违背了邦联的核心原则,而且约翰·亚当斯也对他的这一证据不屑一顾。迪恩最终只得灰头土脸地回到了美国。

接下来轮到了威廉·李。李与富兰克林一道参与过1778年与法国的条约谈判,法美结成同盟成为美国独立战争的重要转折点。当李于1780年回到美国时,路易十六也赠送了一幅镶嵌钻石的国王画像和珠宝鼻烟壶给他。李接收鼻烟壶的行为当然免不了遭到迪恩的指控,他本人也清楚接收礼物有违《邦联条款》。犹豫再三后,他还是将礼物交由国会,让他们决定如何处置,最终国会允许他将礼物保留下来。

第三个遇到难题的是后来出任美国联邦最高法院第一任首席大法官的约翰·杰伊(John Jay)。杰伊当时是美国派往西班牙的外交官,代表即将诞生的美国与西班牙谈判航行权问题。杰伊离开西班牙时提出能否允许他买一匹马回去饲养,西班牙代表告诉他国王会送他一匹。临走前,西班牙代表致信杰伊说,他们已选好了一匹马,并送到了港口,随时可以装船。杰伊当然知道美国的禁忌以及前两位接受鼻烟壶者的下场。过了几天,他给西班牙代表回信,信中感谢国王的美意和给予他的荣誉,但他坚持要掏钱买下那匹马。两天后,他将这两封信递交给国会,最终国会允许杰伊保留这匹马。

美国革命后最后一件华贵礼物事件的主人公是本杰明·富兰克林。富兰克林代表美国在法国工作多年，当他于1785年离开巴黎时，路易十六送给他两件华丽的离别礼物，分别是一幅镶嵌有408颗钻石的国王肖像画和一个鼻烟壶。这两件礼物的价值是给予其他外交官礼物的5倍多。

但是，由于富兰克林在美国人心目中的地位以及他对法国众所周知的影响，这一礼物的接收问题特别令人担忧。

一方面，由于富兰克林对美国政治拥有超乎寻常的影响力，在许多人看来，特殊礼物展现的远不只是热情和友谊，而且掺杂着权力的介入。虽然美国人希望能与法国人结盟以共同反对英国，但也担心法国施加的影响过大，尤其是通过像富兰克林这样举足轻重的人施加影响。另一方面，由于富兰克林战后大部分时间都生活在法国，几乎成了巴黎的半永久居民，因此他收到如此贵重的礼物更引起美国国内的怀疑和恐惧，人们担心礼物只是增进了法国与富兰克林之间的私人关系，从而可能干扰富兰克林对国家应承担的义务。更有一些共和党人怀疑他与法国贵族的联系过于亲密。阿瑟·李指称法国是"老狐狸"，并指控富兰克林是"所有腐败分子中最为腐败的"。

为了打消人们的疑虑，1785年富兰克林将肖像画和鼻烟壶呈给国会，要求得到承认并保有它。直到1786年春天，国会才批准他的请求。

三、以宪法规制收礼

礼物是社会交往中必不可少的部分,它们常常被用来见证礼物接收者受重视、有价值和被喜欢的程度。但不能回避的是,礼物也可能是贿赂品。一件礼物被算作腐败还是友谊,取决于文化习俗和政治架构。在没有利益交易时,礼物充满了友好、热情、爱戴等美好情感。但当礼物中掺杂着交易的意味,尤其是赠予者和收受者为掌握公权力的人时,就会非常危险,它会危害政府公信力,影响司法公正,妨碍民主实践。

因此,美国的开国之父们为了年轻的美利坚不受腐败的侵蚀,除了通过法制和民主对政府权力加以制衡外,还扩大了腐败活动的界定范围。一些在英国和法国文化中不被视为腐败的内容,在美国都统统被纳入,并在法律中通过列举的方式加以明确规定。在美国人的传统中,腐败不仅包括明目张胆的贿赂、对公共利益的盗窃,而且包括政治家和公共机构损害公共利益为私人服务的情形。

不知道是否与几位声名显赫的外交官收受贵重礼物有关,制宪会议上形成的美国宪法使用了明确而强硬的禁止性表述:"凡在合众国或各州领薪或担任职务之个人,不得接受任何国王、君主或国家之任何赠予、报酬、职务或爵衔。"据说,新宪法的最初草案于1787年夏天出炉时,没有包括这么多禁止性内容,只是不许接受爵位。到了8月23日,制宪会议的参会代表查尔斯·平克尼(Charles Pinkney)要求阻止外国力量对外交人员的影响,才重新加入这些禁止性规定。

在礼物条款中,对一些不贵重的、具有象征性的礼物也采取了没有例外的禁止。条款中不仅明确"不得收受礼物",而且使用了"任何种类的任何东西"(any kind whatever)这样的强调语句。想象一下,这一"任何种类的任何东西"的禁止仅仅是针对人类社会交往中习以为常的礼物而非贿赂,可见这些开国之父们对一个新世界权力被腐蚀的警惕到了何等程度,也反映了他们要建立一种全新政治文化的决心。

当然,好的制度还需要道德自律和有效的实施机制。据史料披露,美国制宪年代有一个鼻烟壶就从未摆在国会面前,当事人居然是制宪会议后改任美国驻法外交官的托马斯·杰斐逊。在他任期结束时,法国国王还是赠送给了他鼻烟壶和镶嵌钻石的国王肖像画。杰斐逊当然知道宪法的规定,但最终还是接收了礼物,也没有交到国会,而是让秘书拆掉相框,移出钻石,卖了一个好价钱并将钱装进私人腰包。

200多年来,由于利益的诱惑,以及精英在政治制度中的特殊地位,政客们缩小腐败定义范围的企图从未停止过,以试图为一些行为不受法律制约打开方便之门。在下文中,笔者将介绍美国政治文化与腐败定义的演变。

美国制宪会议上的反腐议题[①]

通过权力制衡来堵住小圈子利益,防止掌权者远离人民、扭曲公共服务的初衷,是防止和治理腐败的重要制度选择。

1945年,毛泽东在回应黄炎培的政权更替周期率观点时,曾胸有成竹地给出方案:"我们已经找到新路,我们能跳出这周期率。这条新路,就是民主。只有让人民来监督政府,政府才不敢松懈。只有人人起来负责,才不会人亡政息。"

2012年,中共中央总书记习近平重新提及这段当年发生在延安窑洞中的著名对话,以警示中国共产党队伍里的每个人,并开启了令世界惊叹的"反腐战争"。

实际上,对腐败的忧虑在200多年前的大洋彼岸也出现过,美国的开国者争相阅读英国历史学家爱德华·吉本(Edward Gibbon)的《罗马帝国衰亡史》(*The History of The Decline and Fall of the Roman Empire*),数落英国的败象,在制

---

① 此文最早发表于《财经》2015年第1期,收入本书时略做修改。

宪会议上为避免新国家重蹈覆辙而绞尽脑汁。后世的人们谈论那次会议时，民主、自由等宏大词汇脱口而出，而当时的制度建构者们真正头疼的问题却是如何避免腐败。

一、以史为鉴

1776年，美国宣布独立，吉本的《罗马帝国衰亡史》第一卷同年问世。1781年，美国《邦联条例》被批准，吉本这套书的第二、三卷与读者见面。1788年和1789年，美国宪法生效，吉本的著作大功告成，第四、五、六卷问世。

吉本因对一个帝国由盛转衰的荡气回肠的记录而名留青史，但他对一个新生国家制度设计者的革命性影响却往往被忽视。

在本杰明·富兰克林思考新生美国如何避免失败时，他的朋友向他推荐此书："只有两本书值得关注，一本是斯密的《国富论》(*An Inquiry into the Nature and Causes of the Wealth of Nations*)，另一本是吉本的《罗马帝国衰亡史》。"富兰克林从朋友处借来后者，一下子就被吸引住了，对方多次催促也未归还。不知是不是巧合，另一位开国元勋托马斯·杰斐逊的床头也放着同一本书。

吉本对罗马帝国衰亡原因的分析萦绕在这些美国精英的心头，也为制宪会议如何设计一个长寿的政治架构提供了珍贵讯息。实际上,这些框架建构者不仅读吉本,还大量引证普鲁塔克(Plutarch)、西塞罗(Cicero)、塔西佗(Tacitus)等人的观点。杰斐逊视塔西佗为有史以来最伟大的作家;约翰·亚当斯则表示,读这些作品就好像在读他自己政治时代的历史。在整个制宪会议期间,这些作者的大名被高频率提及,他们的著作都有共通之处——古罗马的历史提供了值得警示的教训,腐败是政治衰亡的核心原因。

罗马帝国持续繁荣了数个世纪,最终的政治衰败来自于精英集团的权力膨胀和日益猖獗的腐败。这些"代理人"为了自己或小集团的私利,削弱或剥夺大多数公民的权利,卷入各种阴谋,滥用权力,失去了公民道德意识。当他们的行为变得有恃无恐、腐蚀国家肌体时,帝国的大厦就轰然倒塌了。这就是美国开国者们从吉本的书中读到的。他们忧虑于新生的国家会被腐败摧毁,他们清楚腐败尽管不是自由的对立面,但它会妨碍自由。他们明白腐败不可避免,但又相信人性是可控的,自利行为是可约束的,腐败的危险是可以通过制度来克服的。

相比于罗马故事中的警示,新生的美国人更熟悉当时大英帝国的腐败。富兰克林于18世纪中期到达英国时,这个国度的许多民众抱怨"日不落帝国"已陷入"普遍的腐败,简直从头烂到了脚"。美国作家帕特里克·亨利(Patrick Henry)写道:"瞧瞧英国,看看他们权力的螺栓和栓子,贿赂和腐败弄脏了人性背后最为公正的布帘。"富兰克林知道英国的腐败程度没有听到的那么严重,但民众对腐败的痛恨仍给他留下深刻印象。

在美国的开国者们看来,当时英国的政体是失败的,迎合和钓鱼文化在英国肆虐。国王用财富和惠顾获得对英国议会议员的影响力,削弱政府合法性,这是一个悲剧。

二、制宪会议重任

如何通过制度建构避免罗马式的衰亡,哪怕让这一天晚些到来?吉本给出的结论是建立代议制与共和政体。他相信代议制能够阻止行政权力滥用,共和则意味着将自由赋予人民,使其直接参与社会治理。

美国的开国者们始终警惕政府沦为独裁统治者的可能。一旦如此,腐败必然侵蚀掌权者,甚至蔓延到整个社会,政治体制也就陷入退化。在制宪会议上,乔治·梅森(George Mason)直言:"如果不能制止腐败,我们的政府不久将寿终正寝。"

腐败其实就是为了私人利益而影响公共权力的实施。"如果人都是天使,就不需要任何政府了。如果是天使统治人,就不需要对政府有任何外来的或内在的控制了。"这是《联邦党人文集》第51篇中最著名的一段话。这段话反映出的权力约束思想也在美国宪法中有所体现。

杰斐逊认为,成功的政治应当创造"道德和技能的贵族",而不是"权力和财富的贵族",应当设计疏导志向的管道,筑起防范的堤坝,抑制贪欲的膨胀,限制权力的滥用。

而依赖性是反腐败领域面对的最大挑战。美国开国者在制宪会议的各种场合往往交互使用"依赖性"和"腐败"二词,当今的政治学家也将"腐败"和"依赖性"一起使用,表明腐败是依赖性的自然结果。

依赖性是指一种结构性的依赖或一种心理上的依赖。多数情形下,金钱的依赖性会导致心理的依赖性。依赖性可能是一种直接的形式,如政府的福利和货币收入依赖于国王支付的薪水;也可能是一种微妙的形式,如礼物或阿谀等软性的精神依赖。它们尽管存在程度上的差异,但都会使人的行为发生调整,产生权力依附。在美国开国者看来,腐败的实质形式是"依赖性腐败"。

美国制宪会议的一个明确目标就是挫败这种导致腐败的依赖和诱惑,建立一种基于自由的政治文化。他们认为,公民应当"从摆脱依赖性中获得自由,从市场化的利益中获得自由。任何损害独立性和公民道德的行为就是腐败"。

在麦迪逊(James Madison)和汉密尔顿(Alexander Hamilton)看来,戒除腐败是对公共问题的最终解决方案。制宪会议的任务就是,创造一种能最大限度地向每个人填进公民道德的体制，以避免诱惑可能对人们造成的侵蚀。

为了防范腐败在新世界传播，参加制宪会议的各州代表都带去了他们对腐败的关切和建议。会议刚开始时，来自7个州的代表提出要重建政治、社会与权力的关系。他们除了担忧外部力量的干预，更为忧心的是能否控制腐败。

1787年春天，81岁的富兰克林拖着虚弱的身体抵达美国制宪会议现场。他并不忧虑自己身体的退化，而是思考着如何让新诞生的政治肌体不退化。富兰克林在其为会议精心准备的演讲稿中，指斥金钱、权力与野心带来的危害，提出新国家的性质必须要与英王朝有所区别，绝不能成为另一个腐败缠身的失败国家。有人对麦迪逊1787年夏天的笔记分析后发现，"腐败"是大会上出现频率最高的词汇，高达54次，对腐败、影响力和贿赂的讨论，远比对派系、暴力、不稳定的讨论更为频繁。

三、权力制衡设计

政府必须依赖于所任命的官员执行事务，因此，办公室职位问题——以及由谁来任命他们——在制宪会议上引起了最为热烈的讨论。麦迪逊深深忧虑于职务任命权以及由岗位、职位和津贴产生的问题，他根据孟德斯鸠（Montesquieu）的政府理论提出："如果在我们的宪法中有一个原则……那就是要将立法、行政和司法权力分开。"

这一原则在应用时遇到的最大困难是,决定谁有权任命政府职位。在英国,这些职位因利益丰厚成为人们追求的美差,立法者和国王利用任命权使自己以及他们的朋友得到这些职位,并令他们致富。美国建国者因而担心,如果赋予国会安排办公室职位的权力,国会成员会用他们的地位去养肥自己和他们的朋友,将办公室作为获取公务员职位的地方,而不是将其作为履行公共责任的地方。如果允许立法者这样做,他们会制造出很多职位,然后把自己人塞进去。

另一个选项同样危险。如果行政部门有权任命,它会扩大自己的权力,从而回到英国式腐败。尽管汉密尔顿强烈主张赋予行政部门任命权,但他也担心这会导致国会和总统腐败。他反对让参议院在总统选举中发挥作用,理由是会导致总统利用任命权讨好参议员,换言之,想成为总统的人会向参议员承诺职位安排,以交换对方的支持。

参会者们想出的办法是,禁止议员同时拥有民选职位和任命职位。尽管如此,他们仍然担心议员会因为承诺未来职位的诱惑而忽略他们的责任。为此,有人建议一年轮换一次,甚至绝对禁止所有国会成员拥有职位。

最终的方案是,将任命权进行分解,赋予总统任命权,但是需要参议院的建议和同意。开国者们期望将部分任命权赋予国会,以堵住腐败进入行政部门的通道。

麦迪逊就这样做的目的进行了解释。在"权力分离"上采取的许多方式,就是担心依赖性和腐败会在官员任命中渗透进去。麦迪逊还进一步论述,权力的而非功能的分离是核心,仅仅将部门分离,使它们无法独立获取资金,并不是真正的分离。要分离的关键权力是任命权。

除了分离任命权,建国者也担忧立法权过于集中产生的腐败。他们认为,由于国会规模小,立法者有很多串谋的机会,很容易被买通并产生腐败。因此,应该让他们少做与钱相关的事,赋予国会较少的权力。按照麦迪逊的观点,没有了监督,立法和行政系统就有可能从事"篡谋或欺诈",有可能在"野心或腐败"下行事,为了阻止国会的自我腐败,必须将其分为参众两院。

制宪大会者还就参众两院腐败的可能性展开了广泛讨论。多数人的看法是,参议院比众议院更可能腐败。参议员拥有共享的利益,因而可能会不顾人民的利益。但也有人认为参议院能抵制腐败,因为精英们更有尊严。众议院对腐败的抵制力取决于其规模,规模越大,代表之间就越难为个人目的而串谋。

在参会者看来,选举频率也与腐败相关。英国下院选举7年才举行一次,且只有一小部分人参与。如果任期过长,立法者就会利用职位为自己牟利,会强化立法者与行政机构的关系,弱化其与人民的关系。因此,麦迪逊认为,频繁选举是确保立法者与公众心理上联结的"唯一政策"。任期短将确保立法者具有责任心,且不会远离公众。

一个国家开国时的制度设计决定了其制度演进的路径,也对该国的绩效产生了决定性影响。美国开国者们200多年前的努力,为其今日成为世界头号强国提供了制度根基。

尽管有学者抱怨美国政府权力受制过多导致决策效率低下,抱怨利益集团的裹挟造成精英和民众的分裂。但不得不承认,通过权力制衡来堵住小圈子利益,防止掌权者远离人民、扭曲公共服务的初衷,是防治腐败的重要制度选择。

Yazoo 土地案留下的问号①

从美国 Yazoo 土地案的处理方式及其演变来看,以法治制约腐败也留下了一些待解的难题。

近年来,土地成为中国快速工业化、城市化的发动机,催生出一座座马路比欧美更宽敞、广场比欧美更雄伟、办公楼比欧美更现代的"国际大都市"。

然而,在华丽表象的背后,土地也同时缔造了一起起令人瞠目的腐败大案。

由于地方政府对土地的独家垄断和土地租金的大幅上涨,土地寻租成为当今中国腐败最为高发的领域之一。

在大洋彼岸,尽管美国人在 1787 年的制宪会议上对腐败如此深恶痛绝和警惕,并试图通过权力制衡来阻止腐败滋生;但是,在 18 世纪末和 19 世纪上半叶的美国,土地腐败仍然触目惊心,成为危害政治生活和公共秩序的最大毒瘤之一,使美国政党政治经受巨大考验,也对美国法律制度产生重大影响。

---

① 此文最早发表于《财经》2015 年第 3 期,收入本书时略做修改。

一、轰动全国的丑闻

Yazoo？是的，这并不是拼写错误，它不是当今互联网时代众所周知的 Yahoo（雅虎），而是美国佐治亚州一条河流的名字（这条河流是密西西比河的支流）。数百年前，Yazoo 河畔发生了一起臭名昭著的贿赂丑闻。

在美国建国早期，土地投机非常兴盛。蜂拥而至的殖民者大量占据本土居民的土地及荒地。此后，这些土地中的部分归州所有，还有部分落到了联邦政府手上。由于地广人稀，加上土地归属复杂，州政府很少知道它所管辖的边界在哪里，公众更无从知晓哪块地被卖掉了，即便知道了，也不知道是按什么价卖掉的。

在这种情况下，一些精明的土地投机商非常善于利用其个人影响力，去说服他们在州里的朋友将土地出售。而佐治亚州的这类土地投机尤其猖獗，这里不仅有大量荒地，而且其中绝大部分掌握在州立法机构手中。为了鼓励人们在这里定居，佐治亚州州长有权将小块土地授予个人耕作至少 12 个月。事实上，这种以培养自耕农为目的的土地分配在该州很少实施，多达 5 万英亩的土地被授予了那些并非以种地为生的人。

政治家帕特里克·亨利以他 1775 年在弗吉尼亚大会上

支持美国革命的演讲而著名,他的"是给予我自由,还是给予我死亡!"的名言更是至今为人们所铭记。但是,正是这位大名鼎鼎的亨利,于1789年与其盟友组成公司,同佐治亚州政府签订了一份协议,以极其低廉的价格购买靠近Yazoo河的3 500万英亩土地。

交易的消息传出时,公众一片愤怒之声。佐治亚州政府只得迅速修改合约以示安抚:州政府承诺这笔交易保留,不过要求只能以黄金或白银支付。亨利与其合伙人显然一下子拿不出这么多金银,这笔交易事实上告吹了。

但是,这一波折没有打消亨利等人发土地财的念头。过了些年,他们又组建了基于同样目的的新公司,不仅摊子更大——成立了由弗吉尼亚Yazoo公司、南卡罗来纳Yazoo公司、田纳西公司组成的联合会,而且有备而来——在佐治亚州立法者身上下足功夫,几乎每个立法院成员都在交易中有股份。

因此,当土地销售法案递到这些立法者面前时,他们立即表示了支持,第一宗3 500万英亩的土地仅标价2.5万美元,但最终遭到州长否决。当第二笔价值50万美元的交易申请被递交到立法院时,又立即获得通过,这一次州长没有再否决。事后算来,这笔交易中有一些地块售价不足1美分,因此被评为"史上最大的一笔不动产交易"。

得知交易详情后,佐治亚州选民先是目瞪口呆,接着怒不可遏。人们包围了州政府，举行集会。公众将矛头指向每个对交易投了赞成票的立法者，并选出新的立法机构。新组建的立法院迅速组建了一个委员会来调查 Yazoo 土地的销售情况，并要求在一个月之内给出结论。

委员会的调查报告得出结论：这起交易的初始法案是违宪的，因为法案是使用了欺骗伎俩才通过的。立法院为此通过了一项法律声明：初始的法案无效。这起案件也创造出一个专有名词——Yazoo 土地案，后来专指土地投机商收买立法者，从而低价获取土地的这一类丑闻。

二、是权利还是腐败？

在一般人看来，当修正法案通过后，那些从 Yazoo 公司购买了廉价土地的人只要自动放弃他们的土地权利，公司把他们交的钱退回去，就算完事了。但事情并没那么简单。

Yazoo 公司不仅蔑视佐治亚州立法院的判决，而且继续将自己的"商业模式"复制到其他州。在他们看来，交易就是交易，即便它是一桩坏的交易。

随着 Yazoo 公司土地销售量的增加，这一事件的影响扩展到全国。在当时，任何一个对政治稍微有所关心的人，差不多都卷入了关于 Yazoo 的争论。许多非常有影响力的政治家更是深涉其中。比如，对于 Yazoo 土地销售行为，汉密尔顿表示赞成,而美国众议院发言人伦道夫(John Randolph)则表示反对。最有意思的是麦迪逊,当从政策角度看待此事时,他表示赞成,而当他从法律角度出发时,则表示反对。杰斐逊则对最高法院大法官马歇尔(John Marshall)亲Yazoo公司的立场极度蔑视。

Yazoo案件在政治上的发酵超乎想象,是赞成还是反对Yazoo公司,很大程度上成为美国早期联邦主义者与民主共和主义者的分野。

赞成和反对Yazoo公司的人出于各自不同的利益,对权利形成的前提与处理方式采取了不同立场。

Yazoo公司支持者认为,买卖不应该被废止。在他们看来,州政府的行为也必须受土地销售合同的约束。这无关乎立法者的自利动机,也无关乎人们的意愿和情绪,而是关乎产权的稳定性:不管购买者是否是无私的和无辜的,必须保证他们所购买的财产不因州议会的反复无常而被剥夺。

反对者认为,佐治亚州立法院显然有权宣布一项腐败合同无效。当时共和党影响力最大的《费城曙光报》就对此进行了严厉谴责:Yazoo案作为"人性腐败的有力证明",是土地投机不受监督的最坏例子。在他们看来,Yazoo案是一个州利用政府自己的权力进行自我管理的典型,其初始的法案是不合法的,将其废止是合宪的。

伦道夫是一位杰斐逊式的共和党人,被誉为那个时代最有鼓动力的演说家,他对这一现象给出了揶揄式的评论:一群"高贵"的人掌管了政府,将土地划给他们自己,出现问题后,他们仅仅失去了竞选位置,却能毫发未损地拿回了全部财产。

Yazoo案体现出的土地法律问题也成为辩论的热点。反对Yazoo公司者认为佐治亚州政府应保有土地权利,赞成Yazoo公司者则认为买地者应拥有土地权利。由于双方互不相让,杰斐逊总统只得任命三位专员——其中包括国务卿麦迪逊——来解决此案中有关土地权利的法律问题。在后来麦迪逊等人向国会提交的报告中,给出了明确无误的结论:初始的销售违法,现有土地持有者的权利不能得到支持。

佐治亚州土地委员会则给出了一个折中方案,即当政府购买有争议的土地时,应当向权利人支付部分权利价值。这个方案受到愤怒的民粹主义者的诋毁,他们认为妥协就是腐败。尽管争议声不断,但是国会还是采纳了这一方案。这一处理结果导致民主共和党的分裂。许多联邦主义者当然兴高采烈,而伦道夫则对杰斐逊和麦迪逊的妥协暴跳如雷,并脱离民主共和党而另组政党。

三、 不圆满的判决

在Yazoo案已过去16年后,围绕其产生的诉讼却仍未完结,其中一起还对美国处理腐败的法律制度产生了根本影响。

1810年,新罕布什尔州公民罗伯特·弗莱彻(Robert Fletcher)从马萨诸塞州公民约翰·佩克(John Peck)手中买下一定量的Yazoo土地,前者起诉后者提供的土地权利保证不足。这就是后来著名的"弗莱彻诉佩克案"。

与以前的腐败案由州立法院处理不同,"弗莱彻诉佩克案"最终被美国最高法院受理,这也是美国最高法院第一次有能力裁决腐败案。案子审理充满了戏剧性。弗莱彻的律师路德·马丁(Luther Martin)本来以战绩辉煌而享誉业界,但他也是一位臭名昭著的酒鬼,人称"白兰地瓶子律师"。令人啼笑皆非的是,开庭那天他喝得太多,根本无法正常辩论,当他酒醒时,案子已经休庭了。更麻烦的是,最高法院首席大法官约翰·马歇尔被曝出有土地投机史,他本人就曾经是一位Yazoo土地投机客。由这样一个人来进行裁决,自然使该案子的判决蒙上了阴影。

在裁决这一案子的过程中,马歇尔大法官得出的结论非常抽象:如果确定有贿赂,立法行为可能是无效的,但是对这一案子不能采取这一立场进行判断。他认为,仅仅基于法律在通过时立法院中某些人的动机,很难发现腐败是怎样形成的,也很难创立一个规则来允许司法审查。他提出,法院没有能力去检验立法者的动机,并以此来决定腐败。

很显然,马歇尔大法官的决定偏向了Yazoo主义者。他做出这一判决的出发点是：立法院是土地的主人，人民不是，后者不像单个的人，其行为需要有代理人，立法院就扮演了这一角色。他提出的解决方案是，依合同法对 Yazoo 土地交易予以废止，由立法院（而不是公众）作为相关的行为者，责成佐治亚州立法院按照合同法对此案件进行处理。

由于中美两国政治权力结构的不同，土地腐败的主体也不同。中国的土地控制在地方政府手中，土地腐败主要发生在政府机构中掌握土地权力的人身上。美国由于州与土地开发商的合同须在立法院以法案形式通过，因而土地腐败的主角是拥有投票权的立法者。随着中国的反腐走向深入，越来越多的人冀望发挥制度的力量来制约腐败，方向是对的，但是，从美国 Yazoo 腐败案的处理方式及其演变来看，以法治制约腐败也留下一些待解的难题。

其一，美国最高法院开了利用合同条款对州地方权力进行宪法限制的先例。也就是说，今后只要最高法院觉得州的合同违宪，它就可以进行干预。

其二，此判决破坏了任何民主对腐败的审查。在马歇尔大法官看来，民主审查是不稳定的，应该通过合同条款和合同习惯法对其予以抑制，否则由此造成的产权不稳定会影响经济发展。然而，相伴而来的问题是：能够全然不顾腐败行为造成的政治影响和民意受损，仅仅考虑权利的经济结果吗？

其三，无论是佐治亚州 Yazoo 案中通过立法院以合同法为基础处理腐败案件，还是"弗莱彻诉佩克案"中最高法院直接介入司法审查，都不令人满意。对腐败的立法干预会损害财产法，影响经济发展，对腐败的司法干预则会导致地方权力受损。两种方式都不令人满意，那么到底应该靠什么力量来制约腐败呢？

铁路腐败案遗产[1]

通过一系列铁路腐败案,美国人的法律认识向前进了一大步,确立了只要合约中存在腐败,或者只要法案的通过过程中存在贿赂,合约或法案就失去合法性这一原则。

19世纪中期的美国,铁路建设促进了经济高速增长,推动了社会快速转型,也创造了一个个传奇故事。

由于铁路建设需要巨额投资,没有政府做后盾,单靠私人资金难以完成。于是,铁路大亨们寻求州和联邦的支持,包括轨道铺设的许可、低廉的贷款、优惠补贴和政府授地。

正因如此,铁路建设成为当时最大的腐败领域,铁路项目往往伴随着各类指控,许多立法者因为利益卷入其中。

中国2000年以后的"铁公基"建设突飞猛进,以及后来被挖出的一起起腐败大案,其实与100多年前的美国有着惊人的相似之处。

---

[1] 此文最早发表于《财经》2015年第5期,收入本书时略做修改。

一、资本与权力联姻

第一起铁路腐败案发生在美国重建时期。

19世纪60年代初,国会向联合太平洋铁路公司和动产信贷银行提供约1.5亿美元巨款(相当于今天的20亿美元)用于铁路建设和服务。然而,这一巨款有部分陷入一个复杂的Yazoo式骗局。动产信贷银行向立法者提供股票,以确保立法院继续对铁路进行补贴,也不对骗人的开支账户展开调查。

马萨诸塞州民主党人奥克斯·埃姆斯(Oakes Ames)陷入该事件的漩涡。他深度投资于联合太平洋铁路和动产信贷银行,并以远低于市场的价格将股票卖给国会议员、副总统和白宫发言人。这些账务被曝光后,虽然埃姆斯继续做局,但国会认为这起巨大利益关联事件产生的影响已威胁到国家自由,于是对他展开调查。1873年2月,埃姆斯被正式提起公诉。公诉的结论是,这起案子尽管没有违反私有财产权,但是妨碍了一个宪政政府的正常秩序,毒害了立法的源头。

第二起典型案例发生在19世纪80年代的田纳西州。为了给铁路建设提供资金,州政府巨额举债,媒体称其患上了"铁路热病"。

到 19 世纪 80 年代早期，如何处理巨额铁路债务已成为该州面临的最棘手问题，也在党派间产生了截然分歧。共和党人支持将债务付清，但民主党人分成两个团体——"低税派"和"债务支付派"，他们在 1881 年的州长选举中相互拆台，促成共和党人阿尔文·霍金斯（Alvin Hawkins）在选举中获胜。

霍金斯当选后，共和党提出一项法案，通过发债再支付 2 700 万美元债务。在公众看来，这意味着政府犯下的错误要公众来埋单，而其中更可能隐藏着权钱交易。该法案首次引入时被挫败，让所有人大跌眼镜的是，第二次引入时居然获得通过。

这一结果在两院造成失序。反对者认为，投票结果之所以发生改变，唯一可能的解释是有人受贿了。民主党人史密斯（Smith）受到最大质疑，据称为了使他对法案投赞成票，有人向其提供了 1.5 万美元的好处费。另一位参议员贝利（Bailey）也投了赞成票，他被怀疑购买了股票，还接受了 1 万美元。第三位参议员据说开始也收了 5 000 美元，后来改变了主意，将钱还回去了，对法案投了反对票。

不满投票结果的人声称，有一个强力的、积极的、有效的游说集团说服立法院改变了立场。

第三起铁路腐败大案发生在伊利诺伊州。伊利诺伊中心铁路的建设是铁路政治作祟的结果，旨在使芝加哥成为世界铁路之都。该铁路线的建成依赖于公共援助,尤其是在当时的总统米勒德·菲尔莫尔(Millard Fillmore)力主下,铁路公司于1850年收到州里赠予的250万英亩土地。1856年,芝加哥铁路成为当时世界上最长的线路。

但是,铁路发展也为人性的贪婪留下了空间。1869年,伊利诺伊中心铁路雇用了前州参议员阿隆佐·马克(Alonzo W. Mack)。马克是一位强力游说家,其触角伸向了州参议院的每个角落。马克游说参议院通过了一项法案,敦促芝加哥市以80万美元价格将一片1 000英亩的湖滨土地卖给铁路公司。该法案居然在州参议院获得通过,但遭到州长否决,理由是这片地至少值260万美元。然而,马克预见到了法案被否决的可能性,于是又在州立法院集中了必要的选票将州长的决定推翻。该法案反对者还称,立法者已经被贿赂了,报纸收受了7.5万美元作为封口费,选票被以2万—25万美元不等的价格被出售,并指责这一项目文件"充满了诈骗、偷盗和腐败","大把的钞票"被用于说服立法者。

二、贿赂、腐败与法律

对于我们来说,这些腐败故事远不及近期发生在中国的腐败大案那样触目惊心。但美国人在面对这些案子时的处理方法却值得研究。

在上述三个案子中，"联合太平洋铁路和动产信贷银行丑闻案"的政治意义大于法律意义。由于该案触及各个党派的立法者，因而被认为危及合众国本身的信誉，它已被作为"镀金时代"腐败的象征为人们所铭记。

第三个案例的后续故事是，铁路公司一步步实施了对财产的所有权——最初4年花了20万美元开发外港——但是，法案的合法性问题仍然悬而未决。反对此法案的参议员痛斥道："该法案将作为一个腐败案子进入司法教材中。"立法院隐藏着一群铁路公司的家臣，伊利诺伊的出版机构也被贿赂钳制。

直到1873年马克去世，废止这桩湖滨土地法案的动议才以31票对11票被通过。铁路公司尽管未能阻止这一动议，但坚持废止案是不合法的，理由是土地被签约卖出去，就不能再收回。又过了些年，官司打到最高法院，最终依赖公共信托原理得到裁决，即州拥有某些公共土地，除非其出售能促进或不损害余下土地的公共利益，否则不能出售。

最有意义的是田纳西案，它促进了有关贿赂与腐败的法律观点取得积极进步。从法律上讲，除开是否有人贿赂的问题，贿赂的证据是否导致一项法律无效成为焦点。此时的田纳西重现了当年佐治亚州 Yazoo 土地案的场景，差不多所有人卷入其中。

法律的争论集中于两点：一是在立法进程中是否出现贿

赂;二是其法律是否违宪。从本质上讲,这是一起"弗莱彻诉佩克案"的副本,尽管州法官不喜欢该案的判决,但又不得不受其约束。

有意义的是,最高法院大法官弗里曼(Samuel Freeman Miller)给出了一个关于法官应当推翻腐败通过的法律的完整解释。他与做出"弗莱彻诉佩克案"裁决的马歇尔大法官一样在合同法意义上建构观点,但结论却不同。弗里曼认为,如果一个腐败合约可以付诸实施,那将意味着法院不能对合约存在的明显错误进行修正,公众对州通过的腐败法律也只能听之任之。他义正词严地指出,法律不能成为党派的交易,当代表已经受贿时,选民居然不能对之进行任何有意义的修正,行政诉讼法也没有多大作为,通过选举将受贿代表踢出去也意义不大,因为这些人依然毫发未损,结果还是人民承受了腐败的负担。弗里曼提出,相信贿赂对一项法律的实施没有影响,就意味着承认贿赂是一种使一项法律通过的合法方式,所以法官应该拒绝实施腐败的立法条款。

一项贿赂可能是基于良好用心或道德,如为了帮助一个贫穷家庭,或者是为了帮助受贿者的弟弟或儿子偿还一笔债务。但在弗里曼看来,不管出于什么理由,它仍然是一项贿赂。对一件贿赂案是否起诉,取决于当事者是否有动机去进行利益交换或施加影响,而不取决于其动机是否成为腐败的来源。弗里曼提出,一项法律生于贿赂就不是法律,因为它是基于非法的进程,任何基于贿赂的私人合约应该是无效的。

关于对腐败的司法审查问题,在 Yazoo 案的裁决中就受到质疑。弗里曼法官认为,权力(功能)的分离不意味着立法院有权收受贿赂。立法院的核心功能和权力是制定法律。如果司法部门裁决法律,与协同分支的冲突是存在的,然而,对流程进行审查是司法的工作。对腐败和贿赂的监察仅仅是一般司法发挥作用的一部分,它要决定"在这样做时法案的有效性,以及由它所导致的合约"。

在该案最终裁决时,麦克法兰(MacFarlane)大法官也论述了法院与腐败之间的相互关系。他认为,法院不能简单地做出什么构成立法腐败、什么不构成的困难决定。如果法院可能得出立法腐败的结论,立法院同样也可能得出最高法院腐败的指控,因为没有一个分支会免于腐败。作为一种宪法设计,没有一个分支应该坐在评判席上对其他分支指手画脚,但是,当司法系统不能有所作为时,就没有一个分支能对(立法院的)腐败展开调查了。同样,如果最高法院可以不理会法律,它将会被赋予腐败权,因此,它的权力也应受到制约。

有人提出,如果有一个关于腐败的清晰标准,情况将会不同。但是,正如麦克法兰所言,没法设定这类清晰标准。司法机构可能正好利用市民的情绪进行裁决,导致司法推翻所有形式的法案,而且在许多情形下会对参众两院产生不适当的影响，最终削弱民主思想的核心，即政策是由代表制定的。

三、反腐是永恒的斗争

美国的腐败在不同的时代有不同的表现，对腐败的认识也在不断深化，反腐败的法律也随之演进。Yazoo土地案和铁路建设关联案是美国早期最为触目惊心的两类腐败案件，从中我们可以发现有意思的几点：

一是腐败跟着权力走。哪里有权力，哪一种权力能创造租金，嗅觉灵敏者就会趋之若鹜。

美国人以法案来决定公共工程和项目的生死，掌握生杀大权的立法院和拥有投票权的立法者们就成为行贿者们的主攻阵地。中国的情况有所不同，核心资源分配和官员升迁掌握在党和政府的核心要员手中，贿赂者便瞄向了他们。因此，中美两国不同的权力结构决定了其不同的反腐重心，美国的反腐重心在立法院，中国的反腐重心则在共产党和政府权力部门。

二是反腐既是经济问题，更是政治问题。在Yazoo土地案中，法律以合同法和产权的经济重要性对抗腐败判决的意愿很强，认为无论是否存在贿赂，只要合约议定就得遵守，产权就要得到保护。但是，到了铁路腐败案，认为合约只要存在腐败，法案的通过存在贿赂，法案就失去了合法性。这反映出法律的认识已经大大进了一步。

三是媒体和公众的监督举足轻重。无论是 Yazoo 案还是铁路腐败案，没有媒体的揭露和穷追猛打，没有公众的施压和对公正的寻求，贿赂行为也许还在逍遥法外。无论在什么体制下，这两种力量在反腐中的作用都是不可小视的。

给贿赂定罪[1]

建国后的100多年时间里,饱受腐败困扰的美国人不断扩大贿赂的界定范围,加大惩处的力度,但也留下"刑不上大夫"则效果有限的教训。

当一群怀揣梦想的人来到北美新大陆时,他们决心与旧制度告别,设计了以权力制衡来防止腐败的宪法。

但是,当国家机器真正运转起来时,各种毒瘤对政治肌体的腐蚀仍然无孔不入。土地开发与投机腐败大案频出,铁路建设时一批批掌握立法大权的人纷纷卷入。竞选制的设计本来意在防范专制,但是买选票和贿赂让公众对这一制度的公正性产生怀疑。

美国人不得不向贿赂和勒索行为开刀,以法律给贿赂定罪,并不断扩大贿赂的界定范围,加大惩处的力度,但也留下了"刑不上大夫"则效果有限的教训。

---

[1] 此文最早发表于《财经》2015年第7期,收入本书时略做修改。

一、各行其是的年代

当美利坚合众国建立时,新成立的联邦政府并没有通过一部统一的反贿赂或勒索法律。各州通过的反贿赂法令只是禁止向法官、海关官员和收税官员行贿和受贿,但没有任何一部是直接针对立法者的。惩罚措施就是罚款和监禁。

统一法律的缺乏,造成美国早期一系列混乱。比如,是否可以不加修正地利用联邦普通法来审判这些案子?国会是否有权处理?联邦检察官是否有权起诉那些在既有联邦法律中没有列举的贿赂当事人?

这些问题在制宪会议召开10年后的一起案件中暴露无遗。国会授权收税官考克斯(Tench Coxe)挑选Cape Hattaras灯塔的建造者。承包商沃勒尔(Robert Worrall)写信给考克斯暗示,如果能得到许可,他将与其分享这一工程的红利。考克斯毫不迟疑地将信件公开,检察官起诉了沃勒尔。

在该案的审判中,宾夕法尼亚州地方法院被一个基本法律问题难住了:美国有刑事普通法吗?沃勒尔提出,他不能被定为贿赂罪,因为根本就没有相关法律。最后案子进入最高法院,三名大法官也产生了分歧。大法官蔡斯(Samuel Chase)认为,国会有权界定和惩罚犯罪,但是国会未立法就不是贿赂。帕特森(William Paterson)大法官不同意,在他看来,起诉贿赂的能力是一个政府之为政府的本质特征。由于没有共识,最终判决只得采取折中方案:沃勒尔被处以罚款和3个月监禁。

1795年,两名土地投机商兰德尔(Robert Randall)与惠特尼(Charles Whitney)企图向国会议员提供土地和现金,以获得对他们购买2 000万英亩土地的支持。立法者报告了他们的贿赂企图。这两位投机商被众议院监禁,并受到议长的质询,大多数人支持按腐败论处。兰德尔也因藐视权力机构及企图向其成员行贿而受到惩戒。一周后,兰德尔获释,惠特尼则被宣判无罪,因为他是向参选议员而非竞选连任议员行贿。从这个案子的判决来看,国会似乎有权对向现任议员行贿的行为定罪,但对企图贿赂行为无法采取惩罚措施。

20年后,国会在惩处贿赂中的作用仍不明确。1818年1月,北卡罗来纳州国会议员威廉姆斯(Lewis Williams)向国会提供了一封安德森(John Anderson)写给他的信,后者承诺向其提供500美元,用于帮助解决莱新河开发遇到的麻烦。安德森随即被捕,但众议院在谁有惩罚他的权力这一问题上产生分歧。经过激烈辩论后,投票授权采取诉讼程序。众议院议长花两天时间审讯了安德森,最后认定他藐视权力机构。安德森马上提出起诉,理由是宪法没有授权国会对藐视进行惩罚。当案子进入最高法院时,法官们的决定是,尽管没有明确规定,但国会的结构和目的意味着它有权这样做。虽然该案确立了国会有权行使惩罚蔑视权而为人铭记,但国会只能以有限的方式行使此权。由此可见,国会似乎仍然缺乏对贿赂进行惩罚的权力。

各州一般依照地方法令和普通法处理一些小的潜在腐败活动。他们一般有直接针对选举的反贿赂法,对于买票行为(候选人花钱买选票)要负刑事责任,但没有针对花钱通过法案行为(向候选人买票让法律通过)的处罚。这些法律主要用来限制竞选人向投票人进行提供食物、饮料和现金的行贿。

马里兰州 1776 年的法令规定,任何人为获得选票施行贿赂、礼物、报酬或做出任何承诺,将永远不得在该州获得办公室职位。佐治亚州 1799 年的法律规定,对向投票者贿赂 100 美元以上的任何人施以刑罚。北卡罗来纳州 1801 年通过一项法令,禁止在竞选日向投票者提供肉、饮料或任何有价物品。

各州对于非选举相关的贿赂和勒索犯罪的处罚则非常严厉。密歇根州 19 世纪 80 年代对此的处罚为,罚款上限为 800 美元,处 5 年重体力劳动,不能获得有荣誉、信托和利润的职位。马里兰州同一时期对贿赂的处罚为 12 年监禁。新泽西州 1795 年的法令是,对受贿法官处上限为 5 年的重体力劳动和 800 美元的罚款,且永远不能获得办公室职位。

在美国早期,无论是对于腐败、贿赂还是勒索,都没有统一或明确地界定其内涵。特拉华州 1797 年对贿赂的描述非常宽泛，称之为"对公共正义的进攻"，包括向公共正义管理者支付不适当的报酬，试图影响他们的正直诚实或去使他们违反现存的法律规则，贿赂的接受者和提供者都应受到惩罚。

法院也在某些类型的腐败意愿是否被证明为违法，以及在表明腐败意愿时需要什么样的证据上存在分歧。马里兰州的刑事反腐败法原则是，对一个法案进行审查时，不需要考虑其是否有腐败意愿——任何官员都不得拿比合法薪水更高的报酬，也就是说，腐败意愿无关紧要。马萨诸塞州法院则认为，腐败意愿是罪行的实质组成部分。另有些法院则主张，腐败意愿视情形而定。

二、反腐范围扩大

随着腐败蔓延，美国的政治秩序和公共生活受到严重侵蚀。第五任总统门罗（James Monroe）于 1817 年重申了制宪年代的基本原则，即腐败是对民主的最大威胁。

1816 年，即在 Yazoo 土地案判决 6 年后，佐治亚州通过了一项更宽泛的法律，直指立法贿赂。该法规定，试图影响"州立法大会任何成员或本州任何官员、法官或检察官的观点、判决、法令或行为"的任何人，都将被处以 5 年刑罚。佐治亚州代表了腐败法发展新趋势——扩大到包括立法活动。

1820年以后,大多数州通过了新反贿赂法,其中包括对立法官员的贿赂定罪。如伊利诺伊州通过的反贿赂法就涵盖法官和州议会成员,规定受贿者会被处以1 000美元罚款和坐1年牢,剥夺其拥有的办公室职位资格,甚至对有贿赂企图者也处以500美元上限的罚款。而对立法贿赂的描述则非常宽泛:官员如果被发现参与其中,或其行为对一方更为有利,将被定为有罪;试图影响任何事包括判决的行贿人,将被定为有罪。

从19世纪中叶开始,反贿赂法令的范围变得更加宽泛。肯塔基州1851年的法令规定,任何州议会成员或行政官员,在其权力范围内收受任何贿赂去通过或反对任何法案,他将被取消职位,剥夺获取办公室职位的资格,取消10年投票权,还要被罚款。明尼苏达州1859年的法令规定,没有人应该直接或间接给予、收取任何数量现金或其他有价物,以助力或阻止立法机关法案的通过或废止。

联邦成文法也将贿赂的范围扩大了。美国第一部一般联邦反贿赂法于1853年通过。它直指在公营信托中被指控对联邦基金误用的任何人,但法案的条款已宽泛到包含更大量的行为。它规定,对向美国官员(包括立法官员)许诺(或给予)有价物,意在影响其对任何问题、事情、原因、未决程序的投票或决定的行为予以处罚。

美国内战之后，各州继续在法令上扩容。印第安纳州1871年的一项法令涵盖了司法、立法和行政职位，禁止对公共官员承担公共责任时的行为施加影响的任何事情。路易斯安那州1873年的一项法令涵盖了可称之为贿赂的所有可能行为。在这部法令中，向任何立法者以任何形式提供任何礼物、意在影响官员活动的任何行为，都是违法的。其他州在面对贿赂是否涵盖所有公共岗位人员的行为时，也采取了广撒网的办法。一些案子还将贿赂的企图纳入，理由是腐败倾向会危及社会道德。

三、法律实施困难

有意思的是，尽管对贿赂手段的列举越来越全面，对腐败内涵的界定越来越宽松，但是，整个19世纪美国对贿赂起诉的案子并没有想象的那么多。

这个国家在那个时代就那么干净吗？显然不是，正如前文所述，美国这个时期事实上处于贿赂丑闻高发期。列举一下美国建国后上百年间发生的最为臭名昭著的腐败案子，如1797—1798年的XYZ事件、1850年的加尔芬事件（Galphin Affair）、对林肯（Abraham Lincoln）总统时期的战争部长西蒙·卡梅伦（Simon Cameron）的指控、1873年的信贷不动产案，尤利西斯·格兰特（Ulysses Simpson Grant）总统的丑闻，就可见一斑。

那么,是什么造成法律实施的困难?

第一个原因是对贿赂的界定困难。在对贿赂立案时,怎样对一个官员的行为或试图施加影响的行为进行专门描述?如果没有官方法案提及,单单一件礼物能构成贿赂吗?如果一件礼物被给予去影响整个行动或一项议程,但是礼物的给予者和官员改变行动或议程的期望并没有得逞,那又该怎样界定?这些问题一直争论至今。

第二个原因是刑法的作用很小。在那个时代的政治经济生活中,刑事反贿赂法很难实施,即便受害者想控告地方政客,他也需要鼓起很大勇气。我们上面列举的那些恶名昭著的腐败丑闻,就没有一桩是按刑事诉讼法定罪的。这一情形在格兰特总统期间对一起案子的处理中得到彰显。本杰明·布里斯托(Benjamin Bristow)是一位共和改革者,曾任格兰特总统的财政部长。在他任内,财政部发现从酒类中获得的税收收入远远低于预期,布里斯托在总统不知情的情况下,设下"威士忌环"圈套,让110位政府代理人、蒸馏酒商和店主就范。但是,格兰特总统对布里斯托的行为非常忧虑,担心他搞到自己头上,最后迫使布氏辞职。

这种情形在对参议员贿选的处理中更是如此。1890—1906年,有7个州出现参议员竞选腐败和贿赂丑闻,有10个参议员对来自加利福尼亚、宾夕法尼亚、俄亥俄、堪萨斯、阿拉斯加、蒙大拿的参议员展开调查,在他们看来,参议员腐败应由议会处理,不关乎刑法。

由此可见,在美国早期反贿赂和腐败的斗争中,尽管对贿赂的内涵、贿赂的对象不断扩大范围,但是对于更高级别的官员则很少成功使用刑事检控,导致这些政客逍遥于法外。

"镀金时代"的腐败[①]

马克·吐温笔下的"镀金时代",正是当时美国取得巨大经济成就的"金色"表层下,腐败横行及政治秩序和社会道德被践踏的写照。

每个国家都有过好日子,每个国家的人都有过梦。

19世纪后期应该是属于美国人的好日子,经历了经济快速增长,工业化进程加速。然而,这一时期的美国贫富差距拉大,企业与政治明目张胆地联姻,腐败在全社会蔓延。为此,马克·吐温(Mark Twain)与查尔斯·沃纳(Charles Dudley Warner)于1873年出版了他们的长篇小说《镀金时代》。马克·吐温的"镀金时代"一词,出自莎士比亚(William Shakespeare)的历史剧《约翰王》(The Life and Death of King John),剧中的索尔兹伯里伯爵(Earl of Salisbury)评价无地王约翰(John Lackland)的二度加冕:"只不过是给纯金镀金……是一种浪费。"

马克·吐温笔下的"镀金时代",正是当时美国取得巨大

[①] 此文最早发表于《财经》2015年第8期,收入本书时略做修改。

经济成就的"金色"表层下，腐败横行及政治秩序和社会道德被践踏的写照。

一、加菲尔德被刺与《彭德尔顿法案》

美国内战后，废奴运动让南部非裔美国人在政治和经济上取得公民权，妇女选举权运动让妇女获得投票权，农业社会向城市社会的转型使大量农场劳动者转变为产业工人。

随着生活条件的改善，1830—1880年，美国人口增加了5倍多。同时，政治改革带来有投票权的人数大幅增长，总统选举投票人数从1824年的不足50万增加到1880年的约900万。

到19世纪中叶，铁路开始替代水路成为主要运输方式，华尔街的投机者对政治和经济的控制力增强，政治献金的法律地位还不明晰。虽然反贿赂法已能给任何意在影响法律制定者的行为定罪，但是政治家完全受石油、银行、铁路商的支配性影响，因此无论是法院还是立法者都无法区分这些资金中哪些是用来支持选举的，哪些就是贿赂。这一时期报纸介入政治，公众参加选举人数增加，献金通过选举影响政治的问题迫切需要解决。

在美国早期，候选人直接获得办公室职位，不需要依靠竞选，这一局面到安德鲁·杰克逊（Andrew Jackson）时发生了改变。杰克逊1828年参加总统竞选时,候选人要对投票人进行动员,通过集会、小册子和报纸直接影响潜在的选民,这被历史学家视为两党体制的开端。

杰克逊在竞选中还提出了"办公室职位轮替"思想。他认为,一个人在政府里待得时间太长,会形成依赖性和诱惑,从而导致腐败。因此,无论是公共服务者还是公众代表都应该有进有出,而不是将之视为一项长期的工作。

办公岗位轮替体制造成越来越昂贵的选举成本以及一些市民服务者的装模作样。成功当选的候选人会向其支持者提供一份工作岗位,政府雇员会向政治党派支付一笔费用。这种分赃制——赋予支持者以政府职位的体制——激励了更广泛的政治活动,创造并发展了一种围绕政治党派的文化。那些与政治党派攀附的家族期望通过献金支持他们的人当选,从而为家族成员换取公职。

岗位轮替制度有许多弊端,一些不能胜任工作的人进入政府部门。每次选举后,当选者总是被渴望职位者包围,总统与国会间对于委派职务的事务争吵不休。当詹姆斯·加菲尔德(James Abram Garfield)担任总统时,渴望职位者如同"盘旋在受伤野牛上方的秃鹰"。一些政治家担心,政府会越来越倾向于为贿赂者提供工作。如果这样,美国开国者所担心的人们谋求公共职位是为了给他们的朋友提供工作将变成现实。

加菲尔德以倡导改革而当选总统,他在 1880 年当选后的第一个月就显示了他所承诺的反腐败雄心。但是,同年 7 月,加菲尔德遭到枪击,行凶的是他的支持者——芝加哥的一位落魄律师查尔斯·吉托(Charles J. Guiteau)。据称,吉托认为加菲尔德的当选有他的一票支持,总统应该为欠他一份工作而付出代价。当旁观者缴掉吉托的枪时,听到他说:"这下好了!他们必须给我那个职务。"遗憾的是,发誓要向腐败宣战的加菲尔德,经历两个月的伤痛挣扎,最终离开了这个世界。

也许部分是出于对加菲尔德被刺事件的回应,美国国会于 1883 年通过了《彭德尔顿法案》(Pendleton Act)。该法案主要针对政府岗位轮替制的缺陷,即政府员工每到选举就开始恐慌,以及他们因为面临轮替而对工作缺乏忠诚度。

《彭德尔顿法案》将一些工作加以分类,将它们从职务委派等级移除,并成立文官委员会,以业绩而非政治关联为基础。由于分类愈来愈多,逐渐建立起一套具有竞争性且持久的政府体系。1883 年,近 1.5 万种工作被分类;1897 年,威廉·麦金利(William McKinley)总统时期,已有 8.6 万种——几乎是联邦员工的半数——工作被分类。今天,除数千个指派职位外,几乎所有的联邦职务都由文官委员会管理。

《彭德尔顿法案》通过后,如果因为政治原因雇佣、解聘或提升政府雇员,都将被视为违法;用联邦财产为竞选拉票,将被处以刑罚；以工作作为竞选组织者的回报已很难实施，因为这类提供工作的方式从此被视为违法。

《彭德尔顿法案》以及其他在公民服务规则方面的努力，逐渐影响着美国政治文化。尽管回扣、政府职位作为对政治工作的回报并没有完全销声匿迹，但是它们在联邦层面所起的作用已大大减弱。

二、选举贿赂与投票改革

《彭德尔顿法案》只是告诉政治家不应该做什么，但并没有告诉他们应该如何去筹集资金。竞选仍然是一件成本很高的事，在没有政府雇员分摊成本的情况下，候选人转而向其他渠道——报业所有人、富人以及在立法院有利益的公司寻求帮助。许多捐助来自于这一时期迅速集中的垄断行业——铁路、石油、矿业及银行。这些企业巨头捐助有利益关系的党派，党派里的候选人又拿这些资金去购买选票。

从民主制度演进来看，美国早期的民主选举并没有留下多少令人愉快的场面。为了购买选票，政党和候选人筹集了大把的资金。那些卖力的选票购买者得到的回报是政府里有权的位置。19世纪80年代后期，一个在社区中有影响的人的选票可以卖出250—500美元的价格。1888年，印第安纳州选举中购买的选票按今天的价值计算达到250万美元。

投票人受胁迫的情形同样也很普遍。地主和雇主会将更多选票分派给他们喜欢的候选人，并惩罚那些不受他们摆布的雇员。1889年联邦政府的一项调查显示，雇主操纵雇员投票的情形比比皆是，工厂经理会监督雇员是否按他们的意愿投票。不法的贿赂者甚至向投票者付费，为确保贿赂成功，他们会看着投票者进场按照事先的承诺投票。每个党派都自行印制选票，如果投票人没有将选票投入正确颜色的票仓，他们将拒绝支付贿赂款，甚至对投票者进行威胁。

这一时期美国使用的投票方式，使得贿赂和胁迫非常容易施行。刚开始，许多州采用口头表决的方式，这让人们很容易知道谁投了谁的票。比如，向一位投票者支付了50美元的政党会派人等在外面，如果投票者没把票投给事先确定的该政党候选人，他们会把之前贿赂给他的钱要回来。

为了改变这种状况，19世纪中叶的政治改革家将口头表决方式改为手写选票，他们以为这样会为投票人保守秘密。接下来，司法机构要求每个投票人在自己的选票上签名，便于辨明谁被贿赂了。但是，党派又弄出新的花样以应对这类改革，最为普遍的方式是，对选票通过颜色进行区分。不同的政党印制不同颜色的选票，使用不同类型的纸张。实施贿赂的不法者在很远的地方就能十分容易地看到受贿的投票人投了谁的票。改革者只得进一步想办法应对这种"道高一尺，魔高一丈"的行径，他们试图通过将选票颜色加以统一，期待以此能阻止买票行为。为了增加贿赂的难度,有许多州甚至专门通过了关于竞选用纸的颜色及墨水的法律。但是,这些共谋者又想出新的招数来回应,他们在平面白纸的阴影处印制选票,让投票者能仔细辨认出该投谁,并按作假者的意愿投票以获得回报。

1888年,肯塔基州的路易斯维尔市最早进行投票体制改革,开始采用秘密投票制,因为是借用澳大利亚的办法,亦称澳大利亚投票制。它要求把候选人和党派的名字印在选票上。投票者在投票选举时要到场,接收所有党派提名人的选票,然后私下单独做出自己的选择。

一年以后,又有7个州采用这一体制。到了1892年,有39个州开始对大多数岗位和大选提前印制好选票。改革者和学者给出的解释是,秘密投票旨在制止贿赂行为,抑制投票进程中的所有腐败可能。为了兑现"消除所有导致犯罪的利益,因而使犯罪顷刻间消失"的承诺,美国的《秘密投票法》得以通过。

三、财富与政治联姻

《彭德尔顿法案》和澳大利亚式投票改革对重新思考反腐败法起到重要作用。但是,到19世纪末,美国还没有关于金钱与政治如何相互影响的一般理论,这个国家的民主政治也越来越受到财富的主宰。

在1896年的总统竞选中,就上演了财富对政治影响的极端一幕。民主党人威廉·詹宁斯·布赖恩(William Jennings Bryan)与共和党人威廉·麦金利展开对决。

布赖恩靠四项资本与对手竞争:雄辩的口才、必胜的信念、回应草根的观点,以及背靠许多小报所有者和一些大报巨头,包括威廉·赫斯特(William Randolph Hearst)这位显赫的报业托拉斯所有者。第一轮选战中,布赖恩一共演讲500多次,竭力反对铁路、大银行以及经济权力和政治权力的过度集中。

布赖恩的对手麦金利则得到一批最富有的人的支持,尤其是得到俄亥俄人马克·汉纳(Mark Hanna)的鼎力相助。汉纳策划了一种各巨头按资产的一定比例支持麦金利竞选的筹资模式,比如银行要拿出其资产的0.25%去资助麦金利竞选,这笔钱如果放到今天,相当于50亿美元。

1896年10月13日,赫斯特旗下的《纽约杂志》斥责道:"汉纳先生能买下中西部的全部选票吗?标准石油公司、大铁路公司、大制造信托公司、债券公司,还有卡内基先生、摩根先生、亨廷顿先生以及所有这个国家的企业巨头们,都会助汉纳先生一臂之力,来让这个国家的荣誉扫地吗?会的!我们想他能做到!"

在汉纳的帮助下,麦金利击败布赖恩,在总统选举中获胜,并于 1900 年再度当选。但是,1901 年 9 月 6 日,麦金利在出席纽约州水牛城泛美博览会的音乐盛典时遭到刺杀,并于一周后去世。时任副总统的西奥多·罗斯福(Theodore Roosevelt)继任,开启了美国历史上真正大刀阔斧的反腐运动。笔者将在下文中讲述罗斯福反腐故事及其对美国政治的影响。

罗斯福的"反腐战争"[①]

从罗斯福走进总统办公室的那天起,他就发誓要摆脱美国前几代人所受的腐败困扰,他的反腐方法也成为20世纪美国反腐败法律的基础。

麦金利遇刺后,时任副总统的西奥多·罗斯福成为美国第26任总统,也是美国历史上最年轻的总统。

正所谓"时势造英雄",时机也留给了有准备的人。带着仇恨激情坐上总统交椅的罗斯福,发誓要与腐败做斗争,他在8年任期内也兑现了承诺,反腐成了他的中心工作。他担任过纽约警察局长的经历,使他能从根子上了解腐败背后的各种勾连。他丰富的政治经验,使他有能力推进改变制度恶习的结构改革。作为一位有抱负的政治家,他期望通过个人努力改革政治体制。

从罗斯福走进总统办公室的那天起,他就发誓要摆脱美国前几代人所受的腐败困扰。罗斯福反腐的方法成为20世纪美国反腐败法律的基础。

[①] 此文最早发表于《财经》2015年第9期,收入本书时略做修改。

一、向官员开战

罗斯福在1903年的国会演讲中,严词谴责贿赂和腐败是破坏民主的一对孪生兄弟,摧毁了整个法治的基础。

在一篇题为《诚信》的演讲中,罗斯福对腐败予以更强烈谴责:"行贿者比盗贼还坏,因为盗贼只窃掠个人,腐败者则侵吞整个城市和州……腐败官员和腐蚀官员的人比杀人犯还坏,后者只要人的命,而前者则要夺去整个联邦的生命。""如果允许政府官员受贿,人民的政府、人民选出的政府,以及为了人民的政府的理念将从地球表面消失!"

正如前文提及的,美国从建国开始,就对政治腐败非常警惕,而且不断通过立法收紧制度防线。

这些法律主要有两种类型。一类是针对腐败意图的。这些法律用于禁止那些对官员的行为施加影响或给予回报的意图,包括对意欲影响政府行为而给予礼物的行为定罪。由于许多人与政府的交往包含影响的意愿,许多资金参与到民主选举和对政治团体的支持中,关于腐败意图的判定常常要求陪审团或法院对何为腐败做出解释。另一类是预防性或结构性的。这类法律旨在通过事先宣布某些行为可能会导致腐败且是违法的,以减少腐败的发生。它们是为了改变激励结构,而不是旨在惩罚坏的行为。这类结构性法律就是通常所称的"明线规则"(bright-line rule),即明确界定构成客观要素的规则,不给不同解释留下任何空间。

罗斯福将这两类法律都用上了。他上台后,斥责联邦反贿赂法只是纸上谈兵,很少被作为公器用于起诉参议员、国会议员或高级别的联邦官员。他要求检察官深挖那些已经布满灰尘、久未使用的法律,并以此起诉了两名联邦官员,从而改变了长期以来反贿赂法有名无实的局面,拉开了罗斯福式反腐的大幕。

第一桩起诉是针对俄勒冈州官员帮助促成公共土地的非法销售。这些土地原本是联邦政府以每英亩2.5美元出售给定居者,用于促进定居的。尽管价格如此之低,对定居者却没有多大吸引力,反而引发了木材公司的强烈兴趣。看到这一机会,投机商以便宜价格收集周边人的定居资格证,并以这些定居者的名义去"购买"土地,然后打包出卖给木材公司,从而获取巨额利润。完成交易后,政府官员向木材公司颁发土地证书,以此证明其土地权利的有效性。

联邦政府组成了一个庞大的诉讼团队来反击这起土地欺诈案中的数百位共谋者,并起诉了俄勒冈州参议员约翰·米切尔(John Mitchell)。米切尔是一位在参议院有20年经验的资深参议员。他被指控接受了2 000美元的好处,并建议土地办公室官员向这些土地颁发有效的权利证书,尽管他知道这些土地权利是无效的。此外,他还被控收受了另外

1 750美元的好处,去影响土地官员向另一块土地颁发权利证书。米切尔于1905年7月被宣判有罪。富有戏剧性的是,他在被移交法院时因牙痛并发症去世。

对米切尔的起诉和宣判,在当时的美国产生了很大反响。

在那个年代,土地并不值钱,人们能很容易弄到土地,并几乎是免费的。获得土地后,再得到一张合法的权利证书也并不难,获得证书的土地理所当然地被视为私有。同样是在美国早期,利益团体通过参议员获得廉价土地和基础设施建设优惠司空见惯,一起起相关的案子都是大事化小、小事化了。

正因为如此,对米切尔的起诉与宣判,沉重打击了那些以"利益"联结寻租的企图,这起案子成为改变长期以来政治和道德伦理的起点。

差不多与此同时,在堪萨斯州,参议员约瑟夫·伯顿(Joseph R. Burton)以利益共谋罪被起诉。伯顿被指控收受现金去影响邮局的决定,违反了1863年制定的禁止接受"利益"相关服务补偿的法律。他没有米切尔走运,他在活着时接受了审判。

伯顿此后提出上诉,并提出了自己的理由:一是"利益"一词被解释得过于宽泛;二是尽管国会通过了相关法律,但是国会的权力已经越界到了重新规范政府不同分支之间的关系。按照他的观点，法律不能干预联邦当选官员。如果这样做，将导致行政机构对立法机构事务的干预。而法院的结论是，行政机构有权对贿赂予以起诉，法律是保护行政人员免受国会成员腐蚀的合法机制。最终，检察官起诉了数百人，其中数十人被判有罪，从此开启了一个刑事执法的新时代。

又过了 23 年，发生了另一起联邦官员被起诉的案子。内政部长阿尔伯特·福尔（Albert Bacon Fall）因卷入茶壶山（Teapot Dome）丑闻被起诉。

茶壶山丑闻是美国历史上很不光彩的一页。1912 年，为了保障海军石油供应，美国政府划出 300 万英亩联邦土地作为石油储备地。这些储备地集中在加利福尼亚州中央谷地一带，3 号石油储备地就位于茶壶山。由于海军没有能力从事石油业务，时任总统哈定（Warren Gamaliel Harding）签发命令将石油储备地的开发划归内政部管理。内政部长福尔是哈定总统的亲信，他接管了 3 个海军石油储备地，未经公开招标便将茶壶山租赁给辛克莱石油公司（Sinclair Oil Corporation）。

合同签订后，社会上议论四起，认为这肯定是一起丑闻。参议员拉·福利特（Robert M. La Follette）曾对此展开调查，搞了一年多也没有掌握多少真凭实据。接着，参议院公共土地委员会介入，他们发现福尔在新墨西哥州农场的房子装修豪华,便对他的财产来源产生怀疑。在这起案子调查期间,整个华盛顿都深深陷入石油丑闻中。记者们除了石油,几乎不写别的。在饭店、街头、饭桌旁,唯一的话题就是石油。国会也取消了其他事务。

经过长达 6 年的吵吵嚷嚷、狂怒和对有关人员的盘问,茶壶山丑闻终于了结。福尔被确认接受了贿赂,但无法证明谁向他行贿,最后判决对其罚款 10 万美元。福尔在 1931 年锒铛入狱。他是美国第一个在职期间犯有重罪而被判下狱的内阁成员。

一些年后,当联邦检察官开始将触角伸向各州时,美国现代刑事反贿赂法真正起航。

二、"明线规则"

西奥多·罗斯福第一次竞选总统就提出了"清洁政府"的主题。在 1904 年大选中,以改革者面孔出现的罗斯福承诺,不接受任何公司的捐赠。他最终击败民主党候选人奥尔顿·帕克(Alton Parker),部分原因是选民认为帕克与华尔街的大公司关系太过密切。

然而,选举后被揭露的事实显示,罗斯福事实上从公司高级职员和董事那里筹集到了大笔经费。摩根公司(J. P. Morgan & Company)向罗斯福捐赠了 1 万美元,相当于今天的

200万美元以上。纽约人寿保险公司也直接捐赠了5万美元。罗斯福大约3/4的竞选经费来自于铁路和石油公司。针对一系列指控，罗斯福很快做出了反应，他建议进行竞选经费改革。

1905年，罗斯福引入了第一个竞选资金改革立法。他赞同用公共资金作为竞选资金，禁止公司捐资，并推动了1907年《蒂尔曼法案》(Tillman Act)的通过。该法案是美国第一部禁止公司向政治竞选捐献的法律。它是前文提到的"明线规则"的一个成果，不需要检察官去证实是否存在腐败意图，只需证明是否有捐献就可以了。

《蒂尔曼法案》由南卡罗来纳州参议员本杰明·蒂尔曼(Benjamin Tillman)发起，于1906年6月9日在参议院获得通过。该法案禁止公司捐献与政治选举相关的资金。任何银行、任何公司为任何政治职位的竞选筹集资金都是违法的。任何公司向总统和副总统候选人以及众议院和参议院的任何选举提供资金都是违法的。如果有公司违背这一法案，将被处以不超过5 000美元的罚款；公司负责人如同意向上述人员竞选提供资金，将被处以250—1 000美元的罚款，或不少于一年的监禁，或两者并罚。

《蒂尔曼法案》出台以后，由于没有专门的机构如联邦选举委员会来实施这些规定，因此缺乏实际执行的机制。没有对候选人接受献金行为的公开要求，也就等于没有有效的方式来实施新的法律。这一法案只应用于大选,而没有用于初选。而在民主党占绝对多数的南部,初选竞争最为激烈。更进一步,有的公司为了规避法律,他们的负责人会以个人名义向候选人捐献,这在法律上是不禁止的。因此,《蒂尔曼法案》只是迈向规范竞选资金的第一步。接下来是1910年国会通过了《联邦腐败行为法》(Federal Corrupt Practices Act),该法对参选联邦公职的候选人的竞选开销做出规定,即所有捐款与竞选支出必须公开申报。该法于1911年和1925年两次修正,在1971年出台《联邦选举法》(Federal Election Campaign Act, FECA)之前,它一直是美国规范联邦选举中竞选资金的首要法律。

三、 开启反腐新时代

罗斯福的独特个性和改革政策,使他成为美国历史上的伟大总统之一。

对于美国这个年轻的国家来说,直到罗斯福任总统后,才真正开启了与腐败真刀真枪战斗的时代。通过刑事审判对政府官员的腐败定罪,改变了之前公众和媒体虽义愤填膺,但各方对政治联姻大事化小处置的局面。

罗斯福也奠定了美国反腐法律的基础,他一方面使长期束之高阁的联邦反贿赂法付诸实施,对腐败官员依法惩治;

另一方面通过《蒂尔曼法案》的出台，制定"明线规则"，使美国真正进入法治治理腐败的时代。《蒂尔曼法案》也起到了限制政治竞选开支的作用，共和党 1900 年的总统竞选开支达 7 000 万美元，到 1912 年时降为不到 2 000 万美元。

罗斯福的反腐败愿景也导致参议员的直接选举和反信托法的通过。

1913 年，在罗斯福的支持下，美国宪法第十七修正案获得通过，建立了美国参议员的直接选举制度，还在宪法中加进了 12 项其他反腐败规定。

水门事件与美国反腐框架重构[①]

从20世纪70年代起,美国最高法院开始限制立法权力,收窄了对腐败的定义,赋予"腐败"一词在宪法学上的特殊作用,美国的反腐制度框架发生重大改变。

罗斯福总统大刀阔斧的"反腐战争"以后,美国20世纪大多数时间里都在遵循他所制定的规则对待腐败问题:一是"明线规则";二是"宽实施"(broad enforcement)。州和联邦立法者致力于制定相关法律来减少腐败,以及应对腐败所产生的新挑战,他们将腐败在政治道德层面的监督交给了陪审团。

如果罗斯福的每一项改革都得到通过,且他会将改革停留在联邦权力范围之内的话,法院就任由他去了。但是,从20世纪70年代起,最高法院开始限制立法权力,收窄了对腐败的定义,赋予"腐败"一词在宪法学上的特殊作用,美国的反腐制度框架发生重大改变。

[①] 此文最早发表于《财经》2015年第13期,收入本书时略做修改。

一、水门丑闻与《联邦选举法》

早在1905年,罗斯福总统就宣布要进行竞选财务改革,呼吁通过立法来阻止基于政治目的的法人捐献。

为此,美国国会1907年颁布旨在阻止法人捐献的《蒂尔曼法案》,接着于1910年颁布《联邦腐败行为法》,该法于1910年和1925年得到修正。1943年,又颁布了《哈奇法案》(Hatch Act)和《史密斯-康纳利法案》(Smith-Conally Act);1947年,还颁布了《塔夫特-哈特利法案》(Taft-Hartley Act)。

这些法案力图限制有钱的个人和特殊利益集团对联邦竞选结果的影响,对联邦选举办公室的开支进行规制,以及强制公开竞选资金以阻止滥用。

尽管如此,美国的选举成本一直大幅上升。大量的资金流入昂贵的联邦竞选活动中,电视广告费用暴增,个人和公司逐渐学会了有效利用选举献金来影响权力的实施。尤其是到了20世纪70年代早期,一些人利用选举捐献或投资大量的金钱,以直接影响政策结果。1971年,美国总统尼克松(Richard Milhous Nixon)签署颁布了《联邦选举法》,要求参选候选人、党派对联邦选举捐献情况予以披露。

1972年6月,水门丑闻(Watergate scandal)事发,尼克松的白宫办公室主任霍尔德曼(H. R. Haldeman)卷入其中。

他被认为是水门事件的关键人物,不仅是幕后指挥者,而且承认隐瞒了与总统的联系,从而被指控妨碍司法公正。

霍尔德曼两次就"腐败"一词的法律内涵提出抗辩。在审讯之前,他提出,妨碍司法公正的表述含糊不清,有违宪法精神,因为里面所用的"腐败"一词不足以表明其所涵盖的内容。在后来的上诉中,他又继续抗辩,称法官使用"腐败"一词——"罪恶的或不适当的目的或意图"——的方式误导了陪审团。尽管霍尔德曼百般为自己辩解,最终也没有逃脱牢狱之灾。

水门丑闻和霍尔德曼的辩护引发对同一类型腐败的再定义,而且大大超出了霍尔德曼对腐败定义缺陷的指责。在选举资金案中,法院也逐渐发现"腐败"一词过于模糊,只得留给陪审团裁决。在有关竞选财务的法律中,腐败的概念已变得非常空洞,不能预示任何事情,除非有明显的交易。

针对1972年总统选举中存在严重的资金滥用,美国国会在水门丑闻后于1974年对生效不久的《联邦选举法》进行了修正,旨在建立选举筹款与影响的新伦理。它反映了联邦政府第一次对选举捐献和开支进行全面管制的努力,该法强制要求对捐献予以全面披露,对超过一定额度的选举捐献和选举开支定罪。修正案还决定建立一个独立机构——联邦选举委员会(Federal Election Commission,FEC),以保证法律的实施,促进公开披露,加强对公共基金项目的管理。

二、"巴克利诉瓦莱奥案"

修正后的《联邦选举法》不久就受到法院的挑战。来自纽约的保守党参议员詹姆斯·巴克利（James Buckley）与一些协会、党派组成原告提起上诉，被告则为参议院秘书、联邦选举委员会委员瓦莱奥（Francis R. Valeo）。上诉理由是《联邦选举法》违背了宪法第一和第五修正案关于自由表达和法定诉讼程序的权利。在审判法庭否决了原告的宣告性和禁止性救济请求后，巴克利将官司最终打到了最高法院。

美国最高法院于1976年对"巴克利诉瓦莱奥案"做出具有里程碑意义的裁决。最高法院维持了《联邦选举法》中有关财务披露、捐款限制以及总统大选公共资金的规定，但推翻了该法对竞选开支的限制，理由是它违反了宪法第一修正案，且不足以解决腐败问题。这一裁决使国会议员候选人的竞选开支不受限制，也使支持或反对某一候选人但不与任何候选人或竞选活动协作的个人或团体可以无限额地投入资金。这项裁决还决定，对在竞选活动中没有接受公共资金的候选人所使用的个人资金不加以任何限制。

"巴克利诉瓦莱奥案"创造了一个由法院来行使限制选举资金权力的框架。这一框架基于四个前提：第一，竞选中的金钱开支是一项受宪法第一修正案保护的权利；第二，防止腐败以及腐败的出现,可以通过利益对宪法第一修正案竞选开支权利的侵入来证明;第三,选举捐献限制是有效的,法院将服从立法机构的判决;第四,选举开支限制是无效的,法院将对其予以质疑与审视。

最高法院将选举开支和捐献限制予以分别对待的理由如下。第一,在捐献和开支的逻辑下,所产生的利益是不同的。捐献所表达的内容主要在于它是一份捐献的事实,而不在于它有多大量。相比之下,开支完全由开支者所控制,因此,它所表达的利益是很大的。第二,对腐败的评判在开支和捐献限制上是不同的。法院之所以赞成对选举捐献进行限制,是因为不受限制的选举捐献可能腐蚀民主、政治和选举进程,候选人会倾向于对大额捐献者负责,反贿赂的法律不足以制止这类腐败。但是,没有必要对选举开支加以限制,因为它们不存在来自候选人作为交换补偿的承诺。

"巴克利诉瓦莱奥案"在法律史上的意义重大。斯卡利亚(Antonin Scalia)大法官称其为"种子案例",政治理论家托马斯·伯克(Thomas Burke)认为,案例法中的腐败概念"始于巴克利案",权威教科书称此案"无疑是最高法院关于金钱和政治法理学的始点"。

然而,尽管"巴克利诉瓦莱奥案"奠定了其范式地位,但是很少有法理学家被其逻辑说服,自由派支持开支限制,保守派则反对捐献限制。

表面上看,"巴克利诉瓦莱奥案"似乎提升了腐败概念在判案中的地位,在宪法框架中给予其一个明确位置。尽管如此,它仍然缺乏对如何理解腐败概念的明确指导。法院用了"腐败"一词,却没有解释应该怎样定义它,或应当怎样理解它。其结果是,许多人转向《白领贿赂法》来寻求支持,而不去解释为何现代刑事反贿赂法应该在宪法概念下面定义。

在实际运作中,不受限制的开支导致候选人将更多的时间花在资金募集上。游说者也因此而变得更为重要,因为他们能帮助候选人募集资金。候选人变得更加依赖游说者,以及更加听从他们的代理人。

纽约大学法学院著名宪法学教授塞缪尔(Samuel Issacharoff)认为,"巴克利诉瓦莱奥案"在政治捐献与政治性开支之间划分出一条界线,前者需受特定的反政治腐败规章的约束,后者则属于政府不应干预的表达自由的范畴。混淆捐献与开支的界限是一个值得注意的宪法危险。

最高法院认为,竞选开支限制要比捐款限制涉及政治表达更核心的内容,投入到竞选活动中的独立开支很难造成相同的政治腐败,并且,政府无权为了拉平政治影响力而限制独立开支:"政府有权为了提高我们社会中一部分人的声音而限制另一部分人的声音,这一理念完全背离了第一修正案。"

不管怎样,"巴克利诉瓦莱奥案"打开了诉讼之门。在此案之前,无论是选举开支限制还是捐献限制都是预设为有效的,政治开支在宪法第一修正案中的地位不清晰,腐败是选举资金法通过的可能理由之一。在此案之后,州或联邦法律对金钱和政治的管制变得受到质疑,甚至公开受到挑战。

三、"巴克利诉瓦莱奥案"之后的腐败

《联邦选举法》和其他配套的法律法规一起,构成了当代美国联邦选举制度的基础。1972年以后,国会又对其进行了20多次修订。它通过规定披露选举经费的措施,提高了候选人竞选资金的透明度;对竞选广告的开销和候选人竞选费用的支出加以严格限制;就公司企业和工会组织设立政治委员会事宜做出详尽规定;组建联邦选举委员会并授权它解释选举法律、制定监管规章并履行监管和执法职责。

从此,国会、独立监管机构和联邦法院成为选举改革中举足轻重、互相合作又互相制约的三方。

"巴克利诉瓦莱奥案"的裁决,直接形成了美国政治选举中的"硬钱"和"软钱"概念。前者是受到联邦选举委员会监督和约束的选举资金,后者是指根据最高法院违宪判决联邦选举委员会无权限制的资金。《联邦选举法》对"硬钱"的监督是美国选举财政的一个进步,但30多年来,"软钱"的规模逐渐壮大,无论是对总统选举的影响,还是对国会议员竞选

的影响都显现出来。为了解决"软钱"问题，美国国会于2002年通过了《麦凯恩-范戈尔德法案》(McCain-Feingold Act)，旨在全面禁止"软钱"，进一步通过法律规范竞选资金问题。

"巴克利诉瓦莱奥案"后，一系列先前毫无争议的法律变得具有争议性。法院只是在开支的限制形式上做出区分。在法人开支的腐败法理学意义上，就出现过两个不一样的判决。一个是1978年的"波士顿第一国民银行诉贝洛蒂案"(First National Bank of Boston v. Bellotti)的判决。法院否决了马萨诸塞州阻止公司在公民投票中开支的法律。其判决依据就是，宪法第一修正案保护的是演说本身而不是演讲者，州法律不能阻止任何形式的法人演说。接着就是审查是否有补偿性利益造成第一修正案受侵犯的情况，结论是：没有。因此，它不像竞选中的捐款与候选人的成功当选相联结，在公民投票中法人开支并不导致腐败。另一个重要判决是1990年的"奥斯丁诉密歇根州商会案"(Austin v. Michigan Chamber of Commerce)。法院支持对竞选中的法人开支加以限制。它同样是基于宪法第一修正案的利益概念，但是用它作为证据来反对腐败，主张对法人开支加以限制。

2003年，出现了美国宪法史上裁决耗时最长的案例——"麦康奈尔诉联邦选举委员会案"(McConnell v. Federal Election Commission)，大多数法院支持选举财务改革，包括对哪些形式的广告可以播出的限制。麦康奈尔主张，腐败远不是现金交换选票那么简单,还包括接触和影响的证据,"阻止腐败的最好方式是去识别和移除诱惑",腐败不单是一种交换的利益补偿,这一观点在"麦康奈尔诉联邦选举委员会案"之后,越来越成为一种共识。

图书在版编目（CIP）数据

现代社会秩序的制度基础 / 刘守英著. —北京：商务印书馆，2021
ISBN 978-7-100-20397-5

Ⅰ. ①现… Ⅱ. ①刘… Ⅲ. ①社会科学—文集 Ⅳ. ① C53

中国版本图书馆 CIP 数据核字（2021）第 195350 号

权利保留，侵权必究。

现代社会秩序的制度基础
刘守英　著

商　务　印　书　馆　出　版
（北京王府井大街 36 号　邮政编码 100710）
商　务　印　书　馆　发　行
南京新世纪联盟印务有限公司印刷
ISBN　978-7-100-20397-5

2021 年 11 月第 1 版　　开本 889×1194　1/32
2021 年 11 月第 1 次印刷　印张 11
定价：75.00 元